普通高等教育规划教材

特种货物物流运作与管理

董千里　伍佳妮　编　著

人民交通出版社股份有限公司
China Communications Press Co.,Ltd.

内 容 提 要

本书以特种货物运输组织为主线。主要内容有危险货物、长大货物、鲜活货物和贵重货物分类及物流特点，运输包装、装卸、仓储、运输等活动运作组织技术，特种货物载运工具和装备，铁路、公路、水路、航空和管道特货物流运作组织方式，特别就铁路、水路、公路危险货物运输和危险货物集装箱运输，长大货物、鲜活货物和贵重货物运输组织与管理作了深入探讨，构建了危货物流运作安全监控、危货物流应急管理机制。

本书可作为交通运输、物流管理、物流工程、工商管理、管理科学与工程等专业的本科生、研究生教科书和教学参考书，也可作为特货物流管理人员、政府行政管理人员的培训教材或参考书。

图书在版编目（CIP）数据

特种货物物流运作与管理／董千里，伍佳妮编著
.—北京：人民交通出版社股份有限公司，2017.8（2025.8 重印）
ISBN 978-7-114-13985-7

Ⅰ.①特… Ⅱ.①董… ②伍… Ⅲ.①货物运输—物流管理 Ⅳ.①F252.1

中国版本图书馆 CIP 数据核字(2017)第 159148 号

书　　名：特种货物物流运作与管理
著 作 者：董千里　伍佳妮
责任编辑：曹　静
责任印制：张　凯
出版发行：人民交通出版社股份有限公司
地　　址：（100011）北京市朝阳区安定门外外馆斜街 3 号
网　　址：http://www.ccpcl.com.cn
销售电话：（010）85285911
总 经 销：人民交通出版社股份有限公司发行部
经　　销：各地新华书店
印　　刷：北京科印技术咨询服务有限公司数码印刷分部
开　　本：787 × 1092　1/16
印　　张：15.25
字　　数：350 千
版　　次：2017 年 8 月　第 1 版
印　　次：2025 年 8 月　第 5 次印刷
书　　号：ISBN 978-7-114-13985-7
定　　价：34.00 元

PREFACE 前　言

“特种货物物流运作与管理”是交通运输、物流管理、物流工程、工商管理等专业的一门重要课程，是交通运输组织学中的重要组成部分。特种货物涉及危险货物、长大货物、贵重货物和鲜活货物等，特别是其中的危险货物、长大货物运输，不仅关系到货物运输过程本身的安全，而且关系到交通系统的通畅、社会环境的安全，甚至直接影响到和谐社会的构建。特货物流运作过程需要精心设计，其作业细节直接反映了运输组织与管理的水平，因此，在特货运输中细节决定安全，细节决定通畅，细节决定效益，细节决定成败。将特货物流运作与管理内容从“交通运输组织学”“物流运作管理”中提炼出来，作为一门课程专门讲授、作为一个分支进行深入研究和探讨是非常必要的。

我国进入“十三五”时期后，经济将保持平稳增长的趋势，经济全球化、新技术革命和经济结构调整，将导致危险货物、特大特型笨重货物、贵重货物和鲜活货物的运输量都会大幅度增加，将对交通运输特别是保障重点物资运输提出更高的要求。如果在特货物流运作过程中的一个细节失误，特别是危货物流方面的，则可能在一定或较大范围对社会安定、人民健康和生命安全造成影响和威胁，甚至是人民生命财产的严重损失，严重地影响到和谐社会的构建。为适应全国特货物流发展的需要，应提高特货物流运作组织与管理能力，实现最有效、最合理、最经济地运用特货物流相关的设施与设备，不断提高特货物流工作质量。

经过长安大学物流管理研究所的长期积累和辛勤工作，在长安大学物流工程与管理学科董千里教授主编的《特种货物运输》的基础上，进一步更新完善，出版《特种货物物流运作与管理》，本教材主要有以下几个方面的特点：

（1）集成性。本书从综合运输角度探讨特种货物及其物流运作与管理，关注特货物流运作方案集成设计，打破拘泥于传统的、仅限于单一运输方式或单一特种货物某一阶段的探讨，而是全面地从各种运输方式及各类特货物流组织与管理进行了深入研究。

（2）专业性。本书强调了特货物流信息化、集成化的重要性，并从专业化的角度进行了详细的阐述。突出特种货物全程监控、预防为主的思想，主张建立应急预案机制，将意外事故可能造成的损失降低到最小。强调了将特货运输与多式联运、特货运输与物流一体化运作结合起来，使特货物流运作理论得到应用和发展。

(3)创新性。本书引入物流高级化发展的基本思想，以集成物流思想指导特货物流运作组织与管理，将特货物流运作最新技术装备及组织管理方法进行了充分的应用，促进特货物流服务一体化运作，将特货物流方案设计、运输过程组织、运营过程监控看作一个系统，运用系统方法研究和探讨特货物流组织与管理，深化了特货运输理论，开拓了组织与管理的视野。

(4)理论联系实际，深入浅出。以特种货物及其运输过程为主线，全面、系统地介绍了特货物流组织与管理的理论、形式、方法、手段等知识。撰写过程中既注重理论研讨、又注重实务操作，不仅注意信息化技术开发，更注重信息技术在特货运输组织与管理中的应用。

本书是高等院校交通运输、物流管理、物流工程等专业课程教材，可供从事交通运输生产、物流管理和物流工程工作的技术人员和管理人员参考，也可作为相关从业人员、行政管理人员的读物和培训教材。

本书由长安大学物流工程与管理学科、物流与供应链研究所所长董千里教授主编，伍佳妮博士任副主编。编写具体分工：第一章(董千里、闫浩、董展)、第二章(董千里、魏松波、王莹)、第三章(董千里、李明垚、董展)、第四章(董千里、贺博雅、旷思琪)、第五章(董千里、江红、魏松波)、第六章(董千里、陶理、崔国华)、第七章(董千里、王捷、贺博雅)、第八章(董千里、尚鸿雁、李向冬)、第九章(董千里、贺博雅、旷思琪)、第十章(董千里、尚鸿雁、金玉卿)、第十一章(董千里、尚鸿雁、陶理)、第十二章(董千里、伍佳妮、孙记兰)、第十三章(董千里、伍佳妮、张秋玲)，董千里负责全书统稿。卢大江参与多章图表的更新，魏松波、李向东参与标准更新，王莹、崔国华等还参与了文字校对。正是在作者和全体参与人员的共同努力下，完成书稿撰写、修改、充实和提高。

在本书撰写过程中，笔者参考、吸收了国内外一些学者的研究成果和实际工作者的实践经验，并以参考文献的形式列在书后或以案例的形式编写在书中。在此，对本书写作和出版过程中提供支持的个人、参考文献作者等谨致以衷心的谢意。由于作者实地操作局限，修改稿时间仓促，对特货物流运作与管理这一领域涉及的知识和内容研究还需深入，有些观点可能不够成熟，若在表述中出现缺点和谬误，敬请专家、同行和广大读者批评指正，以便再版时修正，以臻完善。

编　者

2017 年 4 月于西安

CONTENTS 目　录

第一章　概　　述

【本章教学要点】

知识要点	掌握程度	相关知识	应用方向
特种货物的含义	深度理解	特种货物的内涵与分类	特种货物方案设计、质量监控
特种货物的运输特点	掌握	特种货物的性质、装卸技术、储运管理	合理设计和组织特种货物的运输流程
特货物流运作与管理	重点掌握	运输与组织的基本要求、任务和职能，特种货物的运输组织与管理	特货物流运作的计划、组织、协调与控制，运输方案的设计

【引导案例】

天津机场货运公司的新服务模式

2014 年 5 月 22 日消息：天津机场货运公司，开拓创新服务模式，于 5 月 17 日首次圆满完成贵重货物和超重超大货物出港保障任务。

当日，有位货主向货运公司提出交运一票贵重货物，是总重达 22kg 的黄金饰品，而货运公司在国内货物收运方面从未保障过此类货物，但考虑到客户的需求，货运公司还是决定克服困难，收运此票货物，将客户利益放在首位。对于此次保障，货运公司国内部上下高度重视，将前一时期新开设的“绿色通道”服务与此票贵重货物的保障相结合，先通过“绿色通道”将其收运入库，再派出专门的业务骨干进行全程押运和监装，并对每一步保障环节做详细的跟踪记录。同时，及时告知前方站做好卸机准备。最终，该票货物搭载当天出港的厦门航空 MF8379 航班顺利出港，并由收货方在前方站顺利提货。

当天，货运公司国内部还首次收运了一件重 600 余千克、长 3.3m 的超重超大货物并顺利装机出港。

以上这两类货物的成功保障，是货运公司继“机下分拣，优先提货”和“绿色通道”之后，对新业务的又一次尝试和创新。

（来源：民航资讯网）

近年来，我国的特种货物物流（简称特货物流）不断发展，运输的组织与管理水平在不断提升。在特货物流运作过程中，我们不仅需要了解此类特种货物的运输特点，还要为其“量身定做”运输与组织管理方案，特种货物在运输组织与管理当中的安全性应该是我们重点关注的。要做好特种货物的运送安全,基本前提是建立起正确的特货物流运作与管理理念。

特货物流运作涵盖了货物运输业务部分,对货物运输安全和社会及其环境的安全都极其重要,甚至直接影响到和谐社会的构建,因此,将特货物流运作与管理内容提炼出来,进行专门研究是必要的。本章主要探讨特种货物及其运输组织与管理的内容结构和学习方法。

第一节　特种货物物流运作与管理概述

一、特种货物及特种货物运输的特点

1. 特种货物的含义

特种货物是特货物流的主要作业对象。特货物流,是在物流过程中需要采取特殊条件、设备和手段的物流过程。特货物流的重点是以特种货物运输及其相关的包装、装卸、搬运、仓储等物流功能实现过程而开展。特种货物是与普通货物相对而言的,普通货物一般是在运输、装卸、保管中无特殊要求的货物,特种货物则是在运输、装卸、保管中需采取特殊措施的货物。由于特种货物运输作业过程涉及不同载运工具、运输线路和运输技术和方法,而不同的运输要求、载运工具、运输线路、仓储设施、装卸设备等方面对特种货物及其作业也有一些细节上的差异。因此,为了保证特种货物的运输安全和运输工作的正常运行,特货物流作业人员必须掌握特种货物所需的运输、装卸、保管、监控等技术和安全防护措施,从而满足特种货物运输、储存、装卸及其他运行管理过程的要求。

特种货物一般包括:大型特型笨重物件、危险货物、贵重货物和鲜活货物等。其中,最具代表的就是危险货物和大型特型笨重货物;有一些涉及食品安全的鲜活货物,其运输过程构成了食品供应链,直接关系到人民生命健康;有些贵重货物运输组织过程不仅直接关系到组织技术,而且关系到押运人员本身的职业素质。

特种货物因其特殊性在运输技术、组织和管理方面有诸多差异,基于不同运输组织方式的特种货物划分也有一定的差异。

2. 特种货物运输的特点

特种货物运输作为交通运输中的重要组成部分,不仅关系到货物运输的安全,而且关系到社会及其环境的安全,甚至直接影响到构建和谐社会。诸如化工类等危险货物运输,一旦发生意外,可能对生命财产安全、自然和社会环境造成极大影响;鲜活货物缺乏检查、检疫、监管技术和程序可能造成民众对活禽等食品安全产生怀疑,甚至直接影响人民生命健康。

特种货物运输的特点主要体现在货物性质、载运工具、装卸技术、储运管理等方面的特殊性。

(1) 货物本身的特殊性。体现在化工易燃、易爆货物的危险性,形状与质量的特殊性,鲜活物品的易腐性,以及价值的贵重性等。

(2) 载运工具的专用性。由于特种货物的特殊性,需要使用专用或特种车辆、专用设备进行运输,并且需要专用设施和专用技术与其载运工具相配合,实现其装卸搬运作业。

(3) 储运过程的安全性。特种货物运输需要使用专用仓库、专用停车地点,选择特定的运输线路,有的运输线路还具有保密性等要求。在仓储设施建设中既需要满足货物出运要

求，还要考虑防范意外事件出现的应急处理方式。

(4) 监控过程的完整性。为了确保特种货物运输的万无一失，对一些特种货物的装载、运输、卸载、安装和交付过程要实行全程监控，预防意外事件发生。

(5) 人员素质的综合性。从业人员需要具有特种货物及其相关作业的基本知识，需要有对人民、对社会的高度负责精神，从业人员要通过遴选、培训后才能上岗。

二、特种货物运输对环境的影响

以特种货物运输、仓储为代表的特货物流及其相关作业质量十分重要。特货作业质量及其过程可能对人民生命、自然和社会环境、财产安全等产生一定的影响。这种影响包括以下几方面：

(1) 对人民生命财产安全的影响。特种货物中的化工类等危险货物一旦泄漏就会渗入土地、融入空气、污染水源，直接对人民生命安全造成威胁。因此，其运输存储必须绝对安全，存储地点必须设在远离人群的地方。

(2) 对环境短期和长期的影响。很多危险货物可能对人民居住环境、生活环境、工作环境产生影响，所以，一些特种货物的仓库设计需要有防渗层，需要有特殊的作业装备，以确保环境的安全。

(3) 对运输线路及其移动过程的影响。有些特种货物运输具有独占性，一旦特种货物上路，直接影响了整条运输线路的交通通行能力，必须联合地方管理部门进行统筹安排，以免对整条运输通道交通产生过大的影响。

三、特货物流运作与管理过程

特种货物运输是特货物流中重要的功能之一。由于特货物流的复杂性和本书篇幅的局限性，整体上将特货运输作为特货物流的典型代表来阐述。涉及特货物流具体内容将具体处理。与普通货物运输相比，因其对象不同，而具有不同的组织管理过程。但是，特种货物运输作为货运的组成部分，还具有一些共同特点。特种货物的货流是指特种货物在运输线路上向目的地的位移过程，包括流量、流向、流时、流距等基本要素。与普通货物运输相比，在实现特种货物位移过程中，需要有特殊的要求，有特殊的技术、组织和管理方法。

特种货物运输涉及铁路、公路、水路、航空和管道等多种运输方式，每一种运输方式组织管理各具特点。在特货物流运作与管理过程中，各类特种货物运输虽具有各自的特殊性，但是，在很多条件下，特种货物运输也需要组织多式联运，形成不同运输方式的接力运输，这就要求从业人员必须掌握不同运输方式的组织管理技能。

特种货物运输按重复次数可以分为经常性运输和项目性运输。前者是常规性、经常发生的业务，如运钞、运油、运燃气业务等；后者具有一次性作业、不重复等特点，例如，迁厂项目设备拆迁运输业务、工程项目大型设备运输等，需要用集成管理、集成物流理念对整个运输过程进行系统设计，实现门到门运输。不同运输任务具有不同的运输技术、组织和管理要求。

四、特货物流运作与管理的基本要求

从一般意义分析，特货物流运作与管理需要满足计划性、连续性、比例性、协调性、监控性等基本要求。

1. 计划性

特货物流因其性质,必须针对货物性质、道路状况、运输时间、运输周期等的要求制订精确的计划。有的还必须有精确的吊装技术、运输组织方案设计,建立应急机制。虽然一些运输项目是一次性的,其运输及其相关一体化物流运作模式与其项目内容往往是各具特色的,但是,作为一种特货物流过程是有一定规律可循的,可以通过计划管理在确保安全的基础上提高特货物流效率。

2. 安全性

安全性是特货物流质量的首要要求,它不仅包括了人员的安全、货物的安全、设备的安全,以及整个组织与管理过程的安全,还包括了环境的安全,因此,特货物流需要按照全程安全性要求进行,要有安全应急预案,实施全程实时监控,严格控制作业速度和作业环境安全,以预防意外事件发生。

3. 连续性

特货物流过程一旦开始,要保持其稳定、连续作业,不发生不必要间歇和中断。特别是大型特型笨重货物运输在公路上的停顿、停歇,可能影响整个公路交通状况,甚至出现严重阻塞,造成交通运输对社会经济活动不利的影响。

4. 平行性

特货物流特别是大型特型笨重货物运输的作业项目多,设备租用费用高,需要尽量组织平行作业,设计方案、探查线路、准备设备、技术试验等尽可能形成平行作业过程,以缩短整个运输周期。

5. 协调性

在整个特货物流运作过程中,特种货物与载运工具、装卸设备、物流技术要很好地协调起来,设备人员、设备功能和数量的配备要成合理的比例,与需要所完成的任务相匹配,能够协调运营,通过良好的协调能力缩短运输任务完成的时间周期。

6. 经济性

用集成物流思想进行考量,在确保安全的基础上,同时提高人员、作业的效率,满足特货物流运作在经济性方面的要求。

第二节　特种货物物流运作与管理的任务和职能

特货物流运作与管理的任务与特种货物的具体对象、作业内容和过程是密切相关的。

一、特货物流运作过程

特货物流运作工作依据运输对象不同,需要有不同的技术、人员、设备等组织工作。对于大型特型笨重货物运输过程而言,需要有货物运输准备过程、货物运输基本过程、货物运输辅助过程和货物运输服务过程。

特货物流准备过程包括运输组织的前期调查、运输组织方案设计、运输设备准备工作,确保运输过程组织以及完成吊装工作过程的安全性、可靠性和经济性等要求。

特货物流运输过程是指组织特种货物从启运地到目的地的位移过程,特货物流还包括特种货物理货、存储、装载、运输、卸载和监控等作业活动。

特货物流附属过程是指服务于基本运输过程的设备、工具等运作过程,其特点是服务于基本运输过程,但不直接服务于运输货物的过程。

特货物流服务过程是指服务于货物准备过程、运输过程、辅助过程的一系列活动,也称为特货物流全程后勤保障过程。例如,对于危险货物在运输之前还需要准备特货运输应急方案,避免运输事故造成社会、人民生命财产的损失。对于贵重货物运输需要使用专用车辆,使用专门的护卫人员。鲜活货物运输需要准备保证鲜活货物正常运输的车辆、相关装备与其他准备工作等。

二、特货物流运作与管理的任务

在确保人员、财产和环境安全的条件下,设计一体化方案,选择合理的线路、设备、和技术组织手段,实现科学、经济、合理和有效地完成特货物流及其相关物流服务过程。所谓一体化方案设计,包括准备、实施以及意外应急方案等在内的设计准备工作。

三、特货物流管理职能

特货物流管理职能主要是计划职能、组织职能和控制职能等。典型的项目物流有公路工程项目物流(高速公路、路基工程、路面工程等项目物流)、水电建设项目物流(三峡大坝、土方工程、建设工程、设备工程等项目物流)、大型建设项目物流、工程物流、会展物流等。

1. 计划职能

计划职能是特货物流的首要职能。特货物流需要做好运输方案、人力、物力和运作过程等相关方面的准备工作,需要做好方案设计、线路选择和设备选择工作。在承接国内外大型项目的工程设备运输过程中,需要承运商具有丰富的经验和超强的实力,要求物流企业能够提供方案设计、项目管理、内河运输、沿海运输、远洋运输、空运、清关、超大件运输、驳船转运、(自备)码头作业等一站式的服务能力。有的物流企业开发了“公路大件运输计算机决策系统”,通过这个系统,可以将计划方案在计算机上模拟,可以通过模拟进行车辆纵向和横向的受力分析。可以通过桥梁、弯道半径的受力分析等,提高了计划工作水平,避免了在运输过程中一些不必要的拆迁。通过这项技术增强了计划性,由过去凭经验操作为主,转变为科学化的程序设计与操作为主,大大提高了大型特型笨重货物运行的安全性和可靠性。

2. 组织职能

组织职能是特货物流的基本职能,反映了一个运输组织从事特货物流的基本能力。组织职能包括人力资源组织、设备资源组织和运作过程组织等工作。在以项目物流为背景的货物运输过程中,利用外包方式是特货物流企业基本管理工作内容之一,由于项目物流管理的特殊性,往往不可能用企业本身的资源完成全部工作,因此需要组织外包业务,充分利用外部的物流资源,包括一些车队、船队等,这样既能利用自己的核心业务能力,又能组织社会资源经济有效地完成大型特型笨重、危险货物装卸储运工作。

3. 协调职能

协调职能是特货物流常规职能,特货物流有些是常规性运输活动,有些是一次性的运输活动,后者可以看作是项目物流过程。其运输组织过程带有项目管理的性质。项目管理是运用系统的理论和方法对项目及其资源进行全过程、全方位的计划、组织、协调、控制,是实现项目特定目标的一种管理方法体系。项目管理的目的是使工程项目在约定的时间和批准的预算内,按照要求的质量,实现最终的项目目标,使得项目成功;项目管理的核心内容包括项目界定、项目计划、计划执行、项目控制、项目结束(结算)等。综上所述,项目管理是针对一个整体的一次性任务的管理方法体系,需要采用系统理论和思想进行指导,主要由项目经理执行,同时,项目管理过程需要有一定的创造性。

项目物流包含于项目之中,项目物流管理是项目管理的组成部分,是服务于特定项目的后勤保障服务系统。项目物流也是一次性、一般不再重复的物流活动,在项目物流经营和运作过程中具有一定的特殊性,需要有创新意识进行工作。

4. 控制职能

控制职能是特货物流的综合性职能,首先是建立防范预案和预警制度、安全监督与全程控制。按照实施的先后程序,主要涉及事先控制、过程控制和事后控制;按照控制的内容可以分为运输进度控制、质量控制和成本控制。在外包项目中,运输企业主要应关注提供解决方案,以及方案的控制和管理,并不需要每个环节都自己来完成。物流企业主要提升和强化管理能力,把握核心技术,提供一体化物流解决方案的同时,提供技术和管理服务。

四、特货物流管理工作

特货物流管理工作中最主要的是方案规划设计。大型特型笨重物流包含大件货物考察、物流方案设计、项目投标、特种运输设备租用、运输作业(装载、运输、卸载、安装)及其全程组织、监督和管理等过程。危险货物涉及装卸、运输和全程安全监控和应急预案管理。这些都需要严格的组织管理工作。

1. 方案规划设计工作

(1)投标方案设计。特种运输行业中的大型特型笨重货物运输,其承运主体较为固定,技术操作难度大,运输周期长,运输风险系数高,运输成本投入大,因此与其他运输类型相比较而言,它的承运对象一般为国家电力、化工、石油、军工、机械、冶金等行业的建设项目中的超长、超宽、超高、超重设备,对国家基础能源等关系国计民生行业的发展建设有着重大影响。随着我国工业现代化进程的加快,大件货物运输占有的比重愈来愈大。据不完全统计,近几年我国部分大件运输企业承运过的大型物件中将近80%达三级以上,其中:最大长度达83.7m(天津,乙烯工程蒸馏塔),最大宽度达12.3m(宝山,苯加氢模块),最大质量达900余吨,这些与国民经济关系重大的大型设备的安全运输,往往是通过投标获得业务的,因此必须要有很强的投标方案设计能力。

运输方案制作和标书设计是在充分研究、分析待运设备参数信息及运输线路分析报告基础上制订的。安全可靠、可行的运输方案主要内容包括:选择运输方式,选择和配备牵引车、平板车及车组附件,限定最高车速,制订运行技术措施,配备辅助车辆,制订货物装卸与捆扎加固方案,制订和验算运输技术方案,完成运输方案书面文件。一般情况下,运输方案中的内容都会在标书中全部体现，所以制作运输方案的过程也就是制作标书的过程。

(2)技术方案设计。大件运输领域涉及大量技术问题，从第一个环节探路开始到最后一个环节运费结算结束，都显示了它高难度、高风险的特点。首先，超限货物运输对车辆和装载有特殊要求，一般情况下超重货物装载在超重型挂车上，用超重型牵引车牵引，而这种超重型车组是非常规的特种车组，车组装上超限货物后，往往质量和外形尺寸大大超过普通汽车列车，因此，超重型挂车和牵引车都是用高强度钢材和大负荷轮胎制成，价格昂贵。其次，超限货物运输条件有特殊要求，途经道路和空中设施必须满足所运货物载质量和外形通行需要。道路要有足够的宽度、净空以及良好的曲度，桥涵要有足够的承载能力。这些要求在一般道路上往往难以满足，必须事先进行道路勘测，运前要对道路相关设施进行改造，如排除地空障碍、加固桥涵等，运输中采取一定的组织技术措施，采取分段封闭交通，大件车组才能顺利通行。沿海一些地方没有大型的装卸机械，如果进行大型建设工程，需要花几千万元建造码头，安装大吊，而工程完成后就没有用了，这是很大的浪费，因此，必须有到位的技术方案设计。大件运输需要把几百吨甚至上千吨的货物搬上岸或者搬上船，可以利用滚装技术。滚装技术就是利用潮汐变化，再配合调整压舱水，来实现特大型货物的水平移动。实践证明，采用滚装技术是非常安全、经济的。

(3)组织方案设计。大件货物种类很多，基于超限货物的特点，其运输组织与一般货物运输有所不同，具体体现在特殊装载要求、特殊运输条件、特殊安全要求等几个方面。特货物流首先需要做到设计科学合理的方案。大件设备一般均为国家重点工程的关键设备，因此超限货物运输必须确保安全，万无一失。其运输过程要根据有关运输企业的申报，组织有关部门、单位对运输路线进行勘察筛选；对地空障碍进行排除；对超过设计荷载的桥涵进行加固；制订运输护送方案；在运输中，进行现场的调度，搞好全程护送，协调处理发生的问题；所运大件价值高、运输难度大，牵涉面广，各级政府和领导、有关部门都相当重视。

(4)应急预案设计。特货物流过程的意外事故防范必须有应急预案，针对不同的特货物流要制订相应的应急预案，通过全程实时监控，及时落实预案实施工作是管理中的一项重要任务。

2.设备租用与购买决策

购买—租用决策是特货物流设备管理的基本决策。特货物流过程对设备的依赖程度越来越高，拥有性能先进、配置合理的机械设备，不仅对获得特货物流合同很重要，而且对保质、保量地完成运输任务具有重要的作用。项目物流业务重复性低、稳定性不高，因此，项目承包人对新增设备应非常慎重，根据项目的变化对机械设备进行有效的管理，最大限度地提高机械的完好率、利用率，从而降低使用成本，使企业有限的资源得以合理配置，发挥出最大的经济效益。这是组织与管理工作内容之一。为了提高运输设备的使用效率，减少设备闲置，减轻企业的资金压力，设备租用决策被越来越多的企业所接受。一般承包人自己拥有的设备仅占34%，租用的则达到66%。设备租用不但提高了机械的利用率和效率，而且加速了资金周转，降低了使用费用。企业采用设备租用方式时，也要加强租用设备的管理工作，以提高设备的利用率，降低设备使用成本。

项目物流采用设备租用的形式，可以结合项目管理的需要，将主要施工机械设备在工程完工后，调往下一个项目使用，以此保证项目物流的设备管理需要。在租用方式的基础上加强物流设备管理，可以获得这些益处：有利于集中优良机械设备，确保施工的需求；充分发挥机械设备效力,提高设备资产的利用率;适应市场竞争需求,改善机械设备管理方式。实行设备租赁管理是把以传统建制(工程队)为单位的固定配属机械设备的管理方式,变成按工程项目需求配置主要机械设备的租赁管理方式。这种管理方式可以集中解决过去机械设备在一些单位闲置或利用不充分,而在另一些单位中设备不能满足项目需要的矛盾,可以减少重复购置、浪费资产的弊端。设备租用决策是克服项目物流设备利用率低、施工单位经济效益差的有效办法。

3. 特货物流经营资质管理

目前对经营特货物流的企业有相应的资质要求,特别是经营大型特型笨重和危险货物运输的企业必须具有相应的资质。大型物件承运企业通过对国家电力、化工、石油等行业的大型建设项目物流进行投标、竞标,中标之后负责部分或全部的物资承运,即总承包;并与设备制造厂建立合作关系,长期负责该厂的各类设备运输业务。

电力大件运输企业按经营实力和承运货物(外形尺寸与质量)能力,分为电力大件运输总承包企业和电力大件运输承包企业(各分为甲级、乙级)。

(1)电力大件运输总承包企业是指能为电力建设项目单位所需的设备物资运输提供全方位服务,人员素质和管理水平较高,技术装备齐全,企业综合能力评分达90分以上(甲级)或评分达80~89分(乙级)的运输企业。

(2)电力大件运输承包企业是指能为电力建设项目单位所需的设备物资运输提供阶段性或部分服务,人员素质和管理水平较高,有必需的技术装备,企业综合能力评分达70~79(甲级)或评分达50~69分(乙级)的运输企业。

运输总承包企业及运输承包企业都应具有铁路、公路、水路运输方面的专职管理人员,必须配有桥梁、起重、机械、装载加固和安全运行、保险索赔等方面的工程技术人员,并应具有运输方案的勘察设计、运输实务的组织管理、运输方式(包括铁路、公路、水路)的综合应用、运输技术的开发应用、运输业务的咨询监理等能力。

目前,国内从事大件物流的企业主要有中国远洋物流有限公司(简称中远物流)、中信物流有限公司、渤海石油运输有限责任公司、河北中电大件汽车运输公司、陕西大件汽车运输有限责任公司等,在硬性条件与行业管理方面已初具规模。近年来,国外大件运输企业也纷纷进入中国市场,如荷兰玛姆特公司(MAMMOET)已与陕西大件汽车运输有限公司建立了战略合作关系。MAMMOET是目前全球最大、最具实力的大件及超大件起重吊装、运输的跨国工程公司,拥有全球最大的陆地吊机、最大的运输车辆以及全球系列最全的吊车。在货源市场方面,大件运输货物类型比较固定,主要有发电机定子(转子)、锅炉汽包、水冷壁、除氧水箱、大板梁等,上下机架、主轴、座环、导水机构、闸门启闭机、主变压器、化工反应器及一些常用军工设备如战斗机部件等。我国一些大件物流公司在全国各地建立分公司,在大型口岸、港口设有办事处,并积极走出国门,拓展国际市场,开展国际大件物流业务。

第三节　特种货物物流运作与管理的内容结构

一、全书结构

从特货物流到一体化全程物流服务是一个渐进的发展过程。特货物流运作与管理要体现其发展趋势，突破单一运输方式的局限性，将公路运输[1]与铁路运输、水路运输和航空运输形成一体，构筑多式联运功能体系，要从为大型工程、厂家等提供专项设备运输服务拓展到全程物流服务。例如，为西康铁路线工程施工用的大型进口掘进设备（TBM）组织从报关、港口接运、铁路装车方案策划、上线运输到目的地转运配送、交验安装等全程物流服务。

本书介绍特货运输基础、特货运输组织和特货运输宏观管理。涉及特种货物的内容、分类特征、运输包装和标志，危险货物、长大货物、鲜活货物和贵重货物四种特种货物的储运技术、运输车辆和装备，对其进行了深入的阐述；以特货运输组织与管理为主导，介绍了不同运输方式下四种特种货物的运作管理方式。本书的基本内容框架包括：特货运输基础、特货装卸储运技术设备、特货运输组织与管理等几方面。

二、特货物流基础

1. 特货物流的基本知识

特货物流的基本知识是学习特货物流运作与管理的基础，特货物流的基本知识包括普通货物物理形态、装卸方法、运输条件、运货批量、货物品名等内容；特种货物的特征、分类、包装等内容，以危险货物、长大货物、鲜活货物及贵重货物为重点进行了详细的阐述。同时，对特种车辆（载运工具）、装卸储运技术等内容也进行了介绍。

2. 特货物流的设备性能与选用

特货物流所需的相关设备的性能对特货物流安全、顺利地完成至关重要。特货物流的主要设备是相关的特货物流车辆，例如，大件的平板车、集装箱车等。由于特种货物种类较多，同时不同的特种货物对相关设备都有不同的要求，特货物流涉及不同的载运工具，因种类繁多，将分别从铁路、公路、水运等不同运输方式详细介绍特货物流中所涉及的特种货物运输车辆及其他相关技术装备。

特货物流设备的选用是特货物流的工作重点，在介绍物流设施设备的功能和适用范围的基础上，介绍特种货物物流系统设计要点和设备选用要求，重点阐述了特货物流设备选用的方法。例如，运输商选用的车辆高度，在其他技术参数都能满足的条件下，选用车厢板较低的车辆，就有可能使现行公路在无须或稍做清障的情况下，满足设备净高通行要求；对于超重的设备，道路的载荷强度将成为运行中的主要限制因素。运输商应侧重审核车辆的载荷能力，并关注轮胎的胎压计算值；对于超宽和超高的车辆，应重点关注车辆配载过程中，是否进行过稳性计算。事实上，设备运行途中的稳性并不是唯一考虑的因素。在满足设备运行稳性的前提下，更多还要考虑运行线路和施工工地的通行条件。

三、特货物流运作

1. 特货物流运作技术与技能

特货物流运作过程是一个非常复杂的过程，运输过程当中涉及很多环节，每一个环节对于特货物流安全、顺利地完成都至关重要，这也是特货物流中细节决定成败的集中体现。

特种货物储运组织工作环节主要包括：前期准备过程（前期探路、制订运输方案、投标竞

[1] 本书所讲公路运输一般指公共道路运输，包括城间公路运输和城市道路运输。公路特货运输亦指同样含义。

标、理货、签订运输合同)、运输组织过程及运输结算等。特货物流运作相关技术包括:特种货物的仓储、危险货物专用仓库、涉及危险货物的隔离以及危险货物、鲜活货物、贵重货物等的仓储、搬运装卸、依据大件运输的特殊性进行运输组织工作等内容。

2. 特货物流协调监督管理

特货物流的顺利进行不但需要相关的设施、设备和技术,由于特货物流中涉及很多部门的协调问题,所以各部门之间的协调管理对特货物流的顺利进行也是至关重要的。由于特货物流中涉及的部门较多,协调工作难度较大,将这项工作进行到底需要较高的协调管理能力。

特种货物的运输监督管理,涉及铁路、公路、水路、航空和管道等不同的运输方式,需要多部门协调建立监控管理机制。

3. 特货物流相关法律规章

由于特货物流中涉及的环节较多,而且特种货物对运输条件有特殊要求,所以特货物流中的法律、法规对特货物流的安全、顺利进行至关重要。

特货物流涉及的相关法律、法规及管理办法较多,主要包括:①《中华人民共和国道路运输条例》;②《中华人民共和国危险化学品安全管理条例》;③《中华人民共和国道路交通安全法》;④《中华人民共和国行政许可法》;⑤《汽车货物运输规则》;⑥《道路危险货物运输管理规定》;⑦《道路货物运输服务业管理办法》;⑧《道路大型物件运输管理办法》;⑨《道路货物运输及站场管理规定》;⑩《集装箱汽车运输规则》;⑪《道路商品汽车发送管理办法》;⑫《道路货物运单使用和管理办法》。

第四节　学习要求和方法

一、学习的要求

对特货物流运作部分的学习,首先应明确不同特货物流的特点、特货物流的方案设计及特货物流的组织与管理为核心的学习目标,在了解特种货物本身及对运输工具要求的基础上,重点理解和掌握不同运输方式下特货物流的组织与管理和特货物流的全程方案设计。以理论联系实际为基本原则,加强基本功训练,通过课程设计、仿真软件模拟或项目设计实践的锻炼,熟悉物流系统主要设备及其选用,提升物流系统规划设计和实现物流系统目标的能力。

二、学习的方法

特货物流运作与管理属于交通运输组织学的部分内容,在学习过程中应注意以下几点:

(1)掌握特货物流运作与管理基础知识。在学习交通运输组织学的基础上,深化对特货物流运作与管理基础知识的学习。

(2)加强对特货物流专业知识的深化学习。特种货物组织与管理是运输组织学中的主要内容,将它进一步独立出来进行研究,就需要掌握特货物流与管理的细节。在特货物流运作过程中细节关系成败,不可忽视。在学习中应与普通货物运输组织与管理的学习区分开来,对特货物流运作与管理知识深入研究。

(3)在学习当中,加强对特货物流运作与管理的创新性研究,做到边学习边思考,不应只是简单、机械、粗糙地接受课本及教师所灌输的内容,要把疑问带到学习当中去。

(4)加强知识的综合性学习。不要单一片面地学习,因为特货物流运作中涉及的环节很多,涉及不同的运输方式,要对不同运输方式及相关方面的知识进行综合研究。

(5)学习中要注重理论联系实际。学习特货物流运作与管理这门课程,其最根本目的是将所学的知识运用到实践当中去,所以注重理论联系实际是必要的。要能够将物流系统规划设计理论和方法,以及有关物流设施、设备知识与相关技术选用,应用于工业、商业和第三方物流系统规划、设计、控制与管理工作中,应用于社会物流建设项目选址、商贸系统规划与管理,乃至经济区域的发展规划以及一些服务、管理系统的规划、设计、管理等当中去。通过有关学习,掌握物流系统的子系统设计和相关设备选用,为大物流系统规划设计准备元素、技术等内容。

(6)学习当中,重点掌握物流系统设计目标、原理和方法,熟悉物流系统基本模型,掌握主要仿真软件的应用。通过仿真技术演示所设计的方案,检测设计方案的可行性。

复习思考题

1. 特种货物包括哪些种类?特货物流有哪些主要作业内容?
2. 特货物流运作包括哪些基本内容和要求?
3. 怎样学习特货物流运作与管理这门课程?

第二章　特种货物分类及其包装

【本章教学要点】

知识要点	掌握程度	相关知识	应用方向
货物分类方法	理解	分类方法	货物运输方式选择
特种货物分类	理解	分类、防范措施	特货物流要求确定
特种货物特征	掌握	特征	货物运输要求
特货物流包装	重点掌握	包装作用、要求	包装要求
特种货物标志	掌握	运输包装标志、标志作用	运输、包装、装卸过程要求

【引导案例】

危险品货物运输包装的重要性

一艘靠泊在厦门东渡港区的德国货船“康定城”发生集装箱危险品泄漏事故，周围散发出一股非常刺鼻难闻的味道。相关部门接警后，立即启动应急预案，及时对该集装箱进行了开箱检查，初步判断气味外泄原因是危险品货物放置不规范，引起互相挤压造成包装破裂，导致内容物农药泄漏。该集装箱内危险品货物为固体的有机磷农药，货物毒性危害范围较广，吞咽、与皮肤接触或吸入会导致中毒，不及时处理，会产生极大的安全隐患。

（来源：根据新浪网新闻编写）

由引导案例可见，在进行危险品等特货物流活动时，要明确货物的分类，运输过程中进行规范放置，加上合理的包装、合理的标志，才是危险品安全运输的基础保证。

特种货物因其种类繁多、形态各异，对运输、装卸和仓储等方面技术、组织要求也各不相同，因而，科学合理地进行特货物流运作，确保货物运输安全和提高运输效率，需要对特种货物有一个清晰的认识。本章讨论重点是特种货物的特点、分类方法、运输包装及其标志等内容。

第一节　货物分类方法

货物是指凡经由运输部门承运的一切原料、材料、工农业产品、商品以及其他产品。货物的种类可以根据不同的标准或者不同的角度加以区分，一般可按其物理属性、装卸要求、运输条件、托运批量等因素进行分类。

一、物理形态分类

按货物的物理属性，可以将货物分为固体、液体、气体三种不同性质的货物。在不同地理、经济区域，产业发展的不同阶段，三种不同物理属性的货物运输量构成是不同的。我国现阶段货物物理属性构成中，以固体货物的运输量最大。在同一类货物中，其相对密度也是一项重要的物理性质，相对密度不同的货物对车辆的载质量、容积的利用以及装载与运输过程的安全性和服务质量，都会有较大影响。

二、按装卸方法分类

按货物的装卸方法可以将货物分为件装货物和散装货物，散装货物又分为堆积货物和灌注货物。件装货物是指按件重或体积装运的货物，可以用件计数，每一件都有一定的质量、形状和体积；散装货物是指可以用堆积或灌注等方法进行装卸搬运的货物，通常采用输送、铲抓、倾卸等方法装卸，如煤炭、矿石、砂石、水泥、粮食等。大批量运输或专门运输此类货物，对车辆性能、装卸设施、承载器等均有一定的要求。

三、按运输条件分类

按货物的运输条件可以将货物分为普通货物和特种货物。普通货物是指在运输、配送、保管及装卸作业过程中，不必采用特殊方式或手段进行特别防护的货物。特种货物是指在运输、保管及装卸等作业过程中必须采取特别措施、特殊工艺的货物。例如：危险货物、大件（长大笨重）货物、鲜活货物和贵重货物。

四、按运货批量分类

按托运货物的批量，可分为整车货物和零担货物。以汽车运输为例，一批托运货物质量在3t及以下为零担货物。其中，单件体积一般不小于$0.01m^3$，不大于$1.5m^3$；单件质量不超过200kg；货物长、宽、高分别不超过3.5m、1.5m和1.3m。托运货物在3t以上，如按零担货物受理，也可以认定是零担货物。一批托运货物计费质量在3t以上或虽然不足3t，但其性质、体积、形状需要一辆汽车运输的为整批货物❶。铁路运输划分为零担、整车和整列运输货物，但其批量划分依据远高于汽车，例如，以一次受理货物在30t以下称为零担，30t以上称为整车货物，可以按整列车受理。

五、按货物品名分类

目前，汽车运输货物按货物的品名（种）可分为17类21种，即煤炭及制品；石油天然气及制品；金属矿石；钢铁；矿建材料；水泥；木材；非金属矿石；化肥及农药；盐；粮食；机械、设备和电器；化工原料及制品；有色金属；轻工、医药产品；农林牧渔业产品；其他货类。

❶ 参见交通运输部网站：http://www.mot.gov.cn。

货物分类并非是绝对的,为了适应运输、企业管理或其他方面的要求,还可根据其他标准、因素对货物进行分类。

第二节　特种货物分类及其特征

原交通部《汽车货物运输规则》❶的第十七条对特种货物的分类作了详细介绍。特种货物包括:危险货物、超限货物、鲜活货物和贵重货物。凡是由于货物的特殊性质,在运送中需要特定条件、特殊设备来保证完整和安全的,都称为特种货物。特种货物对运输、装卸、保管有特殊的技术、组织和管理要求,因此在运输过程中除了遵守普通货物运输的有关注意事项外,还应该遵守特货物流的特别注意事项。

一、危险货物特征及分类

危险货物是指具有爆炸、易燃、毒害、腐蚀、放射性等性质,在运输装卸和储存保管过程中,因容易造成人身伤亡和财产损毁而需要特别防护的货物。危险货物的危险程度依据《危险货物运输包装通用技术条件》(GB 12463—2009),分为Ⅰ、Ⅱ、Ⅲ等级。据统计,目前通过海上运输的货物中有50%以上是危险货物,常运的危险货物达3 000多种。危险货物一旦发生事故,将给人身、财产及环境造成严重的损害。

1. 危险货物的特征

危险货物用途广泛、门类品种多。随着化学工业的发展,冶金工业和机械制造采用了新工艺,轻纺工业合成纤维的生产以及农药、化肥的广泛使用,危险货物的商品用户遍及各行各业。随着新兴技术的迅速发展,需要的品种和用量也在不断增长,现在国际市场上流通的品种大约有六七万种,每年至少有100多种新品问世。作为特殊生产资料的危险货物的品种和用量也在不断增加,危险货物在其生产、运输管理中,会有许多与众不同的特殊性,只有了解和掌握不同危险货物的相应危险特性,才能有的放矢,确保安全。一般来说,危险货物具有以下三点基本特性:

(1)具有易燃、易爆炸、腐蚀、毒害、辐射等性质。这是危险货物本身所具有的特殊性质,是造成火灾、灼伤、中毒等事故的先决条件。

(2)能引起人身伤亡和财产毁损。这一点指出了危险货物在一定的条件下,比如,由于受热、明火、摩擦、振动、撞击、洒漏、与性质相抵触物品接触等,发生化学变化所产生的危险效应。不仅货物本身遭到损失,而且危及周围人身及环境的安全。

(3)在运输、装卸、保管过程中需要特别防护。这里所指的特别防护,不仅是一般货物的轻拿轻放、谨防明火,而是要针对各种危险货物本身的特性所必须采取的“特别”防护措施。例如,有的爆炸品需要添加抑制剂;有的有机过氧化物需控制环境温度;有的危险品需要特殊包装,且大多数危险品的配载都有禁忌的物品。

2. 危险货物的分类

危险货物是一个总称,包括很多品种。《道路危险货物运输管理规定》列名的有3 000

❶ 交通部1999年颁布。

种以上。众多的危险货物性质各不相同,危险程度参差不齐,有的还相互抵触。为了储运的安全和管理的方便,有必要根据各种危险货物的主要特性进行分类。2012 年 5 月 11 日开始实施的中华人民共和国国家标准《危险货物分类和品名编号》(GB 6944—2012),将危险货物按其主要特性和运输要求分为 9 类:

1 类 爆炸品;

2 类 气体;

3 类 易燃液体;

4 类 易燃固体、易自燃物质和遇水放出易燃气体的物质;

5 类 氧化性物质和有机过氧化物;

6 类 毒性物质和感染性物质;

7 类 放射性物质;

8 类 腐蚀性物质;

9 类 杂类物质和物品。

危险货物按其危害性分为两个级别,详见表 2-1。

危险货物分类范围及名称 表 2-1

类　别	分 类 概 念	各类档次	各类货物范围或名称
危险货物	《汽车危险货物运输规则》中列名的所有危险货物	一级	《汽车危险货物运输规则》中规定的爆炸物品、一级氧化剂、压缩气体和液化气体、一级自燃物品、一级遇水易燃物品、一级易燃固体、一级易燃液体、剧毒物品、一级酸性腐蚀物品、放射性物品
		二级	《汽车危险货物运输规则》中规定的二级易燃液体、有毒物品、碱性腐蚀物品、二级酸性腐蚀物品

(1)爆炸品。爆炸品是指爆炸性物质、爆炸性物品和为产生爆炸或烟火实际效果而制造的物质或物品。这类物质的化学性质非常活泼,对机械力、电、热、磁场很敏感,受到摩擦、撞击、振动,或遇到明火、高热、静电感应、氧化剂、还原性物质如硫、磷、金属粉末都有发生燃烧、爆炸的危险。其特性有以下三点。

①爆炸性。爆炸是物质非常迅速的物理或化学变化而形成压力急剧上升的一种表现。发生爆炸的主要原因有两个:一是通过本身化学反应产生气体、温度、压力和速度的变化(即不需接触火源)引起爆炸;二是接触火焰、受热或受震动、摩擦、撞击等外力作用或受其他物质激发时引起爆炸。衡量爆炸性的重要指标是爆速和敏感度。敏感度对运输装卸安全影响极大,敏感度及爆炸能力过强的物品,不能运输。这类物品在生产厂中制造出来以后,要经过处理,降低敏感度以后,才能进行安全运输。

②吸湿性。绝大多数爆炸性物质或物品具有较强的吸湿性,当吸湿受潮后会降低爆炸性能,甚至失去作用。但必须注意,有些物品在水分蒸发后仍可恢复其原来的爆炸性能。有些爆炸物品在受潮后会引起反应使它更加危险,在运输中应确保其干燥。

③不稳定性。爆炸品遇酸、碱分解,受日光照射分解,与某些金属接触产生不稳定的盐类等特性,归纳起来称为不稳定性。具有不稳定性的危险货物如雷汞、三硝基甲苯、胶质硝化甘油电磁辐射机等在运输中应倍加注意安全问题,采取有效的措施进行防护。

爆炸品按爆炸产生的危险性分为6小类,见表2-2。

爆炸品的分类 表2-2

小类	爆炸品产生危险的程度
1.1类	有整体爆炸危险的物质和物品(是指实际上瞬间影响到几乎全部装药量的爆炸)
1.2类	有迸射危险,但无整体爆炸危险的物质和物品
1.3类	有燃烧危险和局部爆炸危险或局部迸射危险或两者兼有,但无整体爆炸危险的物质和物品
1.4类	无重大危险的爆炸物质和物品,这种货物危险性较小,万一被点燃或引燃,其危险作用大部分局限在包装件内部,而对包装件外部无重大危险
1.5类	有整体爆炸的非常不敏感的物品
1.6类	无整体爆炸的极端不敏感的爆炸物质,此种货物性质比较稳定,着火试验中不会爆炸

(2)气体。这里指呈压缩状态、液化状态或在压力下是溶解状态,需要用耐压容器盛装运输的气体。该类气体的特性有:容易爆炸、气体泄漏,氧气与油脂类接触易燃烧。比空气重的气体易沉积等。根据气体的主要危险性,将气体分为三小类,见表2-3。

气体的分类 表2-3

小类	气体的主要危险程度	小类	气体的主要危险程度
2.1类	易燃气体	2.3类	毒性气体
2.2类	非易燃、无毒气体		

对运输来说,本类货物的危险性主要表现在两个方面。

①容器破裂甚至爆炸的危险。本类货物都是罐装在耐压容器中,内部承受着高压的容器本身就是一种危险货物。由于受热、撞击等原因造成容器内压力的急剧升高,或者由于容器内壁被腐蚀、容器材料疲劳等原因使容器的耐压强度下降,都会引起容器破裂甚至爆炸。

②由于气体物质本身的化学性质引起的危险。本类货物由于共同的物理特性,都需罐装在耐压容器中,才成为一大类。但各种气体的化学性质差别很大,有的易燃易爆,有的有毒,有的具有腐蚀性等。气体如果溢漏出来,因其本身的化学性质,则可能引起火灾、灼伤、爆炸、中毒、冻伤等事故。即使是化学性质很不活泼的惰性气体或二氧化碳的溢漏,也会引起窒息死亡。针对气体的不同化学性质所引起的各种危险,应采取相应的有效防护措施。

(3)易燃液体。凡闭杯试验闪点在61℃或是61℃以下,散发出易燃蒸气的液体,或者液体混合物,或含有处于溶解或悬浮状态固体的液体(如油漆、清漆)均属易燃液体。其特性有:极易燃烧性、蒸气的易爆性、流动扩散性、受热膨胀性、易积聚静电、有毒性等。对运输来说,易燃液体的主要危险性是燃烧和爆炸。其中闪点和沸点是衡量易燃液体危险程度的主要参数。因为易燃液体都是灌装的,而许多物质都有受热膨胀、受冷收缩的物理特性。液体物质受热膨胀系数比较大,再加上易燃液体的易挥发性,受热后蒸气压力也会提高。因此,装满易燃液体的容器,往往会因受热造成容器膨胀而酿成事故。由此液体货物在充装时,在包装容器内必须留有一定的空余空间,以适应温度变化所造成的货物体积的膨胀。易燃液体又分为三小类,即3.1类 低闪点液体;3.2类 中闪点液体;3.3类 高低闪点液体。

(4)易燃固体、易自燃物质和遇水放出易燃气体的物质。此类又可分为三小类,即4.1类 易燃固体;4.2类 易自燃物质;4.3类 遇湿放出易燃气体的物质。

易燃固体是指具有易于点燃、易于燃烧或因摩擦而引燃或助燃的物质;还包括自反应物质及有关物质和减敏爆炸品。其具有需明火点燃、高温条件下遇火星即燃、粉尘有爆炸性、与氧化剂混合能形成爆炸品、遇水分解等特征。易燃固体虽然很容易发生燃烧,但是如果没有火种、热源等外因的作用,没有助燃物质(如空气中的氧或氧化剂)的存在,也不易发生燃烧。在储运过程中,易燃固体发生燃烧事故,都是由于接触明火、火花、强氧化剂、受热或受摩擦、撞击等引起。因此,在储运过程中,要严格防止上述外因的作用,以保证运输安全。

易自燃物质是指具有易于自燃、发热或与空气接触即升温,易于着火的物质。对运输来说这类物品的主要危险是自行发热、燃烧。其特征为:不需要受热或明火,会自行燃烧;自燃点较低;受潮后会增加自燃的危险性;大部分自燃物品与水反应强烈;接触氧化剂会立即发生爆炸等。

遇湿易燃物品是指遇水受潮时,发生剧烈化学反应,放出大量的易燃气体和热量的物品。其主要特性有:遇水受潮会发生化学反应,放出可燃气体和热量;遇到酸类或氧化剂时,发生的反应更剧烈,危险性也更大;某些遇水燃烧物质遇水反应时,还能放出毒性很强的气体,接触人体后会立即引起中毒。其存在的主要危险特性有:遇水燃烧性、爆炸性、毒害性和自燃性。

(5)氧化性物质和有机过氧化物。第5类分为两小类:5.1类 氧化物质;5.2类 有机过氧化物。氧化剂和过氧化物是指易于放出氧气从而促使其他材料燃烧并助长火势的物质。其本身未必燃烧,但容易分解放出氧气并产生大量的热而导致或促成其他物质的燃烧,甚至引起爆炸。其特性有:强氧化性、遇热分解、爆炸性、遇酸遇水分解、有毒性和腐蚀性。运输此类危险货物时,应注意保持低温,且不能与化学性质相反应的物质混装。

(6)毒性物质和感染性物质。第6类分为两小类:6.1类 有毒物质;6.2类 感染性物质。有毒物质是指如误被吞咽、吸入或与皮肤接触易于造成人或动物死亡或严重损害人体健康的物质。感染性物质是指含有会引起或可能引起人或动物疾病的活性微生物的物质。感染性的物质的运输须经有关的卫生检疫机构的特许,其中经航空运输的占绝大多数。假使某地发生疫情,而当地又无法确定疫情的性质和防治措施,需把疫苗运到研究所鉴定,空运是最快、最适合的运输方式。

(7)放射性物质。放射性物质是指自然地放射出大量放射线的物质,其放射性比度(放射性比度是指放射性核素每单位质量的放射性强度或均匀分布的放射性物质每单位质量的放射性强度)大于2nci/g(约70kBq/kg)。其主要特征是放射性,放射性物质放出的主要射线有α、β、γ和快中子射线等。放射性物质危害人类的途径有两个方面,即内辐照和外辐照。放射性物质的危害性在于辐射、污染,最终使人员受到辐射伤害,且伤害性很大,因此其运输包装与组织具有特殊的规定,同时还应特别注意做好放射性物质的防护工作。

(8)腐蚀性物质。此类物质通过化学作用在接触生物组织时会造成严重损伤,或在渗漏时会严重损害甚至毁坏其他货物或运输工具,还可引起其他危险。其特性有:腐蚀性、毒害性、易燃性、氧化性和遇水反应性。腐蚀品的化学性质非常活泼,对运输人员造成直接伤害的货物中,腐蚀性物品处于首位。因此在运输中严禁与其他货物混装,且包装、搬运装卸时应注意特别防护。腐蚀性物质又分为三小类,即8.1类 酸性腐蚀品;8.2类 碱性腐蚀品;8.3类 其他腐蚀品。

(9)杂类物质和物品。《危险货物分类和品名编号》(GB 6944—2012)将第九类危险货物称为“杂类”,其定义为:存在危险但不能满足其他类别定义的物质或物品。

3. 危险货物的次要危险性及其防范措施

某些种类的危险品除其主要特性外,还有一些次要特性,即次要危险性,如在介绍易燃气体时,曾讲到有些易燃气体有毒,在介绍第4类危险物品时曾讲到它们还具有腐蚀性、毒害性和爆炸性等性质。危险货物的危险性除了由本身的物理、化学、生化等特性决定以外,还与确定各类危险货物的性能标志的非互斥性有关,因此出现了一种货物具有多种危险特性的现象。危险货物的主副危险性应以同样要求进行严格防范。在危险货物的存储运输过程中,应了解和区分危险货物的次要危险性与主要危险性,并分别从以下几方面进行严格防范:

(1)从事危险货物运输的单位,不管是营业性还是非营业性运输,都必须获得运输部门批准,否则不准予运输。

(2)危险货物运输的从业人员,包括管理、驾驶、装卸、随车押送、仓储人员,都必须经过专业培训,取得岗位合格证书,才可以上岗操作。

(3)用于运输危险货物的车辆和装卸设备,必须适应所装货物的性质。危险货物包装的外表,装运气体、液体的槽罐体的外表对应两侧,必须有所装货物的危险性能标志,包括主性能标志和副性能标志。

(4)托运人托运危险货物时,必须指出所托运危险货物的主特性和副特性,并在托运单和行车路单上标明。

(5)在危险货物的装卸堆桩配载时,必须注意所装危险货物主副特性的不同要求,在对危险货物的撒漏处理和消防急救时,更需注意不能忽视对副特性的防护。

总之,制订危险货物的防护和管理的具体措施和要求时,不能仅凭危险货物的类别归属,而要同时注意到该危险货物可能具有的其他危险性,以防止因为副危险性造成重大事故。

二、超限货物特征及分类

超限货物又称长大笨重货物、大型特型笨重货物、大件或大型物件。这些货物是其外形尺寸和质量超过常规(指超长、超宽、超重、超高) 车辆、船舶装载规定的大型货物。如公路货物运输中的长大货物是指单件(含因货物性质或托运人要求不能分割、拆散的组合件和捆扎件,下同)符合下列条件之一的货物:①长度在14m以上,或宽度在3.5m以上,或高度在3m以上的货物。②质量在20t以上的单体货物或不可解体的成组(捆)货物。

在铁路运输中,如一件货物装车后,在静止或运行的条件下,货物的任何部位超出机车车辆限界或特定区段装载限界,均称为超限货物。具体可分为三种情况:①一件货物装车后,在平直线路上停留时,货物的高度和宽度有任何部位超出机车车辆限界,称为超限货物。②一件货物装车后,在平直线路上虽然不超限,但当行经在半径为300m的曲线线路上,货物的计算宽度超出机车车辆限界时,亦属超限货物。③一件货物装车后,虽然在平直线路或行经在半径为300m的曲线线路上,均未超出机车车辆限界,但当货车行经在特定区段,货物的高度或宽度超出特定区段的装载限界,也属于超限货物。

1. 超限货物的特点

一般来说，超限货物有以下特点：①装载后车与货的总质量超过所经路线桥涵、地下通道的现在标准。②货物宽度超过车辆界限。③载货车辆最小转弯半径大于所经路线设计弯道半径。④装载总高度超过5m，通过电气化铁路平交道口时，装载总高度超过4.2m；通过无轨电车线路时，装载总高度超过4m；通过立交桥和人行天桥时，装载总高度超过桥下净空限制高度。

2. 超限货物的分级

超限货物是一个总称，包括不同种类，有的是超高货物，有的是超长货物，有的则是超重、超宽货物，这些货物对运输工具、运输组织的要求各异。为了保证运输安全和管理的需要，一些运输方式有必要根据超限货物的主要特性进行分类。如交通运输部现行规定，公路大件按其外形尺寸和质量分为四级❶。

一级大型物件是指达到下列标准之一者：①长度大于14m（含14m）小于20m；②宽度大于3.5m（含3.5 m）小于4.5m；③高度大于3m（含3m）小于3.8m；④质量大于20t（含20t）小于100t。

二级大型物件是指达到下列标准之一者：①长度大于20m（含20m）小于30 m；②宽度大于4.5 m（含4.5 m）小于5.5m；③高度大于3.8m（含3.8m）小于4.4m；④质量大于100t（含100t）小于200 t。

三级大型物件是指达到下列标准之一者：①长度大于30 m（含30 m）小于40 m；②宽度大于5.5m（含5.5m）小于6.0m；③高度大于4.4 m（含4.4 m）小于5.0 m；④质量大于200t（含200t）小于300t。

四级大型物件是指达到下列标准之一者：①长度在40m及以上；②宽度在6.0m及以上；③高度在5.0m及以上；④质量在300t及以上。

大型物件的级别，按其长、宽、高及质量四个条件中级别最高的确定。长大笨重货物分级见表2-4。

长大笨重货物的分级 表2-4

大件级别	质量(t)	长度(m)	宽度(m)	高度(m)
一级	20～(100)	14～(20)	3.5～(4.5)	3～(3.8)
二级	100～(200)	20～(30)	4.5～(5.5)	3.8～(4.4)
三级	200～(300)	30～(40)	5.5～(6.0)	4.4～(5.0)
四级	300以上	40以上	6.0以上	5.0以上

注：1.“括号数”表示该项参数不包括括号内的数值。

2. 货物的质量和外廓尺寸中，有一项达到表列参数，即为该级别的超限货物，货物同时在外廓尺寸和质量达到两种以上等级时，按高限级别确定超限级别。

三、鲜活货物特征及分类

鲜活货物是指在运输过程中需要采取保鲜、保活措施，并需在限定运输期限内运到和交

❶ 参见原交通部《道路大型物件运输管理办法》（交公路发〔1996〕1154号）第二章，大型物件分级第五条、第六条。

付的货物。鲜活货物一般价值较高,运输时间性强、效率低、责任重,因此列为特种货物。鲜活货物分为两大类:一种是易腐货物;另一种是活动物。

(1)易腐货物是指物品本身容易腐烂变质,货物的价值与时间密切相关,对运输时间要求严格的货物。如:肉、鱼、蛋、奶、鲜花、鲜水果、鲜蔬菜、冰、鲜活植物等,按其热状态又分为:①冻结货物;②冷却货物;③未冷却货物。

(2)活动物包括禽、畜、兽、蜜蜂、活鱼以及鱼苗等。

鲜活货物按其范围及名称分为4级,详见表2-5。

鲜活货物分类范围及名称 表2-5

类　别	分类概念	各类档次	各类货物范围或名称
鲜活货物类	货物价值高、运输时间性强、责任重大的鲜活货物	1	各种活牲畜、活禽、活鱼、鱼苗
		2	供观赏的野生动物:虎、豹、狮、熊、熊猫、狼、象、蛇、蟒、孔雀、天鹅等
		3	供观赏的水生动物:海马、海豹、金鱼、鳄鱼、热带鱼等
		4	名贵花木:盆景及各种名贵花木

四、贵重货物特征及分类

贵重货物是指价值昂贵,在运输过程中承运人须承担较大经济责任的货物,包括各类黄金首饰、珠宝玉石及其制品、稀贵金属及其制品、精密仪器、高档电子产品、珍贵文物和艺术品、现钞、有价证券等。国内运输中,声明价值为毛重每千克超过(或者等于)人民币2 000元的物品;国际运输中,声明价值为毛重每千克超过(或者等于)1 000美元的物品,均属于贵重物品。贵重货物一般具有以下特点:①稀有、价值高;②体积小、质量轻;③大多有精致包装;④对运输过程的安全性要求高。贵重货物按其范围及名称分为10种类别,详见表2-6。

贵重货物分类表 表2-6

类　别	分类概念	各类档次	各类货物范围或名称
贵重货物类	价格昂贵、运输责任重大的货物	1	货币及有价证券:货币、国库券、邮票等
		2	贵重金属及稀有金属:贵重金属金、银、钡、白金等及其制品;稀有金属钴、钛等及其制品
		3	珍贵艺术品:古玩字画、象牙、珊瑚、珍珠、玛瑙、水晶宝石、钻石、翡翠、琥珀、猫眼、玉及其制品、景泰蓝制品、各种雕刻工艺品、仿古艺术制品和壁毯刺绣艺术品等
		4	贵重药材和药品:鹿茸、麝香、犀角、高丽参、西洋参、冬虫草、羚羊角、田三七、银耳、天麻、蛤蟆油、牛黄、熊胎、鹿胎、豹胎、海马、海龙、藏红花、猴枣、马宝及以其为主要原料的制品和贵重西药
		5	贵重毛皮:水獭皮、海龙皮、貂皮、灰鼠皮、猞猁皮等及其制品
		6	高档服装:用高级面料、制作精细、价格较高的服装
		7	珍贵食品:海参、干贝、鱼肚、鱼翅、燕窝、鱼唇、鱼皮、鲍鱼、猴头、发菜等

续上表

类　别	分类概念	各类档次	各类货物范围或名称
贵重货物类	价格昂贵、运输责任重大的货物	8	高级精密机械及仪表：显微镜、电子计算机、高级摄影机、摄像机、显像管、复印机及其精密仪器、仪表
		9	高级光学玻璃及其制品：照相机、放大机、显微镜等镜头片、各种科学试验用的光学玻璃仪器和镜片
		10	高档电器：电视机、电冰箱、录放音机、音响组合机、录像机、空调机、照相机、手表等

第三节　特种货物的运输包装及其标志

货物的包装一般包括内包装和外包装，特种货物的包装需符合一定的要求，因为完好的包装是保证运输安全的重要手段之一。例如，危险货物的运输包装必须符合《危险货物运输包装通用技术条件》（GB 12463—2009），在运输前还要进行包装试验，只有试验合格的包装才能进行运输。但是，长大货物一般不进行包装，只在装载时根据实际要求添加衬垫。

一、危险货物包装的作用和要求

危险货物运输包装的目的不仅是为了方便货物的运输、储存和销售，保证货物的完整，使货物价值在运输过程中不受损失，而且是防止危险货物危及环境的重要措施之一。现在不少发达国家都对危险货物的包装制定了相应的法律、法规，要求危险品依照法律规定、按照国际标准进行包装，以保障公共安全。我国也对加强危险货物运输管理作出若干规定，其中危险货物的运输包装也是重要的组成部分。

1. 危险货物包装的作用

危险货物的运输包装除了具有一般货物包装的作用以外，还具有以下特殊作用：

（1）能防止被包装的危险货物因接触雨雪、阳光、潮湿空气和杂质而使产品变质，或产生剧烈的化学反应而造成事故。

（2）可以减少货物在运输过程中所受到的碰撞、振动、摩擦和挤压，使危险货物在包装的保护下保持相对稳定状态，从而保证运输安全。

（3）可防止因货物撒漏、挥发以及与性质相悖的货物直接接触而发生事故或污染运输设备或其他货物。

（4）便于储运工程中的堆垛、搬动、保管，提高运载效率和工作效率，提高操作的安全性。

2. 危险货物包装的要求

根据危险货物的性质和运输特点，以及包装应起的作用，危险货物包装必须符合以下基本要求：

（1）包装所用的材料应与所装的危险货物的性质相适应。危险货物对不同材料的腐蚀作用不同，因此要求相应的包装材料必须耐腐蚀。例如：同属强酸，浓硫酸可以用铁质容器，因为75%以上的浓硫酸可以使铁的表面氧化生成一层薄而结构致密的氧化物（Fe_3O_4）保护膜，阻止浓硫酸与铁质容器的连续反应，而铝可以做硝酸、醋酸的容器，氢氟酸不能使用玻璃容器。总之，危险货物包装容器与所装货物直接接触的部分，不应受该物品的化学或其他作用的影响。包装与内装物直接接触的部分，必要时应有内涂层或进行相应的处理，以使包装物能适应内装物的物理、化学性质，不使包装与内包装物发生反应而形成危险产物或削弱包装强度。

(2)包装必须有必要的强度，其构造和封闭装置，应能经受运输过程中正常的撞击、振动和摩擦。危险货物的包装强度与货物的性质密切相关。压缩气体和液化气体，处于较高的压力下，使用的是耐压钢瓶，强度极大。盛装液体货物的包装，考虑到液体货物热胀冷缩系数比固体大，液体货物的包装强度应比固体高。不同液体货物，不同固体货物，根据其不同性质对包装要求的强度也有所不同。一般来说，性质比较危险的，发生事故危害性较大的，所需的包装强度也大。同一种货物单件包装时质量越大，包装强度也应越高。同一类包装运距越长，换装次数越多，包装强度需要越高。

(3)包装的封口应与所装危险货物的性质相适应。应如何封口，要根据危险货物的性质决定。一般来说，危险货物包装的封口，应该严密不漏。特别是挥发性强或腐蚀性强的危险货物，封口更应严密。根据包装性能的要求，严密封口可分为气密封口(即不透气的封口)、液密封口(即不透水的封口)和牢固封口(即封口关闭的严密程度应使所装的干燥物质在正常运输过程中不致漏处)三种。

但也有些危险货物对封口要求不严密，甚至还要求设有通风口。常见的必须采取非严密包装的货物有：①油浸的纸、棉、绸、麻等及其制品。要用通透的笼箱包装，以保持良好的通风。②碳化钙(电石)。电石吸收空气中的水分即能反应产生易燃气体，若不及时排出，大量积聚以后，随着运输中电石与铁筒的碰撞产生的火星，即发生爆炸。③双氧水(过氧化氢)。双氧水受热或经振动即分解出原子氧，若不随时排出分解出的氧气，降低容器内的压力，有爆炸的危险。运输过程中，应在高浓度的双氧水中加入稳定剂，并保证包装上有出气小孔，但同时应保证排出的氧气接触不到易燃物质。④液氮。由于装液氮的容器不耐高压，也不能保持瓶内液氮低于 -147.1℃的临界温度，所以不时有液氮气化，如不及时排出，有爆炸的危险。同时考虑到氮气无毒不燃，故可以采用不封口的容器包装。

(4)内外包装之间应有适当的衬垫。为了减轻危险货物在运输和装卸中所受的冲击，需要在内外包装之间采用适当的减振衬垫材料，特别是对于那些易破裂的内包装。如玻璃、陶瓷等制成的内包装，更应采用衬垫材料，固定在外包装内，这些材料应有足够数量的吸收性，以防止内装物从包装中漏出。衬垫材料和吸收性材料与所装危险货物的性质要适应。常用的衬垫材料有：瓦楞纸、细刨花、草套、草垫、纸屑等有机物，以及气泡塑料、发泡塑料、硅藻土、黄沙等惰性材料。

(5)危险货物运输包装应能接受一定范围内温度、湿度的变化，空运包装还应适应高度的变化。我国幅员辽阔，同一时间各地的气温相差很大，国际运输中，各地温差更大，而温差对某些危险货物有重要的影响，因此运输包装必须适应这些变化。

(6)包装的件重、规格和形式应适应运输要求。为了便于搬运，每件包装的质量和体积应符合规定，不能过重或过大，尤其是危险货物，应根据货物本身的性质，合理包装。同时其包装还应该便于使用装卸机械进行搬运。同样包装的外形尺寸也应该与有关的运输工具包括集装箱的容积、装载量和装卸机械相配合,以利装卸、积载、搬运和储存。

(7)包装的外表应有规定的包装标志。首先,为了保证危险货物运输安全,使从事危险货物运输、装卸、储存的有关人员进行作业时提高警惕,防止发生危险,同时为了在发生事故时能及时采取正确的施救措施,危险货物运输包装必须具备国家规定的"危险货物包装标志"。其次,为了说明货物在装卸、保管、运输、开启时应注意的事项(如易碎、禁用手钩、怕湿、向上、吊装位置等)必须同时粘贴"包装储运图示标志"。

另外,爆炸品的包装还有附加的要求,如盛装液体爆炸品的容器,应具有防止渗漏的双重保护;不仅内包装要能充分防止爆炸品与金属物接触,铁钉和其他没有防护涂料的金属部件也不得穿透外包装,防止损坏内包装;包装内的爆炸物品,包括内容器,必须衬垫妥实,以防止运输中发生危险性移动;盛装有对外部电磁辐射敏感的爆炸物品时,包装应具备防止所装物品受外部电磁辐射源影响的功能等。

二、危险货物运输包装的分类

货物包装的分类按照不同的分类方法可以分成不同的类别,而危险货物的运输包装本身已指明了包装货物的种类和包装的目的。危险货物运输包装的分类方法主要有三种。

1. 按危险货物的种类分

(1)通用包装:适用于第3~6类危险货物和第1、第8类中的某些货物。

(2)专用包装:常见的有两种,一种是爆炸品专用包装,因为不同的爆炸品其物理、化学性质各不相同,这类包装甚至在爆炸品之间都不能通用;另一种是一些特殊的危险货物,由于某种特殊性质而需采用专门包装,如双氧水专用包装、二硫化碳专用包装、黄磷专用包装、碱金属专用包装、电石专用包装等。

(3)气瓶包装:这是第2类危险货物的专用包装。此类包装物最显著的特点是能承受一定的压力。

(4)抗辐射包装:由于放射性物品本身的放射性污染和广泛的辐射作用,包装材料和结构应具有封严、抗压、抗腐蚀和抗辐射线穿透(即屏蔽作用)的化学和物理性能。

(5)抗腐蚀包装:腐蚀性物品由于其对材料的腐蚀性,需用不同的耐腐蚀材料来包装。

2. 按包装材料分

按制作包装的材料可以分为:木制包装、金属制包装、塑料制包装、编制材料包装、玻璃陶瓷包装和棉、麻织品包装等。在进行危险货物的包装时,应根据危险货物的性质,选择合适的包装材料,确保危险货物的安全运输。

3. 按包装类型分

危险货物按包装的类型分为桶、箱、袋三大类。桶类包装材料通常使用的有铁桶、铝桶、铁塑复合桶、木板桶、胶合板桶、纤维板桶、厚纸板桶、塑料桶等,主要用来运输液态的危险货物;箱类包括集装箱、铁皮箱、危险货物保险箱、密木箱、胶合板箱、纤维板箱、刨花板箱、瓦楞纸箱、钙塑箱、条板花格木箱、编制箱等;袋类包括棉布袋、麻袋、乳胶布袋、塑料袋、纸袋、集装袋等,此类包装物一般用来做外包装或衬里用。

4. 按包装结构强度分

危险货物在国际运输中,按照包装的结构强度和防护性能及内装物的危险程度将其分为三个类别。

Ⅰ类包装:货物具有较大危险性,包装强度要求高。

Ⅱ类包装:货物具有中等危险性,包装强度要求较高。

Ⅲ类包装:货物具有的危险性小,包装强度要求一般。

三、危险货物运输包装的性能试验

由于危险货物的特殊性,为了确保运输安全,避免所装危险货物在正常运输中发生事故、受到损害,对危险货物的运输包装必须进行性能试验。经试验合格并在表面标注上持久、清晰、统一的合格标志后,才能使用。《危险货物运输包装通用技术条件》(GB 12463—2009)规定了危险品包装的4种试验方法,即堆码试验、跌落试验、气密试验、液压试验。

1. 堆码试验

堆码试验是模拟在仓库、船舶、货车、机舱内满装货物运输包装容器堆码时的情况而进行的试验。除袋类包装以外,其他所有包装都要进行堆码试验。其试验的目的是测定满装货物运输包装堆码时的耐压能力、抗压强度和对内装货物的保护程度,了解包装在堆码中的承压结果(变形、蠕变、压垮或破裂),以及运输包装在受到特殊负荷的情况下的性能。一般采用的方法是将坚硬载荷平板置于试验包装件的顶面,在平板上放置重物,在一定堆码高度(陆运3m、海运8m)和一定时间下(一般24h),观察堆码是否稳定、包装是否变形和破损。

2. 跌落试验

跌落试验又称落体试验,是模拟人力装卸、搬运和货物倒塌时运输包装的跌落情况,通过自由跌落对装满货物的运输包装进行垂直碰撞试验。其目的是为了测定用人力进行装卸搬运时跌落或者堆装时倒塌等意外情况下,包装的破损情况和安全性。所采用的方法是按不同跌落方向及高度跌落试验对象,观察其包装是否有破损和撒漏。如钢桶的跌落方向为:第一次,以桶的凸边呈斜角线撞击在地面上,如无凸边,则以桶身与桶底接缝处撞击;第二次,第一次没有试验到的最薄弱的地方,如纵向焊缝、封闭口等。

3. 气密试验

气密试验又称渗漏试验,是为了检查包装桶是否漏气而进行的试验。所有拟盛装液体的包装均应做气密试验,但不包括组合包装中的内包装。其方法是将包装浸入水中,对包装充气加压,观察有无气泡产生,或在桶接缝处或其他易渗漏处涂上皂液或其他合适的液体后向包装内充气加压,观察有无气泡产生。

4. 液压试验

液压试验是检查桶是否漏水的试验。所有拟盛装液体的包装均应进行液压试验,但不包括组合包装中的内包装。试验方法是按不同包装类型进行加压,塑料容器和内容器为塑料材质的复合包装,应经受30min的压力试验,其他材质应经受5min加压试验,观察包装是否损坏。Ⅰ类包装选择压力为250kPa,Ⅱ、Ⅲ类包装应不小于所运物质在50℃时的蒸气压力的1.75倍减去100kPa,但最小试验压力为100kPa。试验应连续不断地增加压力至所需值,并在整个试验期间保持压力稳定。试验物品不得用机械支撑,若用支撑,其方法不得影响试验效果。

经试验合格的包装,都应在包装的明显部位标注出清晰持久的“包装合格”以作证明,同时还必须标注出制造厂名称、制造日期，以及其他有关的标志。联合国为国际运输的需要，规定了统一的“包装合格”标志及其他有关标志的书写格式。

四、各类危险货物的运输包装

危险货物由于其特殊的物理化学性质分成九个大类，各类危险货物采取的包装不同，根据危险货物的种类，参见《危险货物运输包装通用技术条件》（GB 12463—2009），其具体包装如下。

1. 爆炸品

爆炸品通常需要专用包装。因为不同的爆炸品其物理、化学性质各不相同，为保证爆炸品在储运中的安全，其设计者根据该爆炸品所必需的防火、防振、防磁等要求设计爆炸品专用包装。

2. 气体

压缩气体和液化气体通常应以耐压的气瓶装运，部分沸点高于常温的气体，可用安瓿瓶或质量良好的玻璃、塑料、金属容器盛装，个别气体亦可采用特殊容器装运。具体包装方法按《危险货物铁路品名表》和包装表规定办理。

3. 易燃液体

盛装易燃液体的容器应气密或液密封口，并留有不少于5%的膨胀余位，以防液体受热体积膨胀而致容器破裂。

4. 易燃固体、易自燃物质和遇水放出易燃气体的物质

盛装遇空气或潮气能引起反应的物质，其容器须气密封口。对缓慢氧化能自燃的物品，包装应易于通风和散热。对化学性质特别敏感的钠、钾等金属，须浸没在煤油或密封于石蜡中。

5. 氧化性物质和有机过氧化物

包装和衬垫材料应与所装物性质不相抵触。封口要严密，包装要防潮，内外包装不得沾有杂质。

6. 毒性物质品和感染性物质

易挥发的液态毒品容器应气密封口，其他的应液密封口，固态的应严密封口。

7. 放射性物质

放射性包装分为：可按普通货物运输的包装、工业型包装、A 型包装和 B 型包装。放射性包装件按其外表面辐射水平和运输指数分为三个运输等级，见表 2-7。

放射性包装件的运输等级 表 2-7

运输等级（标志颜色）	包装件外表面任意一点的最大辐射水平 H msv/h（mrem/h）	运输指数 TI
Ⅰ（白色）	$H \leqslant 0.005(0.5)$	$TI = 0$①
Ⅱ（黄色）	$0.005(0.5) < H \leqslant 0.5(50)$	$0 < TI \leqslant 1$
Ⅲ（黄色）	$0.5(50) < H \leqslant 2(200)$	$1 < TI \leqslant 10$

注：①对于 $TI \leqslant 0.05$ 的包装件均认为 $TI = 0$；其他情况 TI 都应取一位小数。包装件的运输指数和表面辐射水平等级不一致时，按较高一级的确定运输等级。

表2-7中的运输指数(*TI*)按下列原则确定。

(1)包装件、无包装的Ⅰ类低比放射性物质和Ⅰ类表面污染物体的运输指数是指包装件(或货物)外表面1m处的最大辐射水平(单位为mrem/h)。

(2)对于铀和钍的矿石及其浓缩物,在距包装件(或货物)外表面1m处任意一点的最大辐射水平可取为:铀和钍的矿石及其物理浓缩物0.4msv/h(40mrem/h);钍的化学浓缩物0.3msv/h(30mrem/h);铀的化学浓缩物0.02msv/h(2mrem/h)(六氟化铀除外)。

(3)无包装的Ⅰ类低比放射性物质和Ⅰ类表面污染物体,按本条(1)、(2)项确定运输指数后还需乘以表2-8的放大系数。

运输指数放大系数表 表2-8

装载的最大截面面积 S(m^2)	放大系数	装载的最大截面面积 S(m^2)	放大系数
$S \leq 1$	1	$5 < S \leq 20$	3
$1 < S \leq 5$	2	$S > 20$	10

8.腐蚀性物质

应选用耐腐蚀的容器,并按所装货物状态采用气密封口、液密封口或严密封口,防止泄漏、潮解或撒漏。外包装必须坚固。

9.杂类危险物质和物品(包括危害环境物资)

视不同的情况和需要进行包装。

五、危险货物运输包装标志

货物运输包装标志是用图形或者文字(文字说明、字母标志或阿拉伯数字),在货物运输包装上制作的特定的记号以说明事项。包装标志是售货、装卸、搬运、存储保管,直至交付的运输全过程中,辨认货物的基础,是一般贸易合同、安全运输、完整交付的基本保证。

1.货物运输包装标志的作用

(1)货物运输包装标志是对货物的主要特性和发货人意图的表示。正确使用标志,可以保证货物的作业安全,防止发生货损、货差以及危险性事故。

(2)流通过程中,运输包装标志要在单证、货物上同时表现出来。它是核对单证、货物并使单货相符,以便正确、快速地辨认货物,高效率地装卸、搬运作业,安全顺利地完成流通全过程,准确无误地交付货物的关键。

(3)包装标志可以节省制作单据的手续和时间,而且易于辨认和称呼货物,使运输人员一见标志即对有关事项一目了然,避免浪费人力和时间。

2.货物运输包装标志分类

包装标志可以分为三类,即识别标志、包装储运图示标志和危险货物运输包装标志。

(1)识别标志:是识别不同运输批次之间的标志,包括主要标志,批数件数号码标志,目的地标志,输出地标志,货物的名称、数量、质量和体积标志,运输号码标志和附加标志等。

(2)包装储运图示标志:根据货物易碎、易残损、易变质以及怕热、怕冻等特性提出在搬运、储运、保管以及运输安全中的注意事项。中华人民共和国国家标准《包装储运图示标志》(GB/T 191—2008)中介绍了17种货物搬运图示标志(表2-9),规定了包装储运图示标志的名称、标志图形、尺寸、颜色及应用方法。

包装储运图示标志 表 2-9

序号	标志名称	标志图形	含义	备注/示例
1	易碎物品		运输包装件内装易碎品，因此搬运时应小心轻放	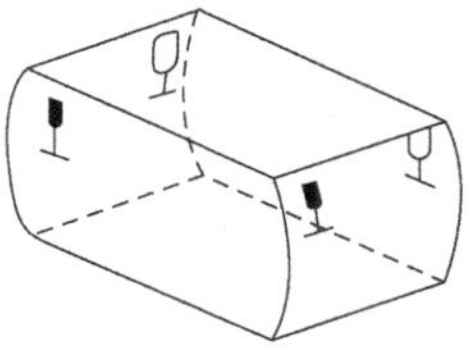
2	禁用手钩		搬运运输包装件时禁用手钩	
3	向上	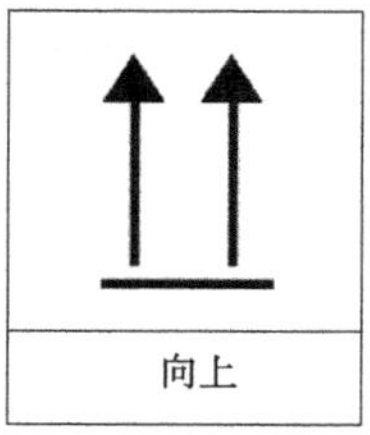	表明运输包装件的正确位置是竖直向上	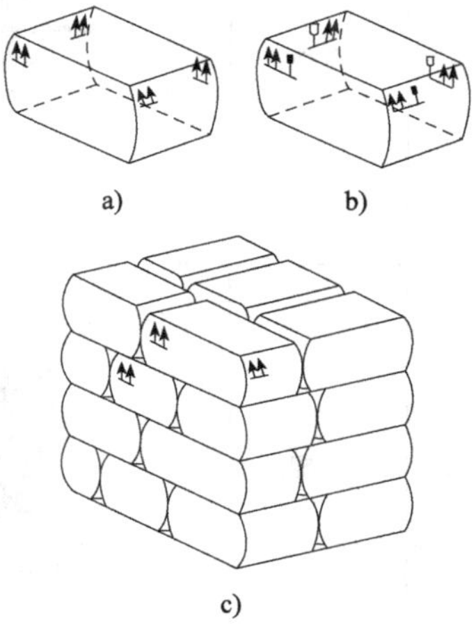
4	怕晒		表明运输包装件不能直接照晒	

续上表

序号	标志名称	标 志 图 形	含　　义	备注/示例
5	怕辐射		包装物品一旦受辐射便会完全变质或损坏	
6	怕雨		包装件怕雨淋	
7	重心	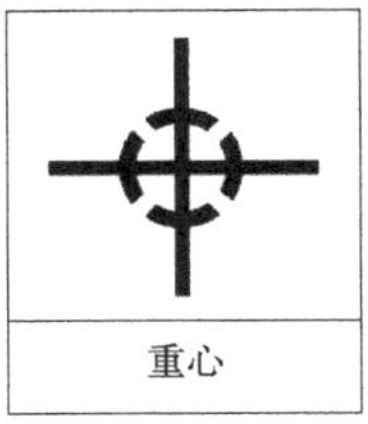	表明一个单元货物的重心	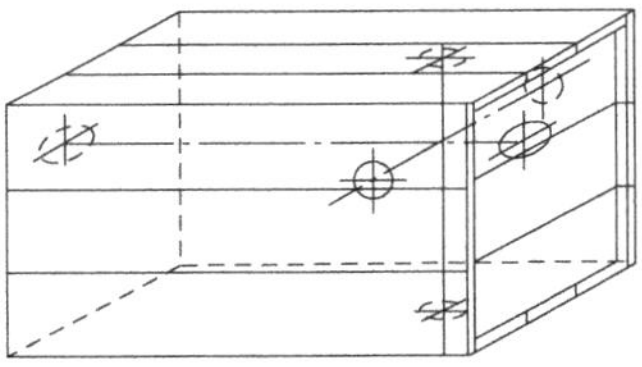 本标志应标在实际的重心位置上
8	禁止翻滚		不能翻滚运输包装	
9	此面禁用手推车		搬运货物时此面禁放手推车	

续上表

序号	标志名称	标志图形	含义	备注/示例
10	禁用叉车	 禁止叉车	不能用升降叉车搬运的包装件	
11	由此夹起	 由此夹起	表明装运货物时夹钳放置的位置	
12	此处不能卡夹	 此处不能卡夹	表明装卸货物时此处不能用夹钳夹持	
13	堆码质量极限	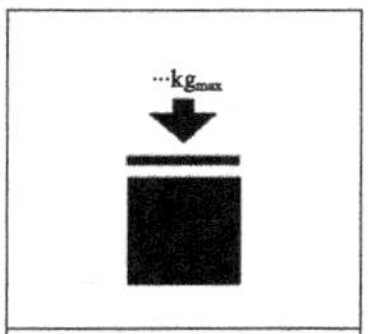 堆码质量极限	表明该运输包装件所能承受的最大质量极限	
14	堆码层数极限	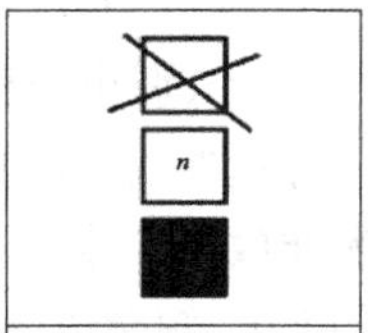 堆码层数极限	相同包装的最大堆码层数，n 表示层数极限	

续上表

序号	标志名称	标志图形	含义	备注/示例
15	禁止堆码	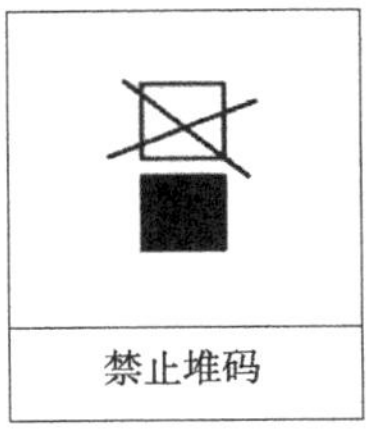	该包装件不能堆码并且其上也不能放置其他负载	
16	由此吊起	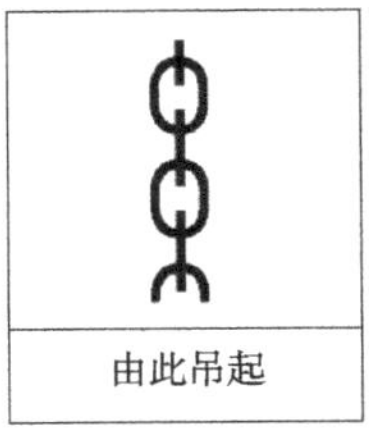	起吊货物时挂链条的位置	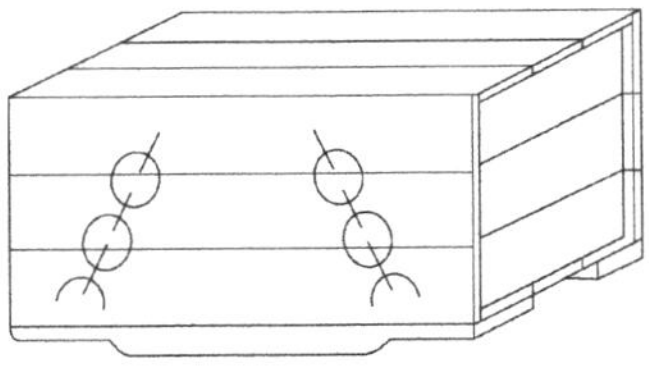 本标志应标在实际的起吊位置上
17	温度极限	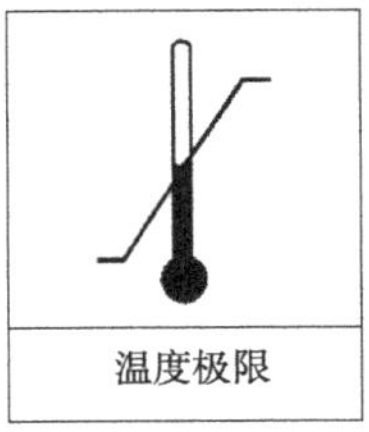	表明运输包装件应该保持的温度极限	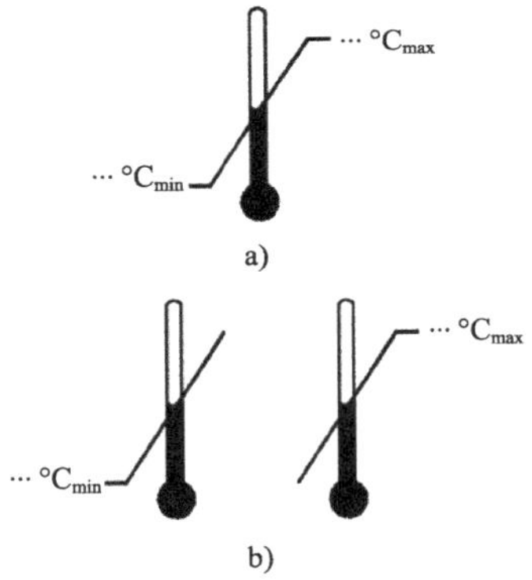

(3)危险货物运输包装标志：为了明确、显著地识别危险货物的性质，保证装卸、搬运、储存、保管、送达的安全，根据各种危险货物的特性，在运输包装的表面加上特别的图示标志，必要时再加以文字说明，以便于有关人员采取相应的防护措施，提醒各环节的作业人员，谨慎小心，严防发生事故。危险性能标志的制定，是以危险货物的分类为基础，以便于根据货物或包件所贴的标志的一般形式（标志图案、颜色、形状等），识别出危险货物及其特性，并为装卸、储存提供初步指南。标志的颜色和图案不同时，贴有这些标志的货物就不能堆放在一起，在某种情况下，即使贴有同样标志的货物也不能贸然堆放在一起。《危险货物包装标志》（GB 190—2009）规定了危险货物图示标志的分类图形、尺寸、颜色及应用方法（表 2-10），共有危险货物标志图形 29 种（其中标记 4 种，标签 25 种），其图形分别标示了 9 类危险货物的主要特性。

危险货物运输包装标志 表 2-10

 包装标记 1 危害环境物质和物品标记 （符号：黑色；底色：白色）	 包装标记 2 方向标记 （符号：黑色或正红色；底色：白色）	 包装标记 3 方向标记 （符号：黑色或正红色；底色：白色）	 包装标记 4 高温运输标记 （符号：正红色；底色：白色）
 包装标签 1 爆炸性物质或物品标签 （符号：黑色；底色：橙红色）	 包装标签 2 爆炸性物质或物品标签 （符号：黑色；底色：橙红色）	 包装标签 3 爆炸性物质或物品标签 （符号：黑色；底色：橙红色）	 包装标签 4 爆炸性物质或物品标签 （符号：黑色；底色：橙红色）
 包装标签 5 易燃气体标签 （符号：黑色；底色：正红色）	 包装标签 6 易燃气体标签 （符号：白色；底色：正红色）	 包装标签 7 非易燃无毒气体标签 （符号：黑色；底色：绿色）	 包装标签 8 非易燃无毒气体标签 （符号：白色；底色：绿色）

续上表

 包装标签 9 毒性气体标签 （符号：黑色；底色：白色）	 包装标签 10 易燃液体标签 （符号：黑色；底色：正红色）	 包装标签 11 易燃液体标签 （符号：白色；底色：正红色）	 包装标签 12 易燃固体标签 （符号：黑色；底色：白色红条）
 包装标签 13 易于自燃的物质标签 （符号：黑色；底色：上白下红）	 包装标签 14 遇水放出易燃气体物质标签 （符号：黑色；底色：蓝色）	 包装标签 15 遇水放出易燃气体物质标签 （符号：白色；底色：蓝色）	 包装标签 16 氧化性物质标签 （符号：黑色；底色：柠檬黄色）
 包装标签 17 有机过氧化物标签 （符号：黑色；底色： 红色和柠檬黄色）	 包装标签 18 有机过氧化物标签 （符号：白色；底色： 红色和柠檬黄色）	 包装标签 19 毒性物质标签 （符号：黑色；底色：白色）	 包装标签 20 感染性物质标签 （符号：黑色；底色：白色）

续上表

 包装标签 21 一级放射性物质标签 （符号：黑色；底色：白色，附一条红竖条）	 包装标签 22 二级放射性物质标签 （符号：黑色；底色：上黄下白，附两条红竖条）	 包装标签 23 三级放射性物质标签 （符号：黑色；底色：上黄下白，附三条红竖条）	 包装标签 24 腐蚀性物质标签 （符号：黑色；底色：上白下黑）
 包装标签 25 杂性危险物质和物品标签 （符号：黑色；底色：白色）			

六、鲜活货物的运输包装

鲜活货物包括易腐货物和活体动物。易腐货物也称冷藏货物，历史上有两次重大的冷藏货物包装和储藏保鲜技术革命。第一次是 19 世纪后期的罐藏、人工干燥、冷冻三大主要包装储藏技术的发明与应用；第二次是 20 世纪以来出现的快速冷冻及解冻、冷藏气调、辐射保藏和化学保鲜等包装、储存技术。这些技术的发明与应用，表明易腐货物的包装、储藏已由过去的依靠自然气候条件进入人工控制条件，这是易腐货物包装与储藏历史上一次质的飞跃。而今，那些应用十分普及的真空包装、活性包装、无菌包装以及生物与基因技术包装等，在易腐货物的运输包装中发挥了重要的和意想不到的作用，使得易腐货物的运输得到了长足的发展。

活体动物的运输包装严格按照规定进行。国际航空运输协会（IATA）每年出版一期《活体动物规则》（Live Animal Regulations，LAR），铁路运输也有《铁路鲜活货物运输规则》。

七、贵重货物的运输包装

贵重物品的运量虽然很少，但因其价值昂贵，运输责任重大，须格外小心。故在收运贵重货物时要特别注意下列包装和标记要求。

(1)贵重货物应用硬质木箱或铁箱包装,不得使用纸质包装,必要时外包装上应用“井”字铁条加固,并使用铅封或火漆封志。

(2)贵重货物的标记与标签使用应注意三个方面:一是贵重货物只能使用挂签;二是除识别标签和操作标签外,贵重货物不需要任何其他标签和额外粘贴物;三是货物的外包装上不可有任何对内装物做出提示的标记。

八、其他特种货物的运输包装

尸体和骨灰虽然不属于四大类特种货物,但是它也属于特种货物的范畴。尸体的运输包装有其特殊的要求。

1. 尸体包装

(1)尸体应经防腐处理,然后装入厚塑料袋中密封,放在金属箱内。

(2)金属箱内应铺有木屑和木炭等吸湿物,连接处焊牢,以防气味或液体渗溢。

(3)金属箱外应套装木棺,木棺的两侧应装有便于装卸的把手。

(4)外包装标记:在货物的外包装上应加贴“急货”及“不可倒置”标贴。

2. 骨灰包装

骨灰应装在封妥的塑料袋、罐内或盒内,外面用木箱套装,最外层用布包装。

案例 2-1:深圳盐田港货轮毒气泄漏事故

1. 事故概况及经过

发生时间:2012 年 8 月 3 日下午 3 时 30 分左右。

具体地点:深圳盐田港 4 号泊位。

事故经过:一艘八万吨级的新加坡籍巨型货船在停靠盐田港码头 4 号泊位时,其装有单氰胺的集装箱发生泄漏,有毒气体与空气发生反应后,导致集装箱急速膨胀,面临随时爆炸的危险。单氰胺为无色(或微黄)透明液体,主要用于农药中间体、植物生长调节剂、医药原料。常温常压下具有稳定性,对水十分敏感,通过吸入和皮肤接触可对呼吸道、眼睛等造成强烈刺激,受热或接触水、水蒸气会释放出有腐蚀性和毒性气体,对环境有危害。

2. 事故原因分析

事故发生时间为 8 月 3 日下午 3 时左右,基本属于一年中最热季节、最热的时刻。船停泊在锚地,未有自然或者人工对集装箱表面进行冷却,使得集装箱在曝晒环境中温度升高,当温度提高到超过单氰胺危险温度 45℃时,单氰胺发生水解和自聚反应,生成尿素和双氰胺,反应进一步放热,使得集装箱内温度进一步提高,催使生成物继续进行化学反应,生成大量气体物质,导致包装破裂。

3. 应急处理方法

(1)泄漏应急处理。疏散泄漏污染区人员至安全区,禁止无关人员进入污染区,切断火源。应急处理人员戴自给式呼吸器,穿化学防护服。通过冷却、转移的方式进行处理。可利用干冰,尽快降低其温度,加快处置速度,对泄漏集装箱进行覆盖冷却后,通过容器运转。

(2)防护措施。

呼吸系统防护：可能接触其蒸汽时，建议佩戴防毒面具。高浓度环境中，应该佩戴自给式呼吸器。

眼睛防护：戴化学安全防护眼镜。

身体防护：穿防静电工作服。

手防护：戴防护手套。

其他：工作现场严禁吸烟。工作后，应淋浴更衣。

(3)急救措施。

皮肤接触：脱去污染的衣着，用大量清水彻底冲洗至少15min并就医。

眼睛接触：立即翻开上下眼睑，用流动清水或生理盐水冲洗15min，就医。

吸入：迅速离开现场至空气新鲜处，就医。

食入：误服者立即饮水，未经医生允许严禁催吐，就医。

（来源：根据《长江日报》报道编写）

复习思考题

1. 普通货物和特种货物有什么不同之处？特种货物有哪些类型作业？

2. 危险货物包括哪几类？它们的基本特性和类别特性分别是什么？危险货物的次要危险性及其他的防范措施有哪些？

3. 超限货物的特点是什么？它是如何分级的？

4. 危险货物包装的作用和要求是什么？它包括哪些性能试验？其作用是什么？包装标志分哪几类？各有什么作用？

5. 鲜活货物的包装原则有哪些？贵重货物有什么特别的包装标记要求？

第三章　特种货物的仓储装卸技术

【本章教学要点】

知识要点	掌握程度	相关知识	应用方向
危险货物仓库设置	理解	仓库设置要点、货物隔离原则与分类存储	危险货物仓库的初期规划
危险货物仓储管理	掌握	危险货物仓储注意事项、分类保管注意事项	危险品存储仓库的日常管理与操作
鲜活货物仓储管理	掌握	冷藏仓库概念、货物存储条件、保管原则	鲜活货物存储仓库的日常管理与操作
配装与积载	深度理解	配装与积载的关系、装配与相容性、危险货物的积载要求	危险品运输的规划
危险货物与冷藏货物装卸	掌握	货物装卸原则、装载方法与注意事项	危险货物运输企业工作人员的操作规范

【引导案例】

天津港“8·12”瑞海公司危险品仓库特别重大火灾爆炸事故

2015年8月12日，位于天津市滨海新区天津港的瑞海国际物流有限公司（以下简称瑞海公司）危险品仓库发生特别重大火灾爆炸事故。事故造成165人遇难、8人失踪、798人受伤，304幢建筑物、12 428辆商品汽车、7 533个集装箱受损。截至2015年12月10日，依据《企业职工伤亡事故经济损失统计标准》（GB 6721—1986）等标准和规定统计，已核定的直接经济损失为68.66亿元。

经调查，事故的直接原因是：瑞海公司危险品仓库运抵区南侧集装箱内硝化棉由于湿润剂散失出现局部干燥，在高温（天气）等因素的作用下加速分解放热，积热自燃，引起相邻集装箱内的硝化棉和其他危险化学品长时间大面积燃烧，导致堆放于运抵区的硝酸铵等危险化学品发生爆炸。造成此次事故的主要原因有：公司无证违法经营，以不正当手段获得经营危险货物批复，违规存放硝酸铵，严重超负荷经营、超量存储，违规混存、超高堆码危险货物，违规开展拆箱、搬运、装卸等作业，安全生产教育培训严重缺失等。

（来源：国家安监总局网站）

经引导案例可见，由于公司对危险品仓储和装卸作业规范的忽视，造成了当地人员与财产的巨大经济损失。为了避免发生上述悲剧，这就要求危险品仓储经营公司必须具备相应的资格，工作人员应熟知危险品的仓储与管理技术，按照相应的规范合理进行相关的作业活动，确保相关作业符合特种货物仓储运输作业的标准与要求，从而保障人员与财产安全。

货物仓储含临时保管是整个运输和物流管理中不可缺少的环节。正确的特种货物仓储装卸技术是确保特种货物品质、运输安全性和作业效率的关键。本章主要讨论特种货物的仓储、装卸和搬运技术。

第一节　特种货物的仓储

仓储是指产品生产、流通过程中因订单前置或市场预测前置而使产品、物品暂时存放。它依赖仓库实现其功能，是集中反映工厂物资活动状况的综合场所，也是连接生产、供应、销售的中转站，同时对促进生产、提高效率起着重要的辅助作用。

特种货物仓储物品单一，但需要特殊的保管条件。危险货物往往需要用专门仓库进行仓储，如油罐仓库、危险化学品仓库等；贵重货物在仓储时对仓库没有特别的要求，但是它注重的是仓库的防盗设施；鲜活货物存放要注意仓库的通风及温度，鉴于其要求保鲜、保质，因此不宜长时间存储；长大货物由于本身的特性决定了其在运输过程中一般不进行仓储，但有时候出于某种原因，大件货物也要进行临时保管，但并不入库。

一、危险货物专用仓库

由于危险货物不同理化性质及其各种危险性，其存放具有不同的特点，对仓库的要求也不同。

1. 危险货物仓库的设置

(1)仓库选址。在危险货物仓库选址方面有严格的要求，应选择远离水源、火源，地势平坦的地方，以便危险货物安全出入和发生意外事故时及时救援；危险货物应与普通货物的仓库分开来建设，防止对其他货物造成污染。

(2)仓库设计。危险货物的专用仓库是专为存放不同的危险化学品设置的，在设计时，必须保证地面平坦、通风良好、干燥、防火。由于危险货物的保管对温度、湿度有严格的要求，因此，仓内必须保持相对低的温度，必要时，库内应安置温度湿度监控仪，随时监控库内温度及湿度，一旦温湿度超过设定范围，即发出警报，并自动调整直至适宜为止。此外，库房应配备相应的消防设备。

(3)货物入库。危险货物入库时要严格按照危险货物配装表里的规定进行，禁止不可以配装的货物存在同一库内。仓库管理人员要熟悉各种危险货物的特性，掌握货物的配装性，以便及时发现和制止潜在的危险，并能采取应对措施。

(4)货物存放。危险货物存放时，应选取适当的保管方式，由专人负责管理。一方面要保持库内的清洁、干燥；另一方面要根据货物的不同性质，采用不同的堆放方式：例如压缩气体和液化气体存放时，气瓶平卧放置时，堆垛不得超过5层，瓶头要朝向同一方，瓶身要填塞妥实，防止滚动，立放时要放置稳固，防止倒塌。

2. 危险货物仓库的港口设置

按照交通运输部2013年实施的《港口危险货物安全管理规定》第三十五条要求，危险货物应当储存在港区专用的库场、储罐。剧毒化学品以及储存数量构成重大危险源的其他危险货物，应当单独存放。第三十四条要求：危险货物港口经营人进行爆炸品、气体、易燃液体、易燃固体、易于自燃的物质、遇水放出易燃气体的物质、氧化性物质、有机过氧化物、毒性物质、感染性物质、放射性物质、腐蚀性物质的港口作业，应当划定作业区域，明确责任人并实行封闭式管理。作业区域应当设置明显标志。因此，经常装卸危险货物的港口可以建设的危险货物仓库分为气瓶仓库、化学危险品仓库和放射性物品仓库。对于爆炸品的水路运输，可采用滚装技术实现陆水联运，即地面汽车运输把爆炸物品装运到港口后，直接接上轮船。

港口危险货物仓储一般发生在危险货物准备经由水路运输装船之前或经由水路运输抵港之后的暂时储存。据统计，50%的危险货物是由水路运输的，所以，其仓储保管不光关系到港口的安全，而且直接关系到社会的安全。

二、危险货物的隔离

隔离是根据危险货物之间相容性或不相容性所规定的仓储或配装要求进行有关作业。各种危险货物在一起存放或积载时需遵循隔离原则。

1. 隔离原则

(1)性质不相容的物品应进行有效的隔离。

(2)某种特殊货物与助长其危险性的货物不能配存、配载或配装。

(3)易燃物品与遇火可能爆炸的物品不能配存、配载或配装。

(4)性质相似，但危险性大，发生事故不易补救的货物不能配存、配载或配装。

(5)性质相似，但消防方法不同的货物不能配存、配载或配装。

2. 隔离表

仓库储存或船舶承运危险货物时，由于危险货物品种多、特性广，因而应根据各类危险货物的特性及其副危险性，进行相应的隔离，以确保其安全。不同类别的危险货物隔离见表3-1；港口危险货物仓储隔离可参照表3-2。

危险货物隔离表 表3-1

类别	1.1、1.2、1.5	1.3、1.6	1.4	2.1	2.2	2.3	3.0	4.1	4.2	4.3	5.1	5.2	6.1	6.2	7.0	8.0	9.0
爆炸品1.1、1.2、1.5	*	*	*	4	2	2	4	4	4	4	4	4	2	4	2	4	0
爆炸品1.3、1.6	*	*	*	4	2	2	4	3	3	4	4	4	2	4	2	2	0
爆炸品1.4	*	*	*	2	1	1	2	2	2	2	2	2	0	4	2	2	0
易燃气体2.1	4	4	2	0	0	0	2	1	2	0	2	2	0	4	2	1	0
无毒不燃气体2.2	2	2	1	0	0	0	1	0	1	0	0	1	0	2	1	0	0
有毒气体2.3	2	2	1	0	0	0	2	0	2	0	0	2	0	2	1	0	0

续上表

类　　别	1.1、1.2、1.5	1.3、1.6	1.4	2.1	2.2	2.3	3.0	4.1	4.2	4.3	5.1	5.2	6.1	6.2	7.0	8.0	9.0
易燃液体 3	4	4	2	2	1	2	0	0	2	1	2	2	0	3	2	0	0
易燃固体 4.1	4	3	2	1	0	0	0	0	1	0	1	2	0	3	2	1	0
易自燃物质 4.2	4	3	2	2	1	2	2	1	0	1	2	2	1	3	2	1	0
遇水时放出易燃气体的物质 4.3	4	2	2	0	0	0	1	0	1	0	1	2	0	3	2	1	0
氧化性物质 5.1	4	4	2	2	0	0	2	1	2	2	0	2	1	3	1	2	0
有机过氧化物质 5.2	4	4	2	2	1	2	2	2	2	2	2	0	1	3	2	2	0
有毒物质 6.1	2	2	0	0	0	0	0	0	1	0	1	1	0	1	0	0	0
感染性物质 6.2	4	4	4	4	2	2	3	3	3	2	3	3	1	0	3	3	0
放射性物质 7	2	2	2	2	1	1	2	2	2	2	1	2	0	3	0	2	0
腐蚀品 8	4	2	2	1	0	0	0	1	1	1	2	2	0	3	2	0	0
杂类危险物质和物品 9	0	0	0	0	0	0	0	0	0	0	0	0	0	0	0	0	0

注:其中易燃固体包括自反应和固体退敏爆炸品,“隔离表”中代码和符号的含义如下:

0——无一般隔离要求;

1——远离;

2——隔离;

3——用一整个舱室或仓库隔离;

4——用一介于中间的整个舱室或仓库做纵向隔离;

*——详见 IMDG GOOD《水路危险货物运输规则》第一类绪论中关于第一类货物的隔离。

1.1~1.6 为爆炸品的小类别;2.1~2.3 为气体的小类别;其他数字分别为 9 类危险品中的不同大、小类别,见本书第 2 章危险货物分类。

港口危险货物仓储隔离表　　表 3-2

隔离代码	仓　库　内	场　地　上
1	相距 3m	相距 3m
2	分库房	相距 10m
3	中间隔一个库房	相距 30m

三、危险货物的分类仓储

根据危险货物九大类的不同性质,仓库内危险货物的存放和保管应选取适当方式,见表 3-3。

危险货物分类仓储表　　表 3-3

类别	名　　称	仓储方法
1 类	爆炸品	爆炸品必须存放于专库内,库房应有避雷装置、防爆灯及低压防爆开关。仓库应由专人负责保管。库内应保持清洁,并隔离热源与火源,在温度 40℃ 以上时,要采取通风和降温措施。爆炸品的堆垛间及堆垛与库墙间应有 0.5m 以上的间隔。要避免日光直晒

续上表

类别	名　称	仓储方法
2类	气体	应存放于阴凉通风场所，防止日晒、油污，隔绝热源与火种。当库内温度超过40℃时，应采取通风降温措施。气瓶平卧放置时，堆垛不得超过5层，瓶头要朝向同一方，瓶身要填塞妥实，防止滚动，立放时要放置稳固，防止倒塌
3类	易燃液体	应存放于阴凉通风场所，避免日晒，隔绝热源和火种。堆放要稳固，严禁倒置。当库内温度超过40℃时，应采取通风降温措施。容器受热膨胀时，应浇洒冷水冷却，必要时要移至安全通风处放气处理
4类	易燃固体、易自燃物质和遇水放出易燃气体的物质	易燃固体、易自燃物品和遇湿易燃物品应存放于阴凉、通风、干燥的场所，防止日晒，隔绝热源和火种，与酸类、氧化剂必须隔离存放。严禁露天存放遇湿易燃物品。黄磷宜在雨棚中固定货位存放
5类	氧化剂和有机过氧化物	应存放于阴凉通风场所，防止日晒、受潮，远离酸类和可燃物，特别要远离硫黄、硝化棉、发孔剂H、金属粉等还原性物质。亚硝酸盐类与其他氧化剂应分库或隔离存放。堆垛不宜过高过大，注意通风散热。库内货位应保持清洁，对搬出后的货位，应清扫干净
6类	毒性物质和感染性物质	应存放在阴凉、通风、干燥的库内，不得露天存放。与酸类应隔离存放，严禁与食品同库存放。必须加强管理，严防丢失和发生误交付。对剧毒品的管理另有严格规定，在铁路运输管理中严格按照《道路危险货物运输管理规定》(交通运输部令2013年第2号)办理
7类	放射性物质	存放放射性货物的仓库(或专用货位)应通风良好、干燥、地面平坦。仓库应有专人管理，放射性包装件必须按规定码放。遇到燃烧、爆炸可能危及放射性货物安全时，应迅速将放射性货物转移至安全位置，并派专人看管
8类	腐蚀性物质	应存放在清洁、通风、阴凉、干燥的场所，防止日晒、雨淋。堆放要牢固，应保持堆放处清洁，不得留有可燃物、氧化剂等
9类	杂类物质和物品，包括危害环境物质	根据不同的种类和性质，选用不同的存放保管方式

四、危险货物仓储管理

由于危险货物的各种危险性，在了解它的储存方法后，还要进一步加强对它的管理，研究和掌握它的注意事项，使危险发生的可能性降至最低，甚至没有。

1. 危险货物仓储一般注意事项

(1)各类危险货物库场堆存隔离先查“危险货物隔离表”(表3-1)，查到隔离代码，然后再根据“港口危险货物仓储隔离表”(表3-2)进行隔离。

(2)经常装卸危险货物的港口，应建有存放危险货物的专用库场，建立健全管理制度，配备经过专业培训的管理人员及安全保卫和消防人员，配有相应的消防器材，严禁无关人员进入库场区域。

(3)非危险货物专用库场存放危险货物应经港口管理机构批准，并根据货物性质安装电器照明设备，配备消防器材和必要通风、报警设备。库场应保持干燥、阴凉。

(4)危险货物入库场前应严格验收。性质不明或出口货物包装、标志不符合规定的，有权拒收;进口的货物包装破损、撒漏,外包装有异状、受潮或沾污其他货物的危险货物应单独存放,及时妥善处理。

(5)危险货物堆码要整齐、稳固,垛顶距灯不少于1.5m,各垛面距墙不少于0.3m,垛距间不少于0.3m,但也随储存方式的不同有所调整。性质不相容的、消防方法不相同的危险货物不得同库场存放,确需存放时应符合"危险货物隔离表"中的隔离要求。消防器材、配电箱周围1.5m内禁止存放任何物品。根据不同的储存方式,详细存放要求见表3-4。

危险货物储存量及储存安排　　表3-4

储存类别 储存要求	露天储存	隔离储存	隔开储存	分离储存
单位面积平均储存量(t/m^2)	1.0~1.5	0.5	0.7	0.7
单一储存区最大储量(t)	2 000~2 400	200~300	200~300	400~600
垛距限制(m)	2	0.3~0.5	0.3~0.5	0.3~0.5
通道宽度(m)	4~6	1~2	1~2	5
墙距宽度(m)	2	0.3~0.5	0.3~0.5	0.3~0.5
与禁忌品距离(m)	10	不得同库储存	不得同库储存	7~10

(6)存放危险货物的库场应经常进行检查,并做好检查记录,发现异常情况,迅速处理。

(7)危险货物出运后,库场应清扫干净。对存放危险货物而受到污染的库场应进行洗刷,必要时应联系有关部门处理。

(8)对无票、无货主或经催提后收货人仍未提取的货物,港口可依据国家《关于港口、车站无法交付货物的处理办法》的规定进行处理。

(9)对危及港口安全的危险货物,港口管理机构有权及时处理。例如,遇危险货物撒漏、落水或其他事故,应迅速上报,按"危险货物应急措施表"和《危险货物事故医疗急救指南》要求采取妥善措施,及时进行处理。

2. 危险货物仓储分类保管注意事项

(1)爆炸品一般应直接提装,如需临时存放应有适用专用仓库,并由专人保管。仓库、场地应设置必要的通风、降温、防汛、避雷、消防等安全设施,并采取有效的防火隔离措施,所适用的电器均应是防爆型的。在库、场保管期间不得打开包装件检查,确需检查时,应移至安全处所,严格遵守各项安全操作规程。存放爆炸品的仓库,必须加强温度的控制,每日定时观测,做好记录,根据需要做好降温或防冻工作。禁止与氧化剂、酸、碱、盐类以及易燃物和金属粉末等同库存放。铁路运输和海运相同,在承运爆炸品时取消了仓储环节,采用直装、直提的方法。航空运输时间要求精度高,运送飞行时应变能力差,所以《国际空运危险货物规则》(ICAO TI)航空运输禁运爆炸品。

(2)存放气体的场所,应远离火源、热源,库场应保持阴凉、通风,防止曝晒。存放易燃气体的仓库照明,应采用绝缘良好的防爆型灯具,禁止使用明火灯具。容器应平放,加楔垫以防滚动,如采用框架,可立放,但不得倒置,且须保持容器稳固。性质相抵触的气体,如易燃气体与助燃气体不得同库存放,氧气钢瓶与油脂不得同库存放。禁止与爆炸品、氧化剂、易燃物品、易自燃物品和腐蚀品同库存放。自保管期间,除定时检查外,应随时查看有无漏气和堆垛不稳的情况。

(3)存放易燃液体的场所应保持阴凉、通风良好,避免日晒,隔绝热源和火种。仓库照明设备应采用防爆型灯具,高温季节应采取降温措施,禁止与氧化剂、强酸和自燃物品同库存放。

(4)第4类货物应存放在阴凉、通风、干燥处所。禁止与氧化剂、强酸同库存放,与水发生反应的货物禁止露天存放。易产生热量的货物堆码不宜过高,垛底应用干燥清洁的木板铺垫,以利通风散热。对温度有要求的货物,库温应始终保持在规定的温度之内。堆放黄磷,应注意防止黄磷筒漏水而引起燃烧。

(5)第5类货物应存放在阴凉、通风良好的处所,防止日晒、受潮,不得与酸类和可燃物同库存放,注意通风散热。破损的包件禁止入库,撒漏地脚应及时处理。不得在库内或库房附近处理残损的包件。

(6)毒性物质必须单独存放在库场内,专人保管。存放处所应阴凉、通风良好,并备有相应的防护用品和急救药品。货物撒漏地脚应及时清扫,交货主处理。

(7)放射性货物应专库存放,如无专库存放时,应组织车船直取。特殊情况也可选择干燥通风的普通仓库存放,但应划定专用货位,远离其他危险货物,派专人看管,禁止无关人员接近,严防失窃。包装件要合理摆放,辐射水平低的包装件应摆放在辐射水平高的包装件周围。存放低比度放射性物质(LSA)或表面污染物体(SCO)以及Ⅰ级白色标志包装件的数量可不受限制;存放Ⅱ、Ⅲ级黄色标志的包装件或罐柜或集装箱的数量,一间库房应视同船舶的一个货舱,其运输指数不得超过50,整个仓库运输指数不得超过200。其他运输方式下,一辆车或一架飞机同时摆放所有放射性货包的运输指数之和不得超过50。装有运输指数50的放射性货包的飞机或车辆前后左右6m范围内,不得有其他放射性物品。

(8)腐蚀品应存放在清洁、阴凉、通风、干燥的处所,防止热、晒、雨淋。堆放场所不得留有稻草、木屑、油脂等有机物或可燃物。不得与有机物、氧化剂、金属粉末等同库存放。同类货物中性质相抵触的,不得同库存放。

五、鲜活货物仓储

鲜活货物的仓储要注意仓库的通风及温度,鉴于新鲜和冷藏货物要求保质、保鲜,活体动物要注意保证其生存条件,因此,均不宜长时间存储,要尽可能缩短它的滞留时间。

1.冷藏仓库

冷藏仓库是本身具有隔热构造,用冷却装置使仓库内的温度、物品温度达到低温状态,以适应相应货物的保管需求的仓库。一般10℃以下为冷藏仓库,10~20℃称恒温仓库。

冷藏仓库的主要参数包括冷藏库的冷冻机和冷藏室参数。冷冻机的主要参数用冷却方式、蒸发方式、冷冻能力、冷冻液种类、压缩机及其他机械设备的种类和能力表示。冷藏室的主要参数包括:冷藏室规模、容纳能力、保管温度、总的耗热以及蒸发器等设备的冷却管、隔热装置的种类和能力等。冷藏仓库冷藏货物的集散需要相应的冷藏车,因此,冷藏车辆与冷藏仓库设施、设备的匹配十分重要。

2.易腐、冷藏货物的存储条件

采用冷藏方法存储易腐货物时,温度是主要条件,但绝不能认为只要控制好温度就行了。事实上,除温度外,保管环境湿度的高低,通风情况和卫生条件的好坏,也都与冷藏货物的质量直接有关。以下分别讨论各项保藏条件对易腐货物质量的影响程度。

(1)温度。就限制微生物繁殖角度考虑,冷藏温度越低越好,但是,对有些食品来说,因冷冻会使其细胞膜破坏,且不能再恢复至原状,因此,不能说温度越低越好。例如,果、菜的保藏温度过低时,会因冻结破坏其呼吸机能,失去抗病性;会因冻结使其组织结构遭到破坏,降低其耐藏性;会使色、香、味起变化,当解冻时就会迅速腐烂。又如,鲜蛋的保藏温度过低会导致蛋壳破裂而造成货损,也易使微生物侵入。因此,不同的食物品种有不同的适宜低温,对不同的食品应分别按照冷藏温度分级表(表3-5)采取“冷却”“冷冻”等不同的冷处理方法。

冷藏温度分级表 表3-5

级别	冷藏分类	温度范围	内容
1	冷却	-5~5℃	所谓冷却,就是把食品的温度降到尚不致使细胞结冰的程度,通常是在0~5℃之间。鲜蛋、乳品、水果、蔬菜等常采用“冷却”运输。“冷却”处理不影响食品组织,微生物仍有一定的繁殖能力,故“冷却”的食品不能久藏
2	冷冻	-20~-10℃	所谓“冷冻”,就是把食品的温度降到0℃以下使之冻结。冻肉、冻鸡、冻鱼、冻蛋等均常采用“冷冻”运输。由于冷冻时积累大量冷量,故当外界温度波动时或在装卸过程中,也不会使食品的温度很快升高,但是,如冻结速度较慢,细胞膜的内层会形成较大的冰晶,使细胞膜破裂、细胞汁遭受损失,这会使食品失去或减少原有的营养价值
3	速冻	-45~-20℃	为了消除上述“冷冻”缺点,可采用“速冻”。所谓“速冻”,就是在很短的时间内使食品冻结。速冻过程中所形成的冰晶颗粒比较均匀、细小,不致造成细胞膜的破裂,因而能保持食品原有的鲜味和营养价值

由于在食品内部含有各种盐类的水溶液,故随着冷冻温度的降低,溶液中的水分将会不断析出,溶液浓度不断增大,食品的冰点也就不断降低,因此,若要使食品内的液体全部冻结,就需要将温度降到约-60℃,但当降到-20℃时,大约仅有10%左右的未冻结水,所以,一般情况下,食品的冷冻温度大多不低于-20℃。

除要求一定的保藏环境温度外,还要求保持温度的稳定,因为温度忽高忽低,不但使微生物有隙可乘,还会引起冻结食品内部重新结晶、冰晶进一步扩大,导致食品失去原有的鲜味和营养价值。

(2)湿度。冷藏空间空气湿度对食品质量影响很大。湿度过小会增加食品的干耗,破坏果、菜的正常呼吸,破坏维生素和其他营养物质,削弱食品的抗病能力。湿度过大,又有利于微生物的迅速繁殖。因此,湿度过大或过小都不利于保持食品的质量。

在冷藏技术上常用的是相对湿度。空气的相对湿度是指湿空气的绝对湿度与同温同压时湿空气在饱和状态下的绝对湿度之比,可利用仪器测定。最普通的办法是利用干湿度计,根据所示的干球温度和湿球温度,查阅图或表,即可得相对湿度。

(3)通风。有些“冷却”的食品如水果和蔬菜,在储运过程中会不断挥发出水分和二氧化碳等气体。为了保持舱内适宜的相对湿度和CO_2含量(果、菜的CO_2最高含量为2%,这个限度也可保证工作人员进舱操作的安全),在储运“冷却”的食品时,还需要用通风机对舱室进行循环通风和换气通风。但是,通风对温、湿度都有直接影响,如外界气温较高,则通风后的仓库内温度、湿度也会提高。因此,果、菜食品宜在夜间通风方能起到降温作用,而且通风时还要掌握适当的时间,过短不起作用,过长又会对舱、库内的温、湿度及货物质量产生不利的影响。通风换气量常以24h内通风换气次数n来表示。

当储运已经“冷冻”的食品时，因温度很低，微生物活动已受到很大的抑制，因此也可不必换气。

3. 冷藏货物的仓储保管

为缩短冷藏货物入库前后滞留时间，减少仓库存放时间，无论是进入仓库还是载入船舱（为了方便起见，以下均称为仓库），其仓储保管均要遵循以下原则。

(1)入库前准备工作。仓储或装载冷藏货前必须进行检查、清扫和必要的修复工作。仓库要求清洁、无异味，仓内污染严重时，必须用清水冲洗，并进行换气通风，使其干燥，必要时，还需进行脱臭消毒。脱臭可用臭氧（O_3）、粗茶熏蒸，撒醋酸水以及用其他脱臭剂除味。在存入冷藏货前，必须对制冷机进行试车、检验，对冷藏空间、衬垫物料及隔离物等进行预冷。预冷达到的温度根据货物要求确定，一般与保藏温度相同或稍低于保藏温度。如冷冻货为 -18℃以下，冷却货为0℃左右。预冷时，对冷藏空间的排水孔及空气进行认真检查，清除垃圾，以防堵塞。

(2)出、入库。冷藏货物出入库时间应尽量选在气温较低的早晚或夜间进行，避免在炎热的中午或雨天进行。因为冷藏货在各个环节中，新鲜度极易降低，常常发生冷藏货损事件。因此，在出入库时谨慎检查货物质量极为重要，必须进行货物验收。商品检验部门提供的商品检验证书，是货物质量的主要凭证。如发现不符合质量要求或包装有缺陷的货物，应由发货人进行调换、修理，否则，应加以批注，甚至予以拒收。为了保证入库时的货物质量，应要求发货人用冷藏车装运。

(3)冷库种类。冷库种类有大型冷库、大中型冷库、中小型冷库、小型冷库、微型节能冷库5种。目前冷库普遍采用的制冷剂是氨和氟利昂。①氨：价廉、沸点低、汽化潜热大，纯氨无腐蚀性。②氟利昂：无色无味，对人体无毒害，不易燃烧和爆炸，腐蚀性小。

(4)果蔬储藏技术。①果蔬的简易储藏方式有：堆藏（堆高0.5～2m）、沟藏、窖藏、窑洞和山洞藏、冻藏和假植储藏。②气调库藏技术：气调库藏有简易气调储藏（包括小包装袋储藏和塑料大帐气调储藏）和气调库储藏两种。③新型乙烯气体抑制剂(1-MCP)的使用。

4. 活动物仓储

活动物仓储要根据动物的习性进行合理管理，有些动物有可能因地理位置和气温变化造成疾病或者死亡，应当注意根据托运人的要求做好仓储工作，不可在高温、寒冷、降雨等恶劣天气时露天存放活体动物，详细情况可参照以下几个方面。

(1)根据动物习性，野生动物包括哺乳动物和爬行动物，喜欢黑暗或者光线暗淡的环境，一般放置在安静阴凉处，而家畜或鸟类一般放置在敞亮的地方。如果当地有动物专用库，应当存放在动物专用库里。

(2)对怕冷、怕风的动物，应当放置在避风处或者保暖的地方；对怕光、怕晒、怕热的动物，应当放置在阴凉处。

(3)装载活体动物的容器要与其他货物有一定的隔离距离，以保证通风。

(4)互为天敌的动物、来自不同地区的动物、发情期的动物不能一起存放。

(5)动物不能与食品、放射性物质、毒性物质、传染物质、灵柩、干冰等放在一起；实验动物应与其他动物分开存放，避免交叉感染。

(6)仓储过程中，禁止对动物围观、惊扰、戏逗、喂食，以免发生事故。

(7)未经托运人同意,禁止给动物喂食、喂水;对于存放时间较长的动物,需要喂食、喂水时,必须严格按照委托人的指示操作。

(8)操作人员应避免与动物直接接触,防止被动物抓伤和疾病传染。操作人员应戴防护手套,如有操作人员被动物抓伤、咬伤应立即就医。

(9)用于存放动物的区域应定期清扫、消毒,保持清洁。装载过动物的容器、设备、防护材料、工具等应要求检疫部门进行消毒处理后方可继续使用。发现动物生病或死亡,应立即移开,以免影响健康动物。

除以上几个方面外,活体动物的仓储还要尽可能避免仓储期过长,以便于提供适合动物生存的环境,保证其存活。

六、贵重货物仓储

贵重货物在仓储时没有特别的要求,但是它注重的是防盗设施。

(1)贵重货物应存放在有防盗设施的贵重货物仓库内,并随时记录出、入库情况。货物交接时必须有书面凭证并双方签字。

(2)保证始发站、中转站和目的站机场都设有贵重货物仓库。

(3)总质量在45kg以下,单件体积不超过453 020cm^{3}的贵重货物,应放在专门指定的位置,有保险箱的尽量放在保险箱内,超过上述体积和质量的,尤其是价值更高的应存放在防护措施更为严密的地方,并有专人负责。

第二节 特种货物的搬运装卸

特种货物因其不同的货物特性,装卸和搬运方式各不相同。危险货物的装卸要特别注意装卸工具的选择以及它的配装和积载,严密防备各种危险的发生;大件货物的装卸要根据车辆的特点、货物的特性,按照相关规定进行搬运装卸;鲜活货物要注意对时间的控制。

一、货物的配装与积载

人们常把配装和积载混为一谈,实际上配载和积载各有其不同的概念和内容。

1.配装与配装表

配装有时也称配载,是指为某一具体船舶、车厢、集装箱以及仓库等选配货物的一种方法。即承运方根据货物托运方提出的货物托运计划,对所应装运或仓储的货物品种、数量、体积及性质进行分析研究,做出科学、合理的装载计划。

船舶运输,配载的结果往往要编制成一张航次装货清单,或绘制配载图以指导装货,这就是我们常说的配装表或配装图。

2.积载、积载图与积载因数

(1)积载:主要是指对货物在船上的装载位置与堆装方式作出合理的分配与正确堆装。即配载图确定后,船上具体负责人或港口有关部门,在配载表或图的基础上根据装货清单确定货物在各货舱、各层舱配装的品种、数量与堆码位置及堆装工艺。

(2)积载图:是装、卸货工作的依据,是按照配装表的要求绘制,指导积载作业的。在积载完毕后，再根据实际积载结果再进一步绘制完善。积载图上应标明发货单号码、货物名称、件效、质量、堆放位置、到达港口以及装卸中注意事项等。

(3)积载因数：积载因数是指各种货物每1t在货舱中正常堆积时所占的空间(m^3或ft^3)。积载因数是船舶配积载工作中十分重要的货物资料，用于计算一定质量的某种货物需占多少货舱容积，或一定的货舱容积能装载多少吨某种货物等。在运输中，货物正常堆积时的货堆体积包括货件之间必需的间隙及正当衬垫所占据的空间。确切的数据应根据对货堆的实际丈量和进行计算得出。实际工作中，先使用货主申报的货物毛重和估计尺码，再考虑在货物堆装时有一定的货舱容积损失，经计算得出货物积载因数。但由于估计尺码较粗略，以及在不同区域装载时货舱容积损失的大小有相当差别，所以算得的不是确切的数据。此外，某一货种的积载因数还会因包装规格、品质等级方面的不同而有所不同，所以在使用时要格外注意。

3. 配装与积载的关系

从上面可以看出，配装与积载是既紧密联系又互有区别的两个阶段的工作。配装是积载的前提和依据，它应为积载创造便利的条件；积载是配装的继续和具体实施，它要保证配装计划的完成。

二、危险货物的配装与相容性

由于危险货物品种多、特性广，不同种类的危险品混装运输或同类不同项的危险货物混装运输都可能引发爆炸、燃烧等事故，而如果某些不同类的或同类不同项的危险品能同时载运而不会发生事故或某种情况下不致扩大事故，则可以认为这些危险品是“相容的”或“可配装的”。根据这一原则，第1类爆炸品在分成6小类的基础上又被分成若干配装类，用英文字母从A到L(不包括I)，再加上N和S表示(表3-6)。以下主要介绍各类危险货物之间的配装要求。根据危险货物的性质、包装条件、运输条件、事故的施救等因素制定了配装表，配装表包括危险货物的种类和品名、品名编号、配装号、配装条件和注释等内容。

配装类和类别符号 表3-6

物质和物品配装类说明	配装类	类别符号
一级爆炸物质	A	1.1A
含一级爆炸物质的物品，且不含两个或两个以上有效保护装置的物品	B	1.1B,1.2B,1.4B
抛射爆炸物质或其他爆炸物质或含有这些物质的物品	C	1.1C,1.2C,1.3C,1.4C
二级爆炸物质或黑火药或含有二级爆炸物质的物品，无引发装置和发射火药，或含有一级爆炸物质和两个或两个以上有效保护装置的物品	D	1.1D,1.2D,1.4D,1.5D
含有二级爆炸物质的物品，无引发装置，带有发射药(含易燃液体和胶体、自然液体除外)	E	1.1E,1.2E,1.4E
含二级爆炸物质的物品，带有引发装置，带有发射药(含易燃液体和胶体、自然液体除外)	F	1.1F,1.2F,1.3F,1.4F
烟火物质或含有烟火物质的物品或含有爆炸性物质又含有照明、燃烧、催泪或发烟物质的物品（水激活物品或含白磷、磷化物、发火物质、含易燃液体或胶体或自然液体的物品除外)	G	1.1G,1.2G,1.3G,1.4G
含有爆炸性物质和白磷的物品	H	1.2H,1.3H

续上表

物质和物品配装类说明	配装类	类别符号
含有爆炸性物质和易燃液体或胶体的物质	J	1.1J,1.2J,1.3J
含有爆炸性物质和毒性化学制剂的物品	K	1.2K,1.3K
爆炸物质或含有爆炸性物质并具有特殊危险需要被隔离的物品(水激活或含有自燃液体、磷化物或发火物质)	L	1.1L,1.2L,1.3L
只含极不敏感起爆物质的物品	N	1.6N
如下包装或设计的物质或物品,除了包件被火烧损的情况外,能使意外起爆引起的任何危险效应不波及包件之外,在包件被火烧损的情况下,所有爆炸和迸射效应也有限,不至于妨碍或阻止在包件紧邻出救火或采取其他应急措施	S	1.4S

注:资料来源于《危险货物分类和品名编号》(GB 6944—2012)。

1. 爆炸品的配装

(1)爆炸品之间的配装。爆炸品按不同种类和品名分开积载,可以最有效地保证其安全,但从实际考虑,这样理想的积载是不容易做到的。为了兼顾安全和其他因素,在运输中主要按配装类来决定不同品名相互之间的配装要求,即将性质相似的一类划为同一配装类,并根据不同的配装类提出相应的隔离要求。

(2)与压缩气体和液化气体的配装。爆炸品发生爆炸或燃烧后,极易引起气体钢瓶的爆炸,因此除个别类别外,都不得与压缩气体和液化气体配装。易燃气体容易挥发,极易将爆炸品引燃、引爆,故易燃气体与爆炸品应按要求进行隔离。不燃气体与点火器材和其他爆炸品之间因其相对稳定性较好,故可同舱积载,但需按要求进行隔离。

(3)与易燃液体、易燃固体、易自燃物品、遇湿易燃物品的配装。易燃危险物品一旦燃烧,相邻的爆炸品就会立即发生燃烧和爆炸,所以易燃危险物品都不能与爆炸品配装。其中易燃液体具有的危险性较大,且与爆炸品的消防方法不一样,故易燃液体与爆炸品需按要求进行隔离。

(4)与氧化剂和有机过氧化物的配装。氧化剂和有机过氧化物除具有较强的氧化性外,很多还具有易燃易爆的特性,都不能与爆炸品配装。其中有机过氧化物更不稳定,危险性更大,经振动、摩擦、高热即可发生燃烧、爆炸,故与爆炸品需按要求进行隔离。

(5)与毒性物质的配装。毒害品具有较强的毒性,若与爆炸品相邻,一旦爆炸品发生燃烧、爆炸事故,就会使灾害扩大,施救困难,因此不得与爆炸品配装。

(6)与腐蚀性物品配装。腐蚀品化学性质比较活泼,能与许多金属、有机物等发生反应。有些酸性腐蚀品还具有较强的氧化性,它们与爆炸品常会发生化学反应,如迭氮钠与溴接触能生成更易分解爆炸的溴与氮的化合物,又如三次甲基三硝铵遇浓硫酸时,立即发生分解反应。很多腐蚀品还具有易燃性,故腐蚀品不得与爆炸品配装。

2. 气体的配装

(1)与易燃液体、易自燃物品和遇水放出易燃气体的物质的配装。易燃液体极易燃烧,易自燃物品在空气中能自行氧化燃烧,遇湿易燃物品遇湿时可产生易燃气体,一旦发生事故,相邻的钢瓶就会受热爆炸,使灾害扩大,难于施救,故上述危险货物不得与压缩气体、液化气体配装。但气体中的不燃气体性质比较稳定,不与任何物质发生反应,也不会燃烧,可以与自燃物质同舱积载,但需按要求进行隔离。

(2)与氧化剂和有机过氧化物的配装。氧化剂具有较强的氧化性,若与易燃气体接触,就会引起燃烧和爆炸，所以不得与易燃气体配装。有机过氧化物因性质很不稳定极易燃烧、爆炸，一旦发生事故，就会使钢瓶爆炸，扩大灾害，故不得与所有气体进行配装。

3. 易燃液体的配装

（1）与易燃固体、易自燃物品和遇水放出易燃气体的物质的配装。易燃液体极易燃烧，一旦发生危险，会引起易燃固体和易自燃物品的燃烧。与遇湿易燃物品的消防方法不同，故都不得与易燃液体配装。

（2）与氧化剂和有机过氧化物的配装。易燃液体几乎都是有机化合物，可按隔离表（表 3-1）和危险货物配装的要求（表 3-7）进行配装。

危险货物配装表 表 3-7

危险货物	爆炸品	起爆器材	1	1																													
		炸药及爆炸性药品②	2	×	2																												
		其他爆炸品③	3	×	×	3																											
	压缩气体液化气体	剧毒气体④	4	×	×	×	4																										
		易燃气体	5	×	×	△		5																									
		助燃气体	6	×	×	×		×	6																								
		不燃气体	7	×	×					7																							
	易燃物品	易燃液体	8	×	×	×	×		×		8																						
		易燃固体	9	×	×	△	×		×			9																					
		易自燃物品⑤	10	×	×	×	×	×	×				10																				
		遇潮湿时放出易燃气体物品	11	×	×	×	△	△	×		⑧	⑧	×	11																			
	氧化剂 氧化剂	硝酸盐类	12	×	×	×	×	×			×	×	×	×	12																		
		亚硝、亚氧、次亚氧酸盐类	13	×	×	×	×	×			×	×	×	×	×	13																	
		其他氧化剂	14	×	×	×	×	×			×	×	×	×		×	14																
	氧化剂	有机过氧化物	15	×	×	×	×	×	×		×	×	×	×	×	×	×	15															
	毒害品	无机毒害品	16	△	△	△									△	△	△		16														
		有机毒害品	17	×	×	×			×				△		×	×	×			17													
		易感染物品	18	×	×	×	×	×	×	×	×	×	×	×	×	×	×	×	×	×	18												
	腐蚀物品 无机酸性	溴	19	×	×	×		△			△	△	×	×	△	△	△	×	×	△	×	19											
		硝酸、发烟硝酸	20	×	×	×	×	×	×	×	×	×	×	×		×	×	×	×	×	×	△	20										
		硫酸、发烟硫酸、氧磺酸	21	×	×	×	×	×	×	×	×	×	×	×	×	×	×	×	×	×	×	△	×	21									
		其他无机酸性腐蚀物品	22	×	×	×	×	×	×	×	×	×	×	×	△	△	△	×	×	×	×		×	×	22								
	腐蚀物品	有机酸性腐蚀物品	23	×	×	×	×	×	×	×	×	×	×	×	×	×	×	×	×		×	×	×	×	×	23							
		碱性腐蚀物品⑥	24											△							×	×	×	×	×	×	24						
		其他腐蚀物品	25											△							×	×	×	×	△	△		25					
普通货物	化学可燃物品		26	×	×	△	×		×				△	⑧	×	×	×	×			×	×	×	×	×	×			26				
	非化学可燃物品		27	×	×	△			×				△	×	×	×	×	×			×	×	×	×	×	×	△			27			
	饮食品、饲料、药品、药材		28	×	×	△	×				⑦	⑦		×	×	×	×	×	×	×	×	×	×	×	×	×	×	△			28		
	活动物		29	×	×	△	×	×			⑦	⑦		×	×	×	×	×		×	×	×	×	×	×	×	×	×				29	
	其他货物		30											⑧							×	×	×	×									30

注：①表内无符号表示可配装，“×”表示不得配装，“△”表示可以配装，但堆放时必须隔离 2m 以上。

②不同的炸药及爆炸性药品相互间不得配装。

③其他爆炸品中的点火绳、点火线等点火器材与本项的其他爆炸物品，隔离 2m 以上。

④其中液氯和液氨不得配装。

⑤易自燃物品中的黄磷，不得与其他易自燃、易燃物品配装，必须配装时要隔离。

⑥生石灰、漂白粉与起爆器材、炸药及爆炸性物品、其他爆炸品、易燃液体隔离配载。

⑦有恶臭及有毒易燃液体及易燃固体，不得与活动物、饮食物、饲料、药品、药材等配装。

⑧含水的易燃物品和用水、泡沫、二氧化碳作主要灭火方法的物品，不得与遇潮湿时易放出易燃气体的物品配载。

4. 遇水放出易燃气体的物质的配装

遇湿危险物品除与水会发生剧烈反应外，遇酸类也能发生危险反应，且比遇水所发生的反应更为激烈，危险性也更大。例如，把少量锌粉撒到水里，并不会发生剧烈反应，若把少量锌粉撒到硫酸中，就会立即看到大量的氢气泡冒出，反应非常激烈。所以，遇湿易燃物品不得与酸性腐蚀品配装。

5. 氧化剂的配装

（1）氧化剂与有机过氧化物之间的配装。绝大多数氧化剂都具有容易发生分解，放出氧的特性，而有机过氧化物都是性质不稳定，极易燃烧爆炸的物质，一旦有机过氧化物发生危险，遇到氧会加剧燃烧，扩大灾害，故它们之间不得配装。

（2）氧化剂和有机过氧化物与腐蚀品的配装。氧化剂和有机过氧化物能与腐蚀品发生剧烈反应，尤其与酸性腐蚀品接触，反应更为激烈。如氧化二苯甲酰与硫酸接触会引起燃烧，又如氯酸钾遇浓硫酸则生成极易爆炸的二氧化氯。有些腐蚀品本身还是还原剂，如无水肼、水合肼都是较强的还原剂。所以，不得与腐蚀品配装。

6. 放射性物品的配装

放射性物品本身具有对人体的射线伤害，当相邻的危险货物发生燃烧、爆炸事故后，会使灾害扩大，施救困难。因此，除毒害品以外，放射性物品不得与其他各类危险货物同舱积载。放射性货物与其他危险货物不可在同一车厢内配装，与普通货物应按下列条件隔离（表3-8）。

放射性物品与普通货物配装隔离表 表3-8

包装等级 / 隔开距离 / 对象	一级	二级	三级
行李包裹	不隔离	不隔离	不得配装
普通货物	不隔离	不隔离	1.5m
未定影的照相底片和感光材料	0.5m	1m	5m

7. 其他配装注意事项

配载时除上述一般配装要求外，还应特别注意以下的配装要求：

（1）氧化剂不得与松软的粉状可燃物（包括煤粉、炭黑、砂糖、淀粉、锯木等）和有机物（不包括垫舱材料）配装。因氧化剂若与这些物品混合，遇热、稍有摩擦即可发生燃烧或爆炸。

（2）凡有毒害品副标志的危险货物，不得与食品、药材、饲料等配装。

（3）遇湿易燃物品，不得与含水的液体配装。

（4）毒害品中的氰化物不得与酸性腐蚀品配装，因氰化物与酸性腐蚀品接触，立即产生剧毒的氰化氢气体。

8. 符合普通货物配装条件的危险货物

并非所有的危险货物都必须按照危险货物运输条件进行配装，在符合下述条件的可按照普通货物配装运输，但是托运人必须在货物运单“托运人记载事项”栏内注明“×××，可按普通货物配装运输”（如“易燃液体，可按普通货物配装运输”或“放射性物品，可按普通货物配装运输”）。

（1）未列出具体名称的危险货物，使用“类属”或“未另作规定”的条目标示，这些危险货物应在其危险性质确定，并使用《危险货物品名表》（GB 12268—2012）中最恰当的用词描述该危险货物的名称后方可运输、储存、经销及相关活动。

（2）在《危险货物品名表》（GB 12268—2012）特殊规定栏内规定不作为危险货物运输的货物，可按普通货物运输条件配装。例如氰氨化钙，如含碳化钙不超过0.10%，即不作为危险货物运输。

（3）成套货物的部分配件或货物的部分材料属于危险货物时，可按普通货物配装。

（4）放射性物品的包装件外表面最大辐射水平不超过0.005mSv/h，包装件外表面放射性污染不超过包装件放射性污染的最大限值，并符合下列条件之一者，可按普通货物配装。

①每个包装件放射性内容物不超过包装件的放射性活度限值。

②含有放射性物质的仪表和工业制成品，但距该仪表或工业制成品外表面10cm处任何一点的辐射水平不超过0.1mSv/h，同时每件仪表或物件应贴有放射性标志。

三、危险货物的船舶积载分类

由于危险品的配装类不同，其船舶积载方式也不同，但总体而言主要有两种方式，分别为舱面积载、舱内积载。

1. 舱面积载

遇有下列物品，则应采用舱面积载：

（1）需要经常和近前检查的货物、液态腐蚀品；

（2）能生成爆炸性气体混合物，产生剧毒蒸气或对船舶有强烈腐蚀性的货物；

（3）有机过氧化物；

（4）发生意外事故时必须及时投弃的货物。

2. 舱内积载

在气候、海水、空气、阳光等作用下易产生危险反应的货物，以及除必须在舱面积载的绝大多数货物采用舱内积载。

舱内积载又可分为普通积载、弹药舱积载和特殊积载三类，同时弹药舱积载又可分为A型弹药舱积载、B型弹药舱积载、C型弹药舱积载三类，具体采用何种积载方式则应视具体货物的特性而定。另外，易燃、易爆的危险货物，应积载在远离热源、火源、电源、船员居室及减振部位。

四、危险货物的积载方法及要求

为了保证船舶运输安全，提高货运质量，船舶装运危险货物时，必须事先了解危险货物的性质和积载分类，在配载的基础上，做出合理的积载。

1. 危险货物积载对船舶技术条件的要求

由于危险货物的性质不同，积载时对船舶的技术设备条件要求也不一样。因此，在安排航次计划时，应根据危险货物的特性，选择合适的船舶装运。

(1)积载危险货物应选用以液体燃料为动力的钢质船舶。水泥船、木船、无人驳船等原则上禁止装运危险货物，如确实需要时，经各航运主管部门批准，必须采取严格的安全措施。

(2)全船的消防系统应处于良好状态，积载危险货物的货舱应能有效地使用本船的水灭火系统，当不能用水扑灭时，应有固定的相应的灭火系统。

(3)积载爆炸品、易燃气体和易燃液体等应选用不以船体作导电回路并有可靠避雷防护的船舶，全船电气设备和网路应处于良好状态，绝缘电阻不得低于0.5MΩ。装载舱室原则上不得通过电缆管道，如不可避免时，应使用钢丝铠装电缆，并加以机械防护。但非钢丝铠装电缆则应置于气密的金属导管内，在舱内电缆不应中断和设接线盒。舱内通风系统应处于良好状态，采用机械通风时，应采用防爆式电机，叶轮须用不产生火花的材料制成。舱内应设有探火装置和失火报警系统，装载爆炸品的舱室其通风筒出口处应装有铜质防火网罩。

(4)积载遇湿易燃物品时，舱内应有良好的通风系统，在航行中应采取正确的通风方法，保持舱内干燥而不产生汗湿。应有良好的盖舱设备，水管系统不得渗漏。

(5)当易燃、易爆危险货物装在燃油舱上面时，燃油加热温度应控制在50℃以下，以免因燃油温度过高，使相邻的危险货物受热发生危险。

2. 其他积载要求

当危险货物在船上积载时，还应注意以下几个方面：

(1)积载危险货物的处所应清洁、干保、通风良好，舱内地脚不得留有酸、碱、煤、棉、油脂及有机物。

(2)积载爆炸品、放射性物品应做到最后装、最先卸，装毕即开航。

(3)当危险货物在舱面积载时，应不影响船舷的安全操作及船舶设施的正常使用，保持通道畅通。甲板货物应与消防栓、测深管道等设施保持一定的距离。货物要绑扎牢固，防止任何移动。

(4)在舱内堆码时，应有与危险货物性质相适应的铺垫。如钢桶包装，每层之间应用木板衬垫，以防移动。积载爆炸品、易燃液体、有机过氧化物时，应用木板与舱内铁器部位围栏衬垫，以防摩擦产生火花。积载易自燃物品，每层间应用木板、竹片隔垫，以便通风散热。塑料容器的堆码不应过高，每层间须用木板衬垫，因塑料容器的强度受外界温度影响较大，气温低时，易使材质变脆，气温高时，易使材质变软。在积载时应充分考虑这一因素，以防止因积载过重使容器破裂。

3. 危险货物积载时注意事项

危险货物的积载工作尽可能安排在专用码头或固定的泊位，装船前三天，书面向港务监督局有关部门(以下简称港务监督局)申请监装，并附送货物积载图。严格按积载图装货及执行积载注意事项：

(1)作业时要悬挂信号旗或显示规定的灯号，禁止他船来靠。

(2)为防止货物落水，船岸间设置安全网。

(3)装货时船上应有专人值班，组织船员进行监装工作，船长、大副应亲临现场指挥。

(4)监装人员应先下舱逐件检查货物包装及标志，有破、漏、渗的包件应拒装上船。

(5)当积载图需改动时须经港务监督局审核。

(6)应选用适当的机具,在装卸易燃、易爆、剧毒、腐蚀及放射性危险货物时,装卸机具应按额定负荷降低25%使用,在装卸易燃或爆炸品时,禁止使用易产生火花的工具。

(7)对摩擦、振动、敏感易爆物要轻拿轻放,严禁拖、抛、掷等野蛮作业,避免多层堆装。

(8)夜间作业应备好足够的照明设备,装卸易燃易爆危险货物必须使用防爆式或封闭式安全照明设备。装载爆炸品或烈性易燃品时,船上不得检修和使用雷达、发报机、甚高频等。若遇闪电、雷击或火警,应立即关舱停止作业。

(9)根据不同性质的危险货物,选用相应的铺垫隔衬材料。

(10)积载完成后,需进行全面检查并绑扎加固尽快开航,同时检查船舶各项证书,取得监装证书、危险品成分证书及危险品包装证书,将有关文件寄卸货港,争取尽快进港。

五、危险货物搬运装卸

危险货物品种繁多,性质各异,因此对装运和保管的要求也各不相同。在进行危险货物装卸搬运的时,首先应选取与货物性质相近(不会发生反应使货物变质)的工具,并采取防火花、防腐蚀、防辐射涂层等防护措施,同时做好人身防护工作。作业时轻拿轻放,不得碰撞、撞击、拖拉、翻滚等,搬运完毕必须及时清理仓库,保持仓库的清洁。除此之外,应注意各类危险品有特殊的安全装卸作业要求。

1. 爆炸品

(1)装运前,要根据所装卸货物的品类、数量、特性和运载工具等情况,按已拟订的安全装运计划装卸,装卸机具按额定负荷降低25%。

(2)装卸搬运时,不准穿铁钉鞋,使用铁轮、铁铲头推车和叉车,应有防火花措施。禁止使用可能发生火花的机具设备,照明应使用防爆灯具。作业时应轻拿轻放,不得摔碰、撞击、拖拉、翻滚。开关车门、车窗不得使用铁撬棍、铁钩等铁质工具,必须使用时,应采取防火花涂层等防护措施。

(3)使用手推车等搬运工具时,应码放平稳、牢固,严防翻车倒箱。

(4)发现跌落、破损、包装不良或散装在箱内的货件不得装车,应另行放置,妥善处理。尤其在装卸过程中,凡从1.5m以上高度跌落的带引信的炮弹及单独包装的引信,必须与其他弹药、引信隔离单独存放,并及时报告、请示处理,严禁继续装运。

(5)应在监装、监卸人员的指导下进行装卸,应分清品类、批号,堆码整齐,不得倒置、侧置,放置稳固、紧凑、码平。车厢包装件总堆码高度不超过1.5m,整体爆炸物品、抛射爆炸物品和燃烧爆炸物品的装载和堆码高度不得超过1.8m。火箭弹和旋上引信的炮弹应横装,与车辆行进方向垂直。

(6)车、库内不得残留酸、碱、油脂等物质。装车后,应用苫布覆盖严密,并用大绳捆扎牢固。

2. 易燃气体、非易燃无毒气体以及毒性气体

(1)装卸有毒气体时,应预先采取相应的防毒措施。装卸人员应根据所装气体的性质穿戴好防护用品,必要时戴好防毒面具。用起重机装卸大型气瓶或气瓶集装架时,应戴好安全帽。

(2)装车时气瓶的防护帽必须齐全紧固,注意保护气瓶阀门。防止撞坏车下人员,须待

车上人员将瓶放妥后，才能继续往车上装瓶。在同一车厢不准有二人同时单独往车上装瓶。装卸气瓶不得肩扛、背负、冲击和溜坡滚动。装卸氧气瓶时，工作服、手套和装卸工具、机具上不得沾有油脂；装卸氧气瓶的机具应采用氧溶性润滑剂，并应装有防止产生火花的防护装置；不得使用电磁起重机搬运。库内搬运氧气瓶应采用带有橡胶车轮的专用小车，小车上固定氧气瓶的槽、架也要注意不产生静电。

(3)易燃气体装卸时，作业现场应设置警示标志，远离火种和热源，通风良好，无关人员禁止进入；在装卸搬运中遇燃烧、爆炸等险情时，应向气瓶大量浇水使其冷却，并及时将气瓶移出危险区域。

(4)装卸操作时，不要把钢瓶阀门对准人身，注意防止气瓶安全帽脱落，气瓶应竖立转动，不准脱手滚瓶或传接，气瓶竖放时必须稳妥。

(5)卸车时，要在气瓶落地点铺上铅垫或橡皮垫，必须逐个卸车，严禁溜放。

(6)装运大型气瓶(盛装净重在0.5t以上的)或成组集装气瓶时，瓶与瓶、集装架与集装架之间需填牢木塞，集装架的瓶口应朝向行车的右方，在车厢前后挡板与气瓶空隙处必须有固定支撑物，并用紧绳器紧固，严防气瓶滚动，重瓶不准多层装载。

(7)气瓶应尽量采用直立运输，所以在装卸时应使直立气瓶高出栏板部分不得大于气瓶高度的四分之一。不允许纵向水平装载气瓶。水平放置的气瓶均应横向平放，瓶口朝向应统一；水平放置最上层气瓶不得超过车厢栏板高度。

(8)装卸有毒气体时，应预先采取相应的防毒措施。

(9)各种装卸机械和工具。应当有可靠的安全系数；装卸易燃易爆危险货物的机械和工具，应有消除产生火花的措施。

3. 易燃液体

(1)装运易燃液体前应先通风，开关车门、车窗时不得使用铁质工具猛力敲打，必须使用时应采取防止产生火花的防护措施。

(2)装载钢桶包装的易燃液体，要采取防磨措施，不得倒放、卧放、撞击、摩擦、拖拉和翻滚。卸车时从车上溜放或滚动操作时，应采取防止火星的措施，周围需有人接应，严防钢桶撞击致损。

(3)钢制包装件多层装卸时，层间必须采取合适衬垫并应捆扎牢固。

(4)对低沸点或易聚合的易燃液体，如发现其包装容器有内胀(鼓桶)现象时，由发货人调换包装后可继续装车。散装易燃液体时，仓库、船舶满载或卸空后若舱内仍有大量气体，应悬挂危险信号。

(5)装卸搬运中，作业人员不准穿铁钉鞋。

(6)车厢内不得有氧化剂、易自燃物品、强碱等残留物。

4. 易燃固体、易自燃物质和遇水放出易燃气体的物质

(1)对容易升华、挥发出易燃、有害或刺激性气体的货物装卸时，注意现场通风良好，防止中毒和燃烧爆炸。装卸作业现场必须远离火种、热源，操作人员不得随身携带火种和穿带有铁钉的鞋或着化纤工作服。

(2)装运需用水(如黄磷)、煤油、石蜡(如金属钠、金属钾)等稳定剂进行防护的包装件，应认真检查包装有无渗漏现象及封口是否严密，发现问题立即通知发货人调换包装，之后方

可继续装车。

(3)装卸碳化钙(电石)时,应问清包装内有无充填保护气体,如未充填,在装卸前应侧身轻轻地拧开通气孔放气,防止爆炸、冲击伤人。

(4)雨雪天禁止作业,茶水、汤桶不得带入作业现场。

5. 氧化性物质和有机过氧化物

(1)装车前,车厢、机械、工具设备及操作场所,不得沾有酸类、煤炭、砂糖、面粉、油脂、磷、硫或其他松软、粉状等可燃物质。

(2)如货物外包装为金属容器,装车时应单层摆放,需多层装卸时,应采用合适的衬垫。

(3)对添加稳定剂和需控制温度的烈性氧化剂和有机过氧化物,作业时应认真检查包装,密切注意包装有无渗漏及变形(如鼓桶)情况,发现异常应拒绝装运。

(4)装卸时发生包装破损,撒漏物不得装入原包装内,必须另行处理。操作时,不得踩踏、辗压撒漏物。

6. 毒性物质和感染性物质

(1)对刚开启的库门、集装箱、封闭式车厢要先通风、装卸时应站立上风处。应配备口罩、护目镜、围裙、胶鞋等防护用品,必要时使用供氧式防毒面具。

(2)装卸时要防止包装破漏,避免沾染人体或污染其他货物。工作服沾染易经皮肤吸收的毒害品应及时更换,不得在毒害品包装件上坐卧休息。

(3)作业人员皮肤破伤者不能装卸毒害品,作业间或作业后,手、脸未经清洗干净,不得饮水、吸烟、进食。

(4)对刺激性较强和散发异臭的毒害品,装卸人员应采取轮班作业。在夏季高温期,尽量安排在早晚气温较低时作业。

(5)忌水的毒害品(如磷化铝、磷化锌等)应防止受潮。

(6)毒害品严禁与食用、药用及生活用品等同车拼装。装运后的车辆及工具要严格清洗消毒,未经安全管理人员检验批准,不得装运食用、药用及生活用品。

7. 放射性物质

(1)从事放射性物质运输人员,必须接受辐射防护的教育和培训,经考核取得合格证书后,才能上岗作业,从业期间接受定期培训和体检。

(2)要做好充分的准备工作,尽量减少接触货包的时间,每人每天接近作业的时间必须根据货包运输指数控制在规定的时间内。

(3)装卸人员必须穿戴防辐射工作服、口罩、手套等劳保用品,凡皮肤破伤、体弱人员,孕妇、哺乳期妇女不得参加作业。

(4)装卸过程中必须注意保护货物包装完好无损,严防撞击、跌落,不准翻滚、倒置。

(5)装卸过程中严禁吸烟饮水进食。作业完毕后,要淋浴换衣或洗净手脸。特别是放射性矿石矿砂,其包装外易被污染,作业后,要检查身上确无沾放射性矿砂才能进食。

(6)搬运时应使用工具,不可肩扛背负,不可坐在货包上,避免身体直接接触货包。不得与食物、饲料及其他危险货物同时进行装卸。

8. 腐蚀性物质

(1)作业前应戴口罩,穿戴耐腐蚀的橡皮或塑料做的工作服、围裙、手套、护目镜等防护用品,严防接触皮肤，以免灼伤。对易散发有毒蒸气或烟雾的腐蚀品装卸作业，还应备有防毒面具。

（2）卸车前先通风，装运腐蚀物品的车厢和装卸工具不得沾有氧化剂、易燃物品。

（3）货物堆码必须整齐、平稳、牢固，桶口、瓶口要朝上。没有封盖的包装，不准堆码。对木格箱装的酸坛或易碎容器要用绳套底的包装件，严防木质包装件脱底发生事故。

（4）做到轻装轻卸，禁止拖钩、倒钩、肩扛、背负，防止撞击、跌落。

9. 杂项危险物质和物品，包括危害环境物质

杂项物品的危险性各异，具有磁性、麻醉、毒害或其他类似性质，其装卸安全要求参照产品安全技术说明书的相关要求。

要强调的是：除了做好防护工作以外，应尽可能实现自动化或机械化操作方式，避免对人员造成过度损害。尤其在腐蚀性货物和放射性物品的搬运装卸时更应该注意采取尽量拉大人与货源距离的装卸方法。目前，运输危险货物的车辆都要求安装 GPS，利用 GPS、GIS 对货物实行跟踪监控。但是 GPS 的使用要根据货物的性质进行开关，譬如有危险性货物在进库时就要求关闭 GPS，以避免产生的静电引起爆炸，如石油、汽油等液体货物在进库时就有这样的要求。

六、大件货物搬运装卸

超长、超重、超宽、超高或者同时具备其中两个以上条件的是大件货物，正是由于这种特点，使大件货物的装卸和搬运涉及许多专用车辆、超限等级计算、固定材料、固定装置和搬运技术及机械问题，这些将在第十一章长大货物运输组织与管理中结合实际情况，作专门论述。

七、冷藏货物搬运装卸

冷藏货物搬运装卸，是快装、快卸作业，尽可能选择在低温时进行，不同运输方式基本遵循相同的原则。

1. 冷藏货物装卸原则

（1）装运易腐货物必须使用冷藏车，确因冷藏车不足时，使用棚敞车应按《使用棚敞车运输易腐货物的措施》的规定办理。冷藏车应用于装运易腐货物，但无包装的水果、蔬菜、卤鱼和能损坏车内设备的易腐货物不得用冷藏车装运（西瓜、哈密瓜、南瓜、冬瓜除外）；冷藏车严禁用于装运能污染和损坏车辆的非易腐货物；冷藏车回空利用及装运需用冷藏车冷藏、保温或加温的非易腐货物时，车站应逐级上报中国铁路总公司，经调度命令许可后，方可使用。

（2）机械冷藏车组，可组织同一到站卸车的两站分装，B18、B20 型机械冷藏车可组织同一发站装车的两站分卸。但两分装或分卸站应为同一路径，距离不超过 200km。第一装车站的装车数或第二卸车站的卸车数不得少于全列车的一半（枢纽地区除外）；机械冷藏车组工作车前部或后部各车，应装同一热状态、要求温度相同的货物，但前部、后部的温度可不相同；机械冷藏车每个车的装货质量，不准超过车辆的标记载质量。

（3）发站应与托运人商定易腐货物进货、装车和车辆取送时间等事项。使用机械冷藏车运输时，发站在机械冷藏车到达后，应将装车时间、地点、货物品名、吨数、到站等事项填记在“机械冷藏车通知单”内，机械冷藏车通知单，应在装车前 12h 交给乘务组。乘务组应在装车前做好上水、补足油料、预冷车辆等工作，各上水站应免费为机械冷藏车供水。

（4）承运人应为装车单位调配技术状态良好、设备齐全的车辆。装车单位应在易腐货物

装车前(如加冰运输在加冰前)检查冰箱、排水装置、通风口、车门及车内设备是否齐全良好,车内是否清洁卫生。不能保证货物质量的车辆严禁使用。

(5)用冷藏车运输易腐货物时,装车前必须预冷车辆,待车内温度降低后,才能装车。加冰冷藏车装运冻结货物,车内应预冷到6℃以下,达不到时,可预冷6h;装运冷却或未冷却货物,车内应预冷到12℃以下,达不到时,可预冷3h;机械冷藏车车内预冷温度:冻结货物为-3~0℃,香蕉为12~15℃,菠萝、柑橘为9~12℃,其他易腐货物为0~3℃。

(6)易腐货物应按"易腐货物铁路装载方法"(表3-9)规定的方法装载。经过预冷的冷藏车装车时,应采取措施,保持车内温度。在装(卸)车作业中应使用不致损坏车内设备的工具。不得挤、碰循环挡板,上层货物距离循环挡板最少应留出50mm的空隙。开关车门时,严禁乱砸硬撬。采取保温、防寒、防湿等措施时,严禁以钉钉等方式损坏冷藏车车体。

(7)车站货运员应会同机械冷藏车乘务组,对装卸车作业进行指导,发现问题应联系托运人、收货人共同解决。货物装车完毕,机械冷藏车乘务员应检查车门关闭是否严密,及时记录车内温度,并开机调温。

易腐货物铁路装载方法 表3-9

装载号	装载方法	说明	图例
1	品字形	奇数层与偶数层货件交错,骑缝装载	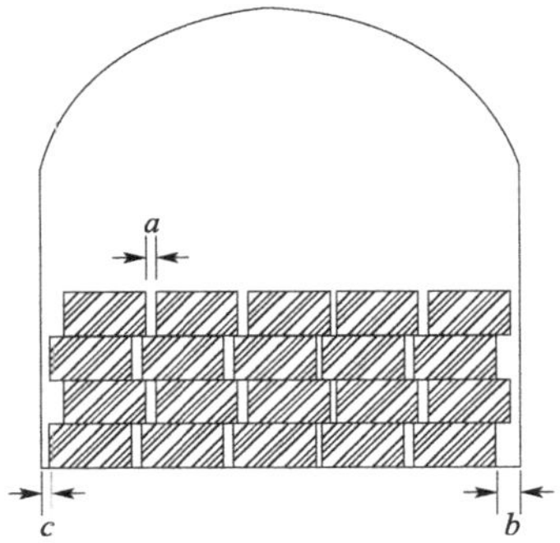 品字形装车法示意图 注:空隙值$a=2\sim3$cm $b=5\sim7$cm $c=2\sim3$cm
2	一二三、三二一	第一层按间隔一件、二件、三件留空隙,第二层按间隔三件、二件、一件留空隙。奇数层同第一层,偶数层同第二层	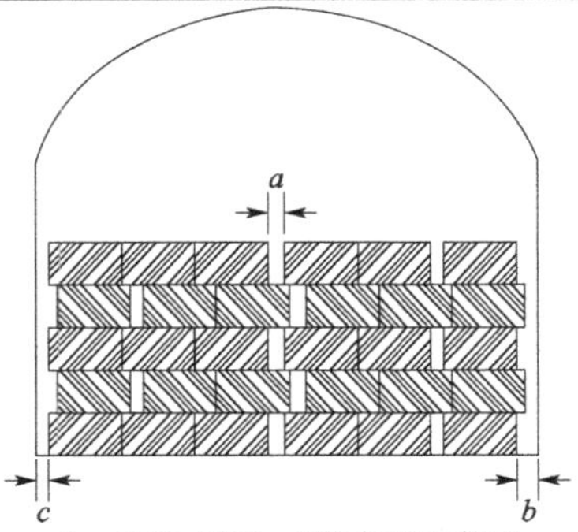 "一二三、三二一"装车法示意图 注:空隙值$a=2\sim3$cm $b=5\sim7$cm $c=2\sim3$cm

续上表

装载号		装载方法	说　明	图　例
3		井字形	货箱侧板之间留空隙，端板之间紧靠。奇数层装法相同，偶数层装法相同，奇数层与偶数层交叉堆放形成井字	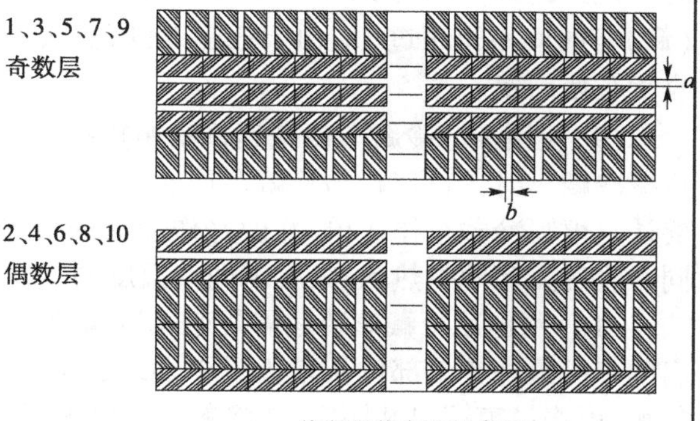 井字形装车法示意图 注：空隙值$a=2\sim3$cm $b=2\sim3$cm
4	筐口对装法	4-1	筐口对装法之一：第一层两侧的箩、篓、筐等大筐口朝下，中间的大筐口朝上，第二层则方向相反	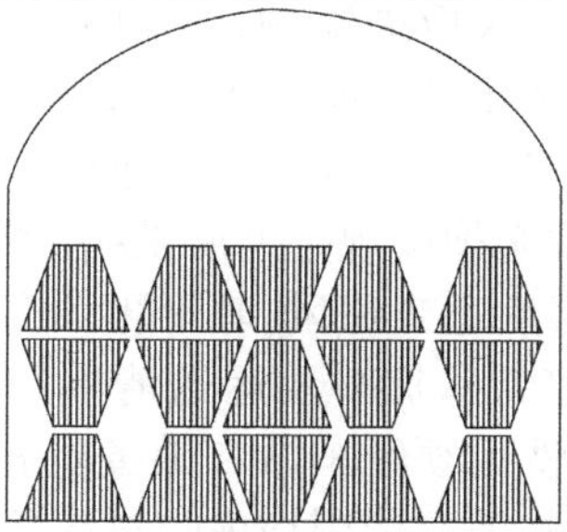 筐口对装法之一
		4-2	筐口对装法之二：第一层大口与小口的朝向两两相互错开，第二层与第一层的方向相反。奇数层同第一层，偶数层同第二层。本方法装运叶菜时筐内可加通风筒或夹碎冰	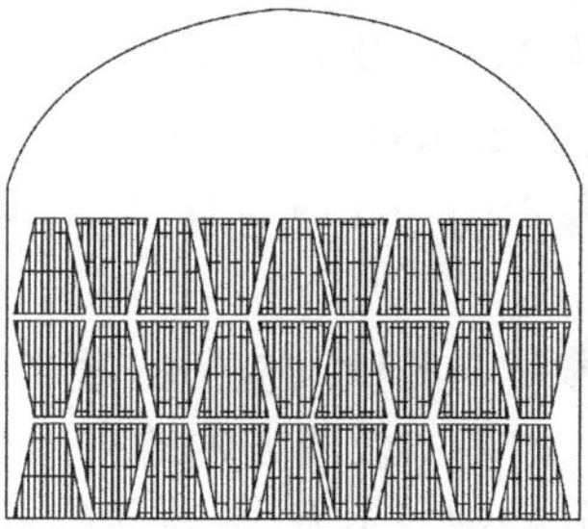 筐口对装法之二
		4-3	筐口对装法之三：第一层及奇数层全部大筐口朝上，第二层及偶数层全部大筐口朝下	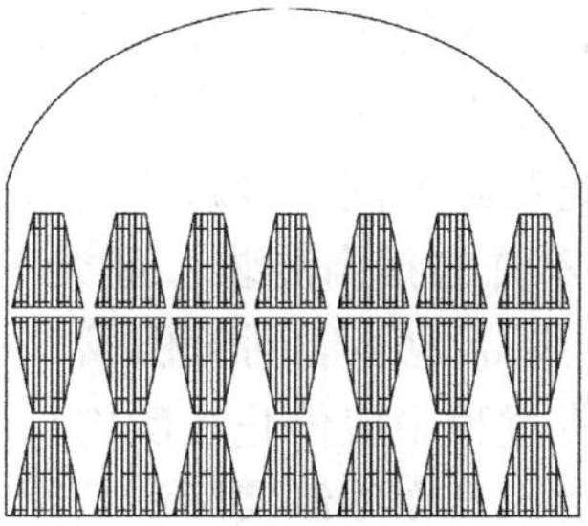 筐口对装法之三

(8)车站和托运人、应加强装(卸)车的组织工作,缩短装(卸)时间。加冰冷藏车每辆装(卸)车作业时间(不包括洗车和预冷时间)不得超过3h。机械冷藏车:装货车为8辆以上的,每组装(卸)车时间不得超过12h;装货车为4辆型的,每组不得超过6h,其中每一车的装(卸)车时间不得超过3h,由于托运人(收货人)的责任致使超过规定装(卸)车时间的,应核收货车使用费。

(9)使用加冰冷藏车冷藏运输易腐货物,装车单位必须填写"加冰冷藏车作业单",使用机械冷藏车时,填写"机械冷藏车作业单"。装卸车单位、发站、到站及机械冷藏车乘务组都要认真填写冷藏车作业单,并做好作业单的传递工作。用机械冷藏车运输时,对同一到站、同一收货人和同一热状态、要求同一温度的货物可不限车数合填冷藏车作业单。

(10)用加冰冷藏车装运需要通风运输的易腐货物时,可以将左侧车门开启并固定。开启的车门最外突出部位从车辆纵中心线起不得超过1 750mm。用棚、敞车通风运输的易腐货物,可将门窗开启并固定,或将敞车侧板吊起,翻转到最大限度用铁线捆绑牢固,并用栅栏将货物挡住。开启的门窗和吊起的侧板最外突出部位不得超过机车车辆限界。

(11)到站对易腐货物应及时组织卸车和交付。要严防污染变质,易腐货物到站后,车站应联系收货人采取措施,随卸随搬。冻结货物、冷却货物和寒季运送的保温、加温货物,收货人应准备防护用品及搬运工具,直接卸车,防止货物升温过快或发生冻损。

(12)卸车单位应负责将车辆清扫干净。装过鱼、贝、肉类及被其他易腐货物污染的车辆,卸车单位必须按规定彻底洗刷除污,必要时进行消毒,使车内没有残留的污水、秽物。洗刷除污、消毒后适当通风、晾干再关车门。卸车单位及车站没有洗刷条件时,车站应根据调度命令填写"特殊货车及运送清单"(简称回送清单,下同),向本局内指定的洗刷站回送。机械冷藏车洗后须经车站和乘务员检查验收,加冰冷藏车及棚、敞车洗后须经车站检查验收,洗刷除污、消毒费用均由收货人负担。

清扫洗刷干净的加冰冷藏车,向局指定的冷藏车保管站回送或从保管站往装车站调送时应填写"特殊货车及运送用具回送清单"。

2. 冷藏货物积载注意事项

(1)冷藏空间预冷要充分,使冷气能浸透舱内所有设备和衬垫物料,并使舱内各部分温度均匀一致。

(2)冷藏货与舱壁间应留出适当供冷风流通用的孔道,货物堆码应整齐、稳固,货件间应以木条衬隔,衬垫木板或方木的方向要与气流一致,以确保冷气畅通。

(3)冷藏货物与蒸发器、进排气孔应离开适当距离,以免堵死冷气通路或致使部分货物发生过冷而干缩。

(4)积载冷藏货由于需要留出通风孔道,所以亏舱率较大,通常比一般货物大10%~20%,制订积载计划时应予以充分注意。

(5)同舱装载不同的冷藏货物时,应注意鱼腥类与肉类分舱积载。运往伊斯兰国家和地区的牛羊肉不许与猪肉混装。蛋类不与肉类、鱼类、蔬果类同舱,以免串味。冷藏温度要求不同的蔬菜、果品也不能同舱积载。

(6)装货过程中应停止往舱内打冷气,避免产生结霜。

(7)理货人员在绘制实际积载图时,冷藏空间应画实线或双实线,以区别于其他货物或有利于收费。

复习思考题

1. 危险货物仓库设置有什么特点？如何对危险货物实行仓储管理？

2. 怎样实行鲜活货物的仓储管理？

3. 什么是配装？什么是积载、积载图与积载因数？配装与积载的关系是什么？什么是危险货物的相容性？危险货物的积载要求和注意事项有哪些？

4. 怎样进行危险货物装卸？有哪些注意事项？

5. 冷藏货物的装卸原则是什么？有哪些装载方法？

第四章　特种货物运输车辆及装备

【本章教学要点】

知识要点	掌握程度	相关知识	应用方向
特种货物车辆	掌握	特货车辆的内涵及类型	特货物流流程设计、运输设备选择
铁路长大货物车	重点掌握	发展历程及趋势、结构特点、类型	长大货物运输流程设计、运输设备选择
铁路特货货车	理解	专用货车、通用车辆	铁路特货运输设备选择
公路大件运输	理解	车辆类型、特种设备	公路大件运输设备选择
公路危险货物运输	理解	运输车辆及管理要求	公路危险货物运输设备选择
其他公路特货车辆	理解	冷藏车、运钞车	冷链运输;贵重货物运输

【引导案例】

快速发展的特货运输需求市场

随着我国核电工业、大型化工设备的更新改造以及千吨级以上轧机设备需求量的持续上升,国内对大件牵引运输车的需求也在不断提高。预计到2020年要建成20个千万吨级炼油基地、11个百万吨级乙烯基地,其中有近35万吨大件设备需要运输。国务院发布的产业调整计划中提出需要搬迁的20个项目中,至少有80万吨的大件设备运输。电厂设备和核电项目亦是其中重要内容,至2020年运输装机容量争取达到8 600万千瓦,以100万千瓦核电为例就有86个核电项目,大件设备至少有1 800件。风电项目,到2020年装机容量达到1.5亿千瓦,即要10万台单机,1 500kW的风机。水电项目,新增装机容量约1.9亿千瓦,相当于新增10个三峡电站的装机容量。大件运输行业在保障国家重工业建设顺利进行,保障民生工程、电网建设中起着至关重要的作用。

（来源:《中国特种运输行业现状调研及未来发展趋势分析报告》）

从由超大件货物运输的需求市场来看,我国的特种运输需求市场正处于快速发展的阶段,市场资本也在不断地涌入到特种运输行业中。特种货物往往需要专门车辆设备才能完成整个运输过程,尤其是长大货物的运输涉及不同运输方式的多种不同类型的专用车辆,近年来已发展成为具有多种类型的系列车,危险货物和易腐货物运输车辆的型号和功能也日渐增多,这些都促进了特货物流业的快速发展。本章主要介绍公路、铁路等特种货物运输车辆及其在特货物流方面的功能。

第一节 特种货物车辆概述

特种货物车是指专门运送各类特种货物的车辆。铁路上用于载运货物的车辆统称为货车，按其用途不同，可分为通用货车和专用货车。汽车货车除了这两种类似的车型外，与特种货物运输有关的还有牵引车。

一、铁路特货车辆

通用货车是装运普通货物的车辆，运输货物的类型多，但对货物无特殊要求。铁路货车中这类货车占的比重较大，一般有敞车、平车、棚车、保温车和罐车等几种。特种货物运输中部分危险货物、贵重货物和新鲜易腐货物运输使用这些通用货车。专用货车一般指单纯运送一种或很少几种货物的车辆，用途比较单一。同一种车辆要求装载的货物质量或外形尺寸比较统一，有时在铁路上的运营方式也比较特别，如固定编组、专列运行。用于特种货物运输的专用货车一般有长大货物车、毒品车、家畜车、集装箱车等。特长和特重货物无法用一般的铁路货车来装运，必须使用专门的长大货物车。随着我国近年来经济的不断发展和国家重点建设项目的快速实施，长大货物车也因此在特种货物车辆中占有了举足轻重的地位。

货车的基本型号用大写的汉语拼音字母来表示，这些字母多数是各类货车名称的第一个汉字的汉语拼音首字母，但也有个别例外。常见的与特种货物运输有关的货车分类及基本型号见表4-1。

货车分类及基本型号表 表4-1

通用货车		专用货车	
车种	基本型号	车种	基本型号
棚车	P	长大货物车	D
平车	N	毒品车	W
敞车	C	集装箱车	X
罐车	G	家畜车	J
保温车	B		

一个完整的货车标记包括基本型号、辅助型号和车号。如：C62A 4785930，C是基本型号，表示是货车的敞车；62是辅助型号，表示质量系列或顺序系列；A也是辅助型号，表示车辆的材质或结构；4785930是车号。

二、公路特货车辆

公路运输的特种货物汽车主要有各种货车和牵引汽车。汽车货车主要分为普通货车和专用货车两大类型。普通货车具有栏板式车箱，可运载各种货物。专用货车通常由普通货车改装，其车箱是为专门运载某种类型的货物而设计的，如运载某些危险货物的闭式车箱，运载易腐货物的冷藏车箱，运载液体、气体等的罐式车箱，运载大型货物的平台式车箱等。

牵引汽车是专门或主要用于牵引挂车的汽车,通常可分为半挂牵引汽车和全挂牵引汽车等类型。半挂牵引汽车后部设有牵引座,用来牵引和支承半挂车前端。全挂牵引汽车本身带有车箱,其外形虽与货车相似,但其车辆长度和轴距较短,而且尾部设有拖钩。牵引汽车都装设有一部分挂车制动装置及挂车电气接线板。公路长大货物的运输常由牵引汽车和专用货车共同完成。

第二节　铁路长大货物车的发展历程

长大货物,如果超限等级与运输条件许可,可用一般通用平车来运输,但是绝大部分超限、长大和笨重货物,无法用通用平车运输,需要使用长大货物车来完成运输任务。由于各种长大货物的质量和外形尺寸的变化范围大且结构各异,因此,长大货物车的设计总是力图使其结构尽可能地与待运的长大货物相适应。

一、国外长大货物车的发展

最早的长大货物车诞生于1885年,结构形式为平面式底架,该车曾用于德国钢绳滚筒(电缆盘)运输。这种车特别适用于高度高,但断面较窄的货物运输。20世纪70年代德国克虏伯(Krupp)公司于1969年设计了Uaai839型钳夹车,载重457t,32轴,1970年春天投入使用。该车的成功研制,引起了世界各国的关注,由于设计不断改进,载重不断提高,成为具有发展方向的车种,广为其他国家铁路部门采用。Uaai839型钳夹车经过多年运营,证明了其技术的先进性,从而奠定了钳夹车研制的基础。之后,德国根据不同国家的用户需要,对Uaai839型车进行了改装并向多个国家出口。1973年又制造了4辆32轴500t钳夹车;1977年为捷克提供了32轴500t钳夹车;1978年又陆续为苏联提供了5辆32轴500t钳夹车;1979年,克虏伯公司为美国燃烧工程公司(Combustion Engineering)用户特制了1辆载重800t的钳夹车,以用于笨重压力容器的运输,它是世界上最大的铁路货车。

德国所拥有的各型长大货物车完成了许多重型设备运输。其技术特性,如结构形式、液压均衡装置、地板面高度、装货宽度、导向及侧移装置、提升装置,影响着各国长大货物车的技术发展。

苏联一直对长大货物车的设计、制造、试验和运用非常重视。经过多年取得经验和统一规划,苏联的长大货物车得到了系统的发展,技术水平上已接近德国。该国长大货物车的轴数为4~32根,载重为55~500t。20世纪80年代曾设计过36轴700t钳夹车,但由于投资政策的变化而未能试制。除供本国使用外,曾向中国、巴基斯坦、古巴等国家出口过凹底平车、钳夹车。为满足国内重型超限货物运输的需要,苏联曾从联邦德国进口500t钳夹车。

美国长大货物车是随着大型电机、变压器、轧钢机、反应器等重型超限货物的日益增多而发展起来的。1979年,美国也委托德国克虏伯公司制造了1辆载重800t的钳夹车。

法国的长大货物车研制水平也比较高。1967年法国工业专用公司为了运输60MW发电机定子,研制了轴载重377t车,同时又研制了载重510t(不包括钳形梁质量)钳夹车。1971年又为民主德国制造了载重500t运输变压器的钳夹车。

二、国内长大货物车的发展

我国长大货物车共经历了三个发展阶段。第一个发展阶段为二十世纪五六十年代，是我国长大货物车的起步阶段。在此期间，我国自行研制了 D10 型 90t 凹底平车、D20 型 280t 钳夹车、D17 型 150t 落下孔车和 D22 型 120t 长大平板车；同时，为适应我国特种货物运输的需要，1956 年从民主德国进口了 D6 型 110t、D7 型 150t、D8 型 180t、D9 型 230t 凹底平车和 D16 型 110t、D17 型 150t、D18 型 180t、D19 型 230t 落下孔车，组成了一支虽然种类尚不齐全，但仍初具规模的大车队伍。尽管这些车辆技术参数不够先进，如自重较大，承载面距轨面较高，落下孔尺寸小，但也满足了当时的运输需要。

第二个发展阶段为二十世纪七八十年代。在此期间，为了解决大型电站设备、大型轧机牌坊及引进化纤生产设备的运输，我国吸取了国外一些先进技术，自行开发了一批新型长大货物车，如 D35 型 32 轴载重 350t 钳夹车、D35 型 24 轴载重 280t 钳夹车、D2 型 210t 凹底平车、D30 型 370t 双联平车和 D23 型 235t 长大平板车等。

二十世纪九十年代是第三个发展阶段。随着国民经济的发展，国家重点项目中的大型电机、变压器、轧钢机、反应堆等重型超限货物日益增多。这一阶段期间先后开发了各种性能先进的长大货物车，如采用全封闭大底架结构的 D12 型 120t、D18A 型 180t 凹底平车，折角式大底架结构的 D26 型 260t、D15 型 150t、D25A 型 250t 凹底平车，D30A 型 300t、D38 型 280t 钳夹车，D25 型 250t 长大平板车；同时，对旧车进行了改造，提高了其技术特性，扩大了运用范围。这批车结构新颖，性能指标先进，逐渐与国际水平接轨。

三、长大货物车的发展趋势

（1）向大吨位方向发展。由于国民经济不断发展，大吨位货物的运输量日益增多。我国已经研制出载重 4 500t 的钳夹车，提高载质量是长大货物车发展的客观需要。

（2）提高轴重、降低自重系数、降低承载面距轨面高度。车体材质问题是制约我国长大货物车降低自重系数的关键。目前一些发达国家的长大货物车车体主要采用了高强度合金钢材，其屈服极限在 600MPa 以上，而我国较先进的 D35 型钳夹车车体主要材质为 15MnVNT，其屈服极限为 440MPa（厚度 $\delta \leq 10$mm）和 420MPa（厚度 $\delta > 10 \sim 25$mm），降低自重系数还大有潜力。

（3）大力采用新技术、新工艺。D45 型钳夹车采用了多导向装置和气液弹性旁承装置，设计了车体液压电控自动升降、左右侧移功能；D18A 型凹底平车大底架采用了密封式箱形结构，国内首创，虽制造工艺复杂，但基本实现了大底架无检修，深受检修运用部门的欢迎。

（4）轮对滚动轴承化。部分老、旧型长大货物车的轮对滑动轴承的轴瓦、油线卷、前枕等配件规格杂乱不一，正在逐步淘汰。

四、长大货物运输装备发展的思考

随着全球技术现代化的发展，实践中必然会遇到更多大型轧机设备、发电设备、核能反应堆、航天设备等重型超限货物的运输问题，长大货物运输装备将有较大的发展。发展组合式长大货物车,达到一车多能,使运输工具充分适应货物的特点,满足货主的急需;实现运输货物的灵活性方便性、适应性,并可节约设计制造费用。针对我国大车发展的现状,在长大货物运输装备发展方面,有如下思考:

(1)根据电力、冶金、化工、军工大型设备市场需求,规划完善长大货物车系列化型谱,实现凹底平车、落下孔车、长大平车吨位系列化,满足特殊设备的运输需要。

(2)发展载重400~500t级的组合式长大货物车,开拓大车设计思路,达到一车多能,组合式长大货物车吨位最好在260t以上。通过转向架的重新组合,充分体现一车多能的特点,使组合式长大货物车充分适应货物,体现运输的灵活性、方便性和适应性。新车要求既能适应大型发电机定子、核电站压力壳等钳夹宽度小、钳夹高度高的货物运输,又能适应变压器、轧机牌坊等钳夹高度低、钳夹宽度大的货物运输,实现一车多用。

(3)研制开发公路、铁路两用长大货物车,把公路、铁路的联合运输纳入大车总体设计,开拓大型特种货物运输的市场,实现"门到门"运输。从国家西电东输等大型电力工程建设规划来看,许多电厂和变电网都建在远离铁路的地方,因此,铁路要发展联合运输的方式,克服自身的不足。对于具有液压起升功能的大车,铁路可配备橡胶轮对转向架,使其能够在公路上运行。

(4)改善车辆动力学性能,研究重车重心高度和速度的关系,努力提高运行速度,减少大件运输时对线路的干扰时间,适应客运高速、货运提速的发展趋势。

(5)注重长大货物车的安全功能创新。加强大车运用装载加固的研究,提出合理的装载加固力值。在保持可自行左右侧移、起升、下降等特点的基础上,增加能够使货物绕纵轴偏转、行车时遇到上部障碍物时可以下降以及导向和辅助侧移等功能。此外,还要增加结构受力状态自动监测、自动报警及公铁联运等功能。

(6)长大货物车技术含量高,制造难度大,关系到国家重点工程的建设与发展。因此,应加强与国外合作组织的沟通,探讨新型长大货物车的研制经验和大型设备运输经验(尤其是工艺方面的技术处理)以及与国外合作设计的可能性。

第三节　铁路长大货物车的特点及类型

一、长大货物车的结构特点

(1)具有特殊功能。例如D25型钳夹式货车采用了电控液压多导向装置,提高了对各种线路的适应能力。车体能自动上下升降和左右侧移,以配合装卸货物和通过厂矿、码头专用线两侧的临时障碍物。钳形梁可以调宽,以适应货物的不同宽度。

(2)多轴转向架。除普通的2轴转向架外,还有3、4、5轴转向架。D3524501号钳夹车装有8组4轴转向架,计32轴,是目前我国轴数最多的车辆。部分多轴转向架装用了板弹簧均衡、减振装置。

(3)多种旁承结构。除通用车的普通方形旁承结构外,采用了滚轮式旁承、滚针式旁承、气液弹性旁承等新式旁承。特别是气液弹性旁承,显著提高了车辆的横向动力学性能。

(4)半球形或浅球形心盘。大部分长大货物车采用了半球形或浅球形心盘,使心盘受力状况大大改善。部分半球形、浅球形上下心盘间装有心盘保护衬垫,衬垫材质为铜或高分子合成材料等,减缓了心盘的磨耗。

二、长大货物车的类型

铁路长大货物车其车辆长度一般在19m以上,但少数车辆长度小于19m,按车体结构的特点,长大货物车可分为凹底平车、钳夹车、长大平车、落下孔车和双联平车5种车型。

1. 凹底平车

凹底平车的结构特点是转向架或转向架群分布于车辆的两端,中部为装载货物的凹底架。具有结构简单、使用方便、运行安全可靠等优点,是长大货物车中适运货物范围最广的车型。经过近50多年的发展,凹底平车的品种和数量在长大货物车家族中占的比重最大,已形成系列。以30~40t为级差,可以运输50~260 t的大型货物。由于其自重系数较大、承载面占据一定的高度且不可能太长,不适合运输太重、太高和特别长的货物,主要用于运输发电机定子和变压器等长大货物。最具代表性的大型凹底平车是D26型260t凹底平车和D25A型250t凹底平车。

2. 钳夹车

钳夹车是长大货物车家族中最年轻的一种,它由两个对称的半节车构成,可将货物夹持在车辆中部运输,故名钳夹车。钳夹车具有独特的超限运输能力。运输货物时,货物被悬挂在两个钳形梁之间,使货物与钳形梁成为整体,货物成为整个车辆的一部分,空车运行时,两个对称的半节车由辅助装置将它们连在一起,称为短连挂。钳夹车能最有效地利用铁路限界空间,它不仅能运输有自承载能力的货物,而且通过附加的装备也可运输那些没有自承载能力的货物。除了不适合运输特别长的货物外,钳夹车可以说是运输能力最强的铁路运输工具,主要用于运输特大型发电机定子、变压器和轧机牌坊等。DQ45型载重450t钳夹车是目前我国载重最大的长大货物车。

3. 长大平车

从底架结构形式上看,长大平车与通用平车基本上相同,其差别主要是前者的底架长度和地板面距轨面高度都比较大。它主要是用于装运长度很长的型钢、锅筒等。

4. 落下孔车

落下孔车是底架中部开有一定长度和宽度的落孔,装货时货物落入孔内。货物的质量由两根截面高度较大的侧梁承担。它自重系数较小、能充分利用铁路限界的高度,适合运输截面尺寸很高的货物。但由于两根侧梁占据了一定的限界宽度及落下孔的长度有一定的限制,不适合运输较宽及特别长的货物。这种车适于装运宽度较窄而高度很大的货物,如轧钢机牌坊。

5. 双联平车

双联平车无承载底架,由两个安装于两个转向架群中央心盘上的可回转鞍座支承货物。货物一般比较长,跨装在两个转向装置上 这种车的主要特点是自重系数小、货物支承点可根据货物长度进行调节,适合运输细长、较重、有自承载能力的货物。但是它对货物的最小长度有比较苛刻的要求;列车的牵引力要通过货物传递,货物的装载加固比较麻烦。

三、常见的长大货物车

1. DQ45 型载重 450t 钳夹式长大货物车

DQ45 型钳夹车是齐齐哈尔轨道交通装备有限责任公司(以下简称齐轨道装备公司)针对 1000MW 发电机定子的整体运输而研制开发的长大货车。如图 4-1 所示。

图 4-1　DQ45 型载重 450t 钳夹式长大货物车

主要结构:该车主要由钳形梁、导向梁、大底架、小底架、转向架、调宽装置、导向侧移装置、起升装置、支撑装置、空车连接装置、制动装置、车钩缓冲装置等部分组成,并配置了液压装置、电气装置和操纵室。

主要用途:该车在标准轨距铁路上使用,主要适用于国产 1 000MW 发电机定子的整体运输,同时可装运电力、冶金、化工、重型机械等行业的短、粗、重、超限、超重的阔大货物,如变压器、轧钢机牌坊、核电站压力壳等。

其主要技术参数见表 4-2。

DQ45 型钳夹车主要技术参数　　表 4-2

载重(t)		450
自重(包括短连挂装置 3 t)(t)		208
总重(不包括短连挂装置)(t)		655
自重系数		0.46
轴数(根)		28
轴重(t)		23.39
重车每延米重(悬挂长为 12 570 mm)(t)		10.05
钳夹宽度(mm)		2 000
钳夹高度(mm)		3 150
货物提升高度(mm)		500
货物下降高度(mm)		150
车钩中心线高(mm)		880
空车重心高(mm)		1 700
通过最小曲线半径(m)		145
最高运行速度(km/h)	空车	100
	重车	60

续上表

制动率(%)	空车	18.1
	重车	5.75
限界		空车符合《标准轨距铁路机车车辆限界》(GB 146.1—1983)的要求
驼峰		禁止通过
溜放与冲击		禁止

2. D38型载重380t钳夹式长大货物车

D38型钳夹式长大货车(图4-2)是目前我国铁路载质量最大、轴数最多、车辆长度最长、运行速度最高的新型钳夹式长大货车。

图4-2 D38型载重380t钳夹式长大货物车

主要结构:该车主要由小底架、大底架、导向梁、钳形梁、调宽装置、侧移装置、提升装置、导向装置、支撑装置、纵向补偿及称重装置、制动装置、车钩缓冲装置、空车短连挂装置、接地装置、监控报警装置及液压系统、电气系统、转向架、操纵室等部分组成。空气制动装置采用120型控制阀、254×254旋压密封式制动缸、高摩合成闸瓦等,人力制动装置采用蜗轮蜗杆式制动机,车钩缓冲装置采用13号上作用车钩及2号缓冲器,全车采用8组构架包板式4E轴转向架。

主要参数:载重380t、自重226t、轴数32轴、车辆长度64 818mm、空车最高运行速度90km/h、重车最高运行速度50km/h(表4-3)。

D38型钳夹车主要技术参数 表4-3

载重(t)		380
自重(t)		226
轴数(根)		32
轴重(t)		18.94
通过最小曲线半径(m)	空车短连挂中导向	150
	重车长连挂外导向	150
	重车长连挂中导向	180
最高运行速度(km/h)	空车	90
	重车	50
车辆长度(mm)	空车短连挂	52 718
	重车悬挂长13m	64 818

续上表

钳夹宽度(mm)		2 000～3 100
钳夹高度(mm)		2 300～2 600
内导向距(mm)	空车短连挂	12 350
	重车悬挂长 13m	24 450
中导向距(mm)	空车短连挂	16 150
	重车悬挂长 13m	28 250
外导向距(mm)	空车短连挂	26 150
	重车悬挂长 13m	38 250
固定轴距(mm)		4 200
车轮直径(mm)		800
限界		空车符合《标准轨距铁路机车车辆限界》(GB 146.1—1983)的要求,但禁止通过驼峰、禁止溜放与冲击

主要用途:该车在标准轨距上使用,可适应装运电力、冶金、化工、重型机械等行业的短、粗、重、超限、超重大型货物。如发电机定子、主变压器、轧钢机牌坊、核电站压力壳等。

3. D32 型凹底平车

主要结构:该车主要由凹底架、大底架、中底架、小底架、侧移及导向装置、液压旁承及提升装置、空气制动装置、手制动装置、车钩缓冲装置、转向架等部分组成。空气制动装置采用 120 型控制阀、203×254 旋压密封式制动缸、ST2-250 型双向闸瓦间隙调整器、高摩合成闸瓦,制动装置采用 FSW 型手制动机,车钩缓冲装置采用 C 级钢 13A 号下作用小间隙车钩、MT-3 型缓冲器,全车采用焊接构架式转向架。换装 350t 落下孔车后,除侧承梁、导向梁、调宽装置需重新制造外,其余大底架、中底架、小底架、侧移及导向装置、液压旁承装置、空气制动装置、手制动装置、车钩缓冲装置、转向架等采用 D32 型凹底平车原车部件(图 4-3)。

图 4-3　D32 型凹底平车

主要用途:用于装运电力、冶金、化工、重型机械等行业的短、粗、重超限、超重阔大货物,如大型轧钢机牌坊、主变压器、重型机械设备等。

其主要技术参数见表 4-4。

D32 型凹底平车主要技术参数　　表 4-4

载重(t)		320
集重(t)(7m、9m、10m)		300、315、320
自重(t)		226
总重(t)		546
自重系数		0.71
轴数(根)		24
轴重(实际,t)		22.8
每延米重(t/m)	空车	3.84
	重车	9.28
转向架群(mm)		13 380
凹底架升降高度(mm)		100
车钩中心线高(mm)		880
通过最小曲线半径(m)		180
商业运行速度(按《铁路超限超重货物运输规则》办理,km/h)		100(空车)、50(重车)
车辆长度(mm)		58 860
内导向距(mm)		24 800
承载面长度(mm)		10 500
承载面宽度(mm)		2 900
承载面距轨面高(重车可调,mm)		1 150
凹底架下部距轨面高(重车可调,mm)		150
凹底架心盘距(mm)		33 800

4. D30 型 370t 双联平车

主要结构:该车主要由大底架、鞍座、制动装置、车钩缓冲装置、转向架等部分组成。空气制动装置采用 GK 型三通阀、356×254 制动缸、高磷闸瓦等。人力制动装置采用蜗轮蜗杆式制动机。车钩缓冲装置采用 2 号上作用车钩及 2 号缓冲器。全车采用 4 组构架包板式 5E 轴转向架(图 4-4)。

图 4-4　D 30型 370t 双联平车

主要用途:该车在标准轨距上使用,可适应装运大型反应器、合成塔等筒形货物。

主要参数:见表 4-5。

D 30型双联平车主要技术参数 表4-5

载重(t)	370	车辆宽度(mm)	3 360
自重(t)	126	车辆高度(mm)	3 658
轴数(根)	20	固定轴距(mm)	5 600
轴重(t)	24.8	车轮直径(mm)	840
通过最小曲线半径(m)	180	限界	空车符合《标准轨距铁路机车车辆限界》(GB 146.1—1983)的要求,但禁止通过驼峰、禁止溜放与冲击
构造速度(km/h)	80		
车辆长度(mm)	40 360		

5. D30A 型钳夹车

D30A 型钳夹式长大货车于 1996 年研制(图 4-5),其特点是速度较快,可减少运输时对线路干扰时间,降低运输成本。

图 4-5 D30A 型钳夹车

主要结构:该车主要由小底架、大底架、制动装置、车钩缓冲装置、转向架等部分组成。空气制动装置采用 120 型控制阀、356×254 制动缸、高磷闸瓦等。人力制动装置采用蜗轮蜗杆式制动机。车钩缓冲装置采用 13 号上作用车钩及 2 号缓冲器。全车采用 4 组构架包板式 5D 轴转向架。

主要用途:该车在标准轨距上使用,可适应装运电力、冶金、化工、重型机械等行业的短、粗、重、超限、超重大型货物。如发电机定子、主变压器、轧钢机牌坊等。

主要技术参数见表 4-6。

D30A 型钳夹车主要技术参数 表4-6

载重(t)		300
自重(t)		119
轴数(根)		20
轴重(t)		20.9
通过最小曲线半径(m)		180
构造速度(km/h)	空车	80
	重车	50
车辆长度(mm)	空车短连挂	32 668
	重车悬挂长 13m	44 818
钳夹宽度(mm)		2 600
钳夹高度(mm)		1 912

续上表

车辆最大宽度(mm)	3 000
车辆最大高度(mm)	3 650
固定轴距(mm)	5 600
车轮直径(mm)	840
限界	空车符合《标准轨距铁路机车车辆限界》(GB 146.1—1983)的要求,但禁止通过驼峰、禁止溜放与冲击

6. D32 型 320t 凹底平车

主要结构:该车主要由车体、液压系统、制动装置、车钩缓冲装置、转向架等组成。车体主要由凹底架、大底架、中底架、小底架、侧移及导向装置等部分组成;液压系统主要由液压控制台、起升油缸、旁承油缸及油路等组成;全车采用 2 套空气制动装置,每套空气制动装置控制半节车的6 台转向架,主要由 120 型控制阀、203×254 旋压密封式制动缸、ST2-250 型双向闸瓦间隙调整器、高摩合成闸瓦等组成,全车采用 2 套手制动装置,手制动机形式为 FSW 型;车钩缓冲装置采用 C 级钢 13A 号下作用小间隙车钩、13A 型加强型钩尾框,MT-3 型缓冲器;全车采用 12 组焊接构架式转向架(图 4-6)。

图 4-6　D32 型 320t 凹底平车

主要用途:用途该车在标准轨距铁路上使用,可适应装运电力、冶金、化工、重型机械等行业的短、粗、重超限、超重阔大货物。如大型发电机定子、变压器、重型机械设备等。

其主要技术参数见表 4-7。

D32 型凹底平车主要参数　　表 4-7

载重(t)	320	凹底架升降高度(mm)	100
集重(t)(7m、9m、10m)	300、315、320	车钩中心线高(mm)	880
自重(t)	226	通过最小曲线半径(m)	180
总重(t)	546	最高运行速度(按《超限货物运输规则》办理,km/h)	100(空车)、50(重车)
轴数(根)	24		
根轴重(t)	22.75t		

四、典型的长大货物车

新型长大货物车的设计特点趋于大载重、系列化,采用高强度钢材和先进的技术装置,运行速度有所提高。

1. 凹底平车

(1)DA26型260t凹底平车。原哈尔滨轨道交通装备有限责任公司研制的DA26型凹底平车主要用于在标准轨距线路上运输电力、冶金、化工、重型机械等行业的大型、重型货物,尤其适合于运输5m长轧辊和260t及以下质量的变压器等货物。与D26型凹底平车相比,DA26型凹底平车采用新材料、新结构,具有自重轻、过桥速度高、互换性强、通用性强、使用方便的特点。

(2)D32型凹底平车。该车是国内载质量较大、功能全、性能先进的新型凹底平车。D_{32}型凹底平车由1个凹底架、2个大底架、4个小底架、12个4E轴转向架、液压系统、空气制动装置、手制动装置和车钩缓冲装置等部分组成。

该车具有如下特点:

①载重大,承载面低,承载面长,装卸货物方便。

②设有液压升降装置。利用该装置可调整地板面高度,提高超限货物运输的能力。

③设有侧移与内导向装置。该装置可减少车辆通过曲线时的内偏移量,增加运输货物的宽度。

④凹底架采用全封闭结构,弯角部采用双折角过渡,缩短了凹底架长度,有利于降低车辆自重,简化工艺,减少检修,延长寿命。

⑤采用屈服强度为685MPa的高强度钢材,减轻了自重。

⑥凹底架与移动心盘间装有液压旁承纵向补偿装置,以减少车辆通过缓和曲线时车体所受的扭转荷载,改善凹底架的受力状态。

该车曾运输了日本东芝286t发电机定子。运输线路为塘沽—韩城第二电机厂专用线,行程约1 200km。在整个运输过程中,车辆技术状态良好。

(3)D10型凹底平车。根据原铁道部科技研究开发计划株洲车辆厂会同四方车辆研究所对D10型凹底平车结构设计方案进行了研讨,确定了结构设计方案。D10型凹底平车具有如下特点:

①凹底架采用上弯角圆弧过渡、下弯角折角过渡技术,降低了车辆承载面高度,充分利用限界空间运输,简化了工艺,方便制造。

②车辆承载面距轨面高690mm(空车),扩大了车辆运输货物时通过限界的能力。

③采用3轴转向架,满足最高运行速度100km/h的要求,满载时能顺利通过各种铁路桥梁。

2. 钳夹车

根据市场需要,原铁道部现属企业研制了D38型380t钳夹车,该车多次完成国家重点设备运输,产生了较大的经济效益和社会效益。D38型380t钳夹车三次成功地采用专用承载框架运输方式,运输了自重达263t的三峡变压器。运输线路为西安—上海电机厂专用线,行程1 836km。D38型钳夹车还两次承担哈尔滨一沁北电厂600MW发电机定子的运输任务,货物重(包括挂货钩)340t,采用挂货钩运输方式,行程2 609km。

3. 长大平车

D26A型260t长大平车。该车采用了2个138t长大平车的组合式设计。目前D26A型车换装了时速 120 km 的转 K2 型转向架,定型为 D26AK 型。

4. 落下孔车

为了运输大型变压器等重型超限设备,在 D26 型凹底平车基础上设计制造了 D26B 型 290 t 落下孔车。根据国家重点设备运输货物的质量和尺寸等特点,确定采用承载框架置换 D26 型凹底平车凹底架的设计方案。方案中的中底架、小底架、转向架、液压旁承装置、制动装置和车钩缓冲装置等部件及其组装方式与 D26 型凹底平车相同。该车具有如下特点:

①承载框架在宽度方向可调,可以适应不同宽度货物的运输,扩大了车辆的使用范围。

②承载框架侧梁宽 230 mm,运输时货物坐落在两侧梁间,能充分利用建筑限界的空间进行运输。承载框架解体方便,便于货物的装卸。

③承载框架采用了可焊高强度钢材,优化了结构,降低了自重,提高了车辆的运输能力。

④液压旁承装置可以承担侧向荷载,通过曲线时可以减小车体扭曲,起到均载的作用。该装置还具有起升功能,便于货物换装。

⑤承载框架侧梁端部导框设有斜楔,每个斜楔在纵向可调整 100mm。

根据运输需要,设计制造了 D17A 型 155t 落下孔车。该车落下孔长 12 500mm、宽 2 350mm,运输货物适应性强;采用 2E 轴转向架,最高运行速度为 100km/h,在标记载重下通过桥梁不限速。

第四节　铁路特种货物专用货车

铁路上用于特种货物运输的专用货车除了长大货物车以外还有毒品车、集装箱车和家畜车。毒品车和集装箱车可以用于运输危险货物,家畜车用于运输活体动物。

一、W 系列毒品车

W 系列的毒品车中可装运农药和危险货物运输规则中第 8 类毒害品等其他有毒物品。载重 60t,容积 126m^3,构造速度达到 120km/h。图 4-7 是最新生产的是 W6 型毒品车。

图 4-7　W6 型毒品车

二、X 系列集装箱车

危险货物采用集装箱运输是近年来才发展起来的,也将是危险货物运输发展的方向。集装箱车构造简单,装载货物的弹性较大。开展危险货物的铁路集装箱运输可以减少工作环节,大大提高工作效率,同时又可缓解棚车的紧张状况。

对列入危险货物集装箱运输的危险货物在使用集装箱装运时,应根据危险货物的类别,在集装箱上拴挂相应的危险货物标志。危险货物集装箱仅限装运同一品名的危险货物,不允许拼箱运输。图 4-8 是 X 系列的集装箱车。

三、J 系列家畜车

J5 型家畜车(图 4-9)是 J 系列车的代表之一,是为满足外贸家畜、家禽及其他活体动物的运输需要，于1984年设计试制的家畜车。J5型家畜车的主要特点是：第一，增加了车体长度，缩小了中部隔离饲料间长度，加大了有效装载面积，提高了载运量。第二，设置了专用生活间并配备了必要的生活和休息设施，改善了押运人员的操作和休息条件。

图4-8　X系列的集装箱车

图4-9　J5型车家畜车

结构概况：车体系钢木混合结构，由装货间与生活间两大部分组成。装货间可分为上、中、下三层，各层两端为家畜圈；中部上、中层小间存放饲料、水桶、食槽等用具，下层小间可隔离病残或装运牲畜。装货间二位端和两侧设有可上下移动的钢制调节窗，车顶设7个通风器，装货间两侧各设4个排便器。生产间设在1位端，由卧室与炊事卫生间两部分组成，供押运人员休息与生活之用。车顶设2个水箱，其总容量为1 920L。

第五节　铁路特种货物使用的通用车辆

通用货车是用于普通货物运输的车辆，事实上，铁路通用货车也包括一些特殊的货车，如罐车和保温车等，但由于它们的应用范围广，因而不属于专用货车。特种货物如危险货物和新鲜易腐货物符合使用这类通用车辆的条件，且常用下列车辆运输货物。

一、G系列罐车

G系列罐车是车体呈罐形的车辆，主要用于运送液态危险物品，如煤油、汽油、石油、酸类、液氧、丙烷等。罐车按结构特点可分为有空气包和无空气包罐车，有底架和无底架罐车，上卸式和下卸式罐车；按用途可分轻油类罐车、黏油类罐车、酸碱类罐车、液化气体类罐车和粉状货物罐车等。罐式车辆的常压罐体应当符合国家标准《道路运输液体危险货物罐式车辆　第1部分：金属常压罐体技术要求》（GB 18564.1—2006）、《道路运输液体危险货物罐式车辆　第2部分：非金属常压罐体技术要求》（GB 18564.2—2008）等有关技术要求。使用压力容器运输危险货物的，应当符合国家特种设备安全监督管理部门制订并公布的《移动式压力容器安全技术监察规程》（TSG R0005）等有关技术要求。

有空气包罐车的罐体顶部有个空气包，空气包上装有两个安全阀和一个进气阀。当外界温度发生变化时，如果罐体内的温度超过一定数值，安全阀自动打开，将空气包内的气体放出；如果罐内压力低于一定数值，也能从进气阀自动向空气包中补气，使罐体不至承受过大的压力，以保证运行安全。罐顶没有空气包，进气阀及盖等设备直接安装在罐体上，这种新型罐车称为无空气包罐车。

在轻油类罐车中，我国在20世纪50年代初期只能生产载重25t，有效容积仅为30.5m^3

的 G3 型轻油罐车。1953 年设计制造了载重 50t、有效容积 51m³ 的 G50 型全焊结构轻油罐车。1967 年设计制造了有效容积 60m³、载重 52t 的 G60 型轻油罐车(图 4-10),1965 年开始制造有效容积 77m³、载重 63t 的 G19 型无底架轻油罐车。

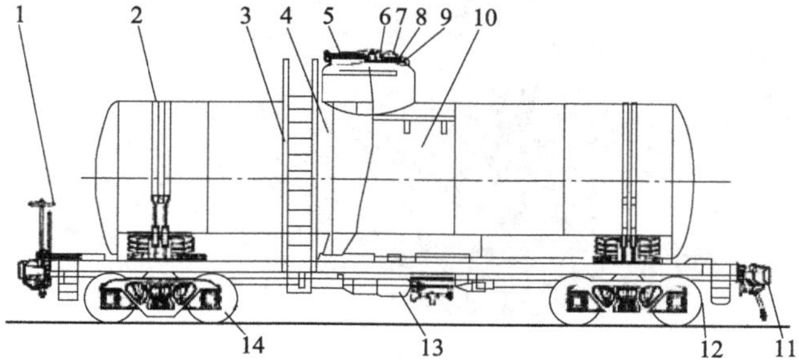

图 4-10 G60 型轻油罐车外观及结构示意图

1-手制动装置;2-罐带;3-外梯;4-内梯;5-空气包及人孔;6-进风管;7-安全阀;8-排油管;9-透气阀;10-罐体;11-车构缓冲装置;12-底架;13-空气制动装置;14-转向架

G60K 型轻油罐车(图 4-11)是我国目前使用中的主型轻油罐车之一,供装运汽油、煤油、柴油等轻质油类的石油产品之用。G60K 型轻油罐车由底架、罐体、排油装置、外梯、内梯、罐体与底架的安装、空气及手制动装置、车钩缓冲装置和转向架等部分组成。性能参数见表 4-8。

图 4-11 G60K 型轻油罐车

G60K 型轻油罐车的性能参数 表 4-8

载重(t)	60	商业运营速度(km/h)	120
自重(t)	20	通过最小曲线半径(m)	145
总容积(m³)	62.09	转向架	转 K2 型
有效容积(m³)	60	制动装置	120 型制动机
罐体最大工作压力(MPa)	0.15	车钩缓冲装置	13 号上作用车钩,ST 型缓冲器
车辆长度(mm)	11 992		

在黏油类罐车中,有 1951 年生产的载重 30t,总容积为 37m³ 的 G4 型黏油罐车;1959 年批量生产的 G12 型黏油罐车,载重 50t,总容积 52.5m³;1966 年批量生产的 G17 型黏油罐车,载重 52t,总容积 62.1m³ 等。

G17BK 黏油罐车(图 4-12)专供装运重柴油、润滑油、原油等黏油类介质。结构特点为内加热装置、牵枕装置与罐体组焊成无中梁结构；罐体直径增大。它是结构优化、自重轻、加热快、大容积的铁路主型黏油类罐车。

图 4-12　G17BK 黏油罐车

该车辆主要由牵枕装置、罐体、内加热装置、排油装置、车钩缓冲装置、制动装置、转向架等部分组成。牵枕装置由牵引梁、枕梁、端梁及侧梁组焊而成。罐体内径 3 000mm，材质为低合金高强度结构钢，设有一个呼吸式安全阀。罐内下部设有供蒸汽加热用的蛇形盘管加热装置。罐体中央下部设有供卸油用的球阀及排油管道。装卸方式为上装下卸(人孔兼做装油口)。车钩缓冲装置、制动装置、转向架安装原铁道部规定的 13 号上作用车钩，ST 型缓冲器；120 型空气控制阀，ST2-250 型双向闸瓦间隙自动调整器，KZW-4TWG-1A 型空重车自动调整装置；转 K2 型转向架。性能参数见表 4-9。

G17BK 黏油罐车性能参数　　表 4-9

载重(最大)(t)	自重(t)	总容积(m^3)	有效容积(m^3)	罐体工作压力(MPa)	车辆长度(mm)	商业运营速度(km/h)
63	20.98	70	66.4	0.15	11 988	120

在酸碱类罐车中，有 1958 年改进设计的 G10 型浓硫算罐车，载重 50t，总容积 28.5m^3；GF 玻璃钢罐车(图 4-13)，专供装运盐酸，容积 50m^3；1967 年设计制造的 G11 型酸碱罐车(图 4-14)，载重 65t，总容积 38.3m^3。

图 4-13　GF 玻璃钢罐车

图 4-14　G11 型酸碱罐车

G11 型酸碱罐车是供装运 98% 以上的浓硫酸，47% 以下的碱的酸碱类用上装上卸式四轴铁路运行罐车。主要零部件采用普通低合金钢结构焊接而成。罐体为具有凸面封头圆筒形的普通低合金钢焊接结构，顶部设有开闭的人孔一个，底架为有底架无侧梁(即两枕梁间无侧梁)式。暖气装置：采用敞开式加热方式。在车体中央处设有横向的暖气主管，将管道静压力不超过500kPa的蒸汽通入罐体下半部的加温套内，使罐内酸碱受热溶化。性能参数见表4-10。

G11型酸碱罐车性能参数 表4-10

载重(t)	63(碱54)	每轴车轮压力(t)	20.7
自重(t)	9.9	罐体工作压力(kPa)	150
自重系数	0.315	车钩连接线间距离(mm)	11 998
罐体总容积(m^3)	38.3	轨距(mm)	1 435
罐体有效容积(m^3)	34		

二、B系列保温车

保温车又叫冷藏车，是运送鱼、肉、鲜果、蔬菜等易腐货物的通用车辆。这些货物在运送过程中需要保持一定的温度、湿度和通风条件，因此保温车的车体墙板由两层壁板构成，两层壁板中间装有隔热材料，以减轻外界气候的影响。车内设有冷却装置、加温装置、测温装置和通风装置等，具有制冷、保温和加温三种性能。保温车车体外表涂成银灰色，以利阳光反射，减少辐射热。保温车分为冰箱保温车（主要型号有B11、B14、B16、B17）和机械保温车（主要型号有B18、B19、B21、B23）两种。

冰箱保温车的车顶一般装有六个冰箱，内装含盐的冰，利用冰融化吸热降低车内货物的温度（图4-15）。冰箱保温车由于受冷源（冰盐）的限制，不能任意调节车内温度。加之运行过程中需要加盐，因而不适应各种易腐货物的运输要求。

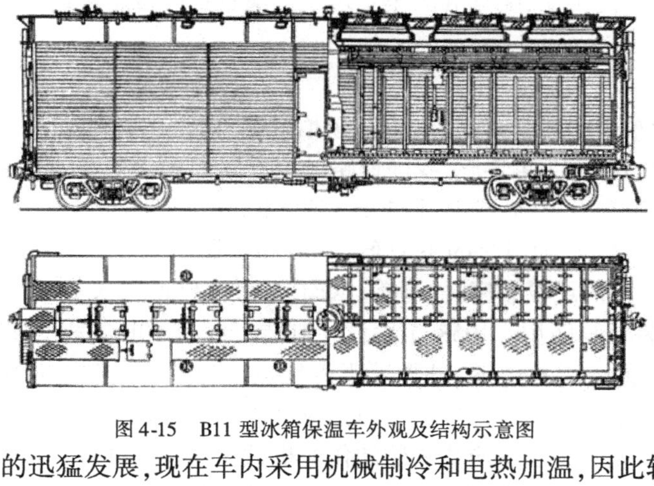

图4-15 B11型冰箱保温车外观及结构示意图

随着铁路技术的迅猛发展，现在车内采用机械制冷和电热加温，因此较冰箱保温车的调温范围大，并能自动控制车内温度，是我国今后的主要发展方向。

B23型五节式机械保温车组（图4-16）由1辆机冷发电车和4辆机冷货物车组成。机械保温车较冰箱保温车的优点是：第一，全车能均匀地保持规定温度和湿度，且较易调节与控制，可以充分保证货物运输质量；第二，运用中不需要加冰及加冰设备，节省资金，加速车辆周转，降低运输成本；第三，不受运输路程长短和运输中车辆停留时间的限制，可保证货物安全送达。

BSY型四节式冷冻板保温车组（图4-17）是一种新型的运输易腐货物的专用车辆，由3

辆货物车和1辆带乘务员室的车组成。车组利用地面制冷设备制冷，给车顶部盛蓄冷剂的容器(即冷冻板)“充冷”，故称冷冻板保温车。每辆货物车有14块冷冻板，车内温度保持在-180℃以下时，可连续运行100h。车上还设有调温板，车内温度可在-12～+5℃范围内调节。

图4-16 B23型五节式机械保温车组

图4-17 BSY型四节式冷冻板保温车组

三、其他车辆

特种货物运输车辆除了前面介绍的以外，棚车、敞车和平车也可用作特种货物的运输。《铁路危险货物运输规则》第四章第21条中规定：“装运危险货物除危险货物品名表备注栏内规定使用敞车及整车发送的毒害品和放射性矿石、矿砂应使用毒品专用车外，应使用棚车或危险货物专用车。如棚车、毒品专用车不足，经发送铁路局承认并采取安全和防止污染措施，也可用敞车运输”。可见，棚车和敞车是运送危险货物的常用车辆，而平车则用于长大货物的运输。

1. 棚车

棚车是铁路货车中的通用车辆，用于运送怕日晒、雨淋、雪侵的危险货物和一些贵重仪器设备等。据统计，到2002年年底，我国铁路已拥有棚车91 835辆，约占货车总数的20%。

我国从1953年起开始制造载重50t、容积100m^3，车体为全钢结构的P50型棚车(图4-18)，后经过改进，成为当时的主型车。P50型车除了可以装运各种免受雨雪的货物、箱装及贵重物品外，车内还设有床托、灯钩、烟囱口等，可供运送人员之用；另有拴马环、拦马杆托等设备，以供装运马匹用。1958年后设计制造了载重60t、容积为120m^{3}的新型P13型棚车，有自重轻、载重大、结构牢固、外形美观等优点。为了适应散装货物装卸，该型车在车顶上设有装货口，侧壁下角设有卸货口。以后又生产了与P13型基本相同但取消了装卸口的棚车，改型为P60型。为了适应货物装卸作业机械化的要求，1974年又批量生产了3m宽车门的P61型棚车，载重60t、容积120m^3。1980年设计制造了P62型棚车。20世纪90年代后生产了P63、P64、P64A型棚车。1998年生产的P64A型棚车，自重25t，载重75t，有效容积82.3m^3，车长13.938m；1999年生产的P64A型棚车(图4-19)，自重提高到25.9t，载重58t，有效容积135m^3，车长为16.438m。

值得一提的是P65型行包快运棚车(图4-20)，该车采用了大圆弧形车顶结构、新型结构车门、PVC内衬板等新结构、新材料。转向架采用引进美国下交叉支撑技术的转K2型转向架和我国自行研制的中交叉支撑技术的转K1型转向架。制动系统采用10in旋压密封制动缸、高摩合成闸瓦和 KZW-4G 型无级空重车调整装置。该车容积 135m³，当载重 45t 时，运行时速 120km；当载重 58t 时，运行时速 100km，最高试验时速达到 138km。这款车型不仅速度快，更重要的是新的材料和结构增强了密封性能，更有利于危险货物的运输。

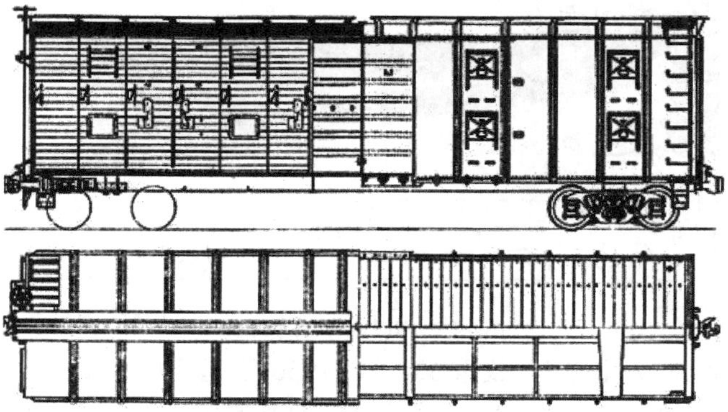

图 4-18　P50 型棚车外观及构造示意图

图 4-19　P64A 型棚车

图 4-20　P65 型行包快运棚车

2. 敞车

所谓敞车，是指具有端壁、侧壁、地板但无车顶，向上敞开的货车。主要运送普通货物、大宗货物、质量不大的机械设备，有些危险货物规定用敞车来运送。若在所装运的货物上蒙盖防水帆布或其他遮篷物后，敞车可代替棚车承运怕雨淋的货物。因此，敞车具有很大的通用性（图 4-21），在货车组成中数量最多，目前全路共有敞车约 30 万辆，约占货车总数的 50% 以上。主型通用敞车有 C50、C65、C62、C62A、C61 等。

图 4- 21　通用性较强的敞车

3. 平车

平车主要用于运送钢材、木材、汽车、机械设备等体积或质量较大的货物，也可借助集装箱运送危险货物或其他货物。平车还能适应国防需要，装载各种军用装备。我国铁路的平车约占货车总数的 12%。平车因没有固定的侧壁和端壁，故作用在车上的垂直荷载和纵向荷载完全由底架的各梁承担，是典型的底架承载结构。我国自行设计和制造了多种平车，从结构上来分，主要有平板式和带活动墙板式两种，车型主要有 N12、N60、N16 和 N17（图 4-22）等多种，载重都是 60t。

N 系列的平车 1950 年就开始生产,如 N1 型, 1952 年生产了一批载重 40t 的 N4 型平车。N6 型载重为 60t、底架长度为 12.5m。以后 N6 型经过改进,定型为 N60 型。

图 4-22　N17 型平板车外观

1956 年开始生产 N12 型平车,载重 60t。自 1966 年起开始大批量生产 N16 型平车。该型车的特点是,底架上铺设 70mm 厚的木地板,车两端具有全钢焊接的活动端壁板,克服了木质端板强度不足的弱点,放倒后可作渡板,供所运机动车辆自行装卸。

1970 年设计试制集重能力较大、能装运较重预应力钢筋混凝土桥梁的 N17 型平车。该车型的活动侧壁板数量较多,全车共有 12 块,可以使开闭轻便。侧壁板采用锁铁式锁闭机构,使其处于垂直位置时能紧密关闭,放下时不会产生晃动。

1998 年制造的 NX17A 型平车—集装箱两用平车(也称 XN17A 型)既保留了原 N17A 型平车的基本结构形式,又能适应市场需求,提高车辆适应性和利用率。目前该车可按平车用,均布装载 60t;又可按集装箱平车用,装运 1 个箱重 30.48t 或 2 个箱重 24t 或 5 个箱重 10t 集装箱。

随着车辆结构和用途的不断发展变化,平车已逐步优化形成长大货物平车和平车—集装箱两用车,以适应更多的需求,单一用途的平车今后将渐渐被淘汰。

第六节　公路大件运输及超重型汽车列车

公路大件运输是指公路运输中对庞大、沉重而又不可分割的整体货物的运输。大件在体积和质量上超过了普通载货汽车容许的装载容积和质量,并超过了公路线形和桥涵通过能力的规定限界,运输时需要采取一定的工程技术和运输组织措施。

道路特种货物的运输对运输工具也提出了特殊要求,目前公路大件运输常见的车是超重型汽车列车。这种重型车辆是由一辆超重型牵引车与一辆或一辆以上超重型挂车组成的载货汽车(图 4-23)。主要用于完成其他运输所不能或难以完成的、运载尺寸和质量超过公路交通法规定限界、并有特定要求的物资运输。

图 4-23　超重型汽车列车

一、公路大件运输的牵引车

超重型牵引汽车是用于牵引和顶推超重型

车的驱动车,又称主车。被主车牵引的从动车简称挂车。主车装有大功率的柴油机,并配有大速比的机械或液力变速器和主减速器。有的还有轮边减速装置,以降低车速,加大牵引力。超重型牵引车多系 3 轴或 4 轴,由后两轴驱动,也有前、后轴全驱动的。在牵引全挂车时,牵引车上必须加适当的压重,以增加作用在驱动车轮上的荷重,从而使驱动车轮和地面之间有足够的附着力。在一般情况下超重型挂车只用一辆牵引车牵引;在公路坡度大、弯度大、货件重等情况下,可用两辆牵引车牵引,或一辆在前牵引,一辆在后顶推;有时甚至要用多辆牵引车牵引和顶推。

例如,德国曼(MAN)重型牵引车是公路运输的巨无霸,以强劲的动力、稳定的性能著称。西藏人民见到的有史以来的第一列火车就是德国曼 6×4 创下的世界高原公路运输纪录,它以汽车拉火车翻越海拔 5 231m 唐古拉山,穿越无人缺氧区成功入藏(图 4-24)。德国曼(MAN)重型牵引车的技术参数见表 4-11。

德国曼(MAN)重型牵引车的技术参数 表 4-11

总重	18t 以上
驾驶室	XXL 型、XL 型、LX 型、L 型、M 型
发动机	功率 310~660hp[1],电子燃油控制(EDC),欧洲Ⅲ排放标准
制动形式	盘式制动,电控制动系统(EBS),防抱死装置,排气门制动(EVB)
变速箱	全自动
驱动形式	4×2,6×2,6×4,6×6,8×4
底盘特点	高度电子化智能控制

沃尔沃(VOLVO)重型牵引车分 FH12(图 4-24)与 FH16 两种车型,是长距离运输重型物品的正确选择。强劲的发动机使得保持很高的平均速度成为可能。沃尔沃以其所搭载的大功率发动机、智能化的操控特性以及优越的乘用舒适性而著称。高达 2 800N·m 的转矩输出、良好的稳定性和灵活性,无疑是胜任艰巨工作的前提保障。不论载货汽车从事哪种运输,沃尔沃强大的传动系统都可以提供低使用成本和高驾驶舒适性。沃尔沃 FH12 与 FH16 可以采用 460、550 或者 610 制动马力的发动机,并且可以为不同的运输场所采用多种变速器和后桥结构。

图 4-24 沃尔沃重型牵引车(FH12,460 马力)

二、超重型汽车挂车及其变形组合

超重型挂车是用于装载超大型和超重货件的挂车。超重型挂车的基本形式为各种单体平板车。单体平板车可以纵横拼装组合,构成多种变形挂车,以适应装运不同质量和外形尺寸的大型货件。变形通常有如下三种。

[1] 1hp(马力)=745.7W,下同。

(1)组合平板挂车:以一辆或几辆单体平板车按要求的长度拼装组成的挂车称为组合平板挂车。

(2)长货挂车:以两辆平板车一前一后根据长货支撑位置要求分开适当距离,各加装可转动的承载架,长货两端的支承位置即固装在前后两辆平板挂车的承载架上,使货件与车辆构成一个整体的挂车称为长货挂车,如图4-25所示。

(3)桥式挂车:用两辆平板挂车一前一后分离一定距离,各加装一个液压举升台,两举升台间安装承载桥,使前后挂车、举升台、承载桥连成一体,称为桥式挂车。承载桥是装货部位;桥式挂车用于装运比重大的大型货件。

此外,以单体平板挂车为基体,还可组成其他变形,如钳夹式挂车、凹式低平床挂车、鹅颈半挂车等,以适应不同的使用要求。

三、常见单体板车类型

板车主要的功能是组合成各种挂车,常见的板车主要有液压平板车、普通单体平板车、凹板车、炮车等。

(1)液压平板车:自带动力泵油装置,可利用液压升降、转向,可以将模块任意拼接成设备运输所要求的长度或宽度,所以是远程超长、超宽、超高、超重设备运输的首选板车类型,适合各种路况时使用。图4-26为组合成3纵列的液压平板车。

图4-25　长货挂车装运65m的乙烯精馏塔

图4-26　3纵列液压平板车

(2)普通单体平板车:可任意拼接但不可升降、转向,适合路面条件较好的情况下使用。

(3)凹板车:相比之下凹板车更适合运输超高设备,但承压能力较小,最大符合在180t左右。

(4)炮车:炮车的功能结构简单,板面较高,适合短途普通大件设备运输。

第七节　公路大件货物车辆及装备

公路大件货物运输除了前面介绍的汽车列车外,还涉及一些重要的车辆装备,主要包括吊车及一些针对超大型非标准设备而设计的特种运输设备。

一、公路大件常用的吊车

大件货物运输中常用的吊车有横吊、汽车吊和履带吊。全球最大的陆地吊机是起质量为 4 000t 的 MSG-50 型格构式起重机，目前，世界吊车的型号各不相同，系列吊车有最大起质量从 15 到 4 000t 不等的不同臂长的汽车吊和履带吊。图 4-27 是一辆履带吊车。

二、公路大件的特种设备

公路大件的特种设备是针对特殊的大型非标准设备而专门设计的，种类繁多，现列举其中两种。

（1）标准符合 450t 框架（图 4-28），专门用来承运超重变压器的设备，其前后有液压板车卡接点，中间担空。

（2）钳夹式钢架（图 4-29），是企业自主设计，专门用于超高设备的运输，前后钢架将设备卡在中间，大大缩短了设备离地距离。

图 4-27 履带吊车

图 4-28 标准符合 450t 框架

图 4-29 钳夹式钢架

第八节 公路危险货物运输车辆及管理要求

公路危险货物运输的车辆主要有罐式汽车和有特殊要求的厢式汽车。由于所运载的危险货物种类繁多，危险性大，所以，无论是对罐式还是厢式汽车都有特殊的要求和规定。

一、罐式汽车与危险货物

1. 罐式汽车

罐式汽车是专门用来装运散装的液体、粉状、粒状、气体等具有一定流动性货物的车辆。由于近年来危险货物需求量的快速增长，出现了许多具有不同外形尺寸、罐体容积和装载质量的罐式汽车，如图 4-30 是一辆常见罐式汽车，图 4-31 是一辆 10m 长的罐式运油半挂车。这类车多用来装运汽油、柴油、润滑油物等油性液体燃料，故又称为油罐车。这些货物一般都是危险货物，在运输中必须按照《危险货物运输规则》运输，同时要保证车辆的设备完好，要经常检查地链是否完好，确保由于油在罐体内的振荡所产生的静电能完好消除。对于装运润滑油、重油的油罐车，要控制其加热系统的温度，确保安全。液化气罐车用来运输液化石油气，液化气是易燃的危险货物，在运输中除了必须按照《危险货物运输规则》运输外，特别要注意其罐体是承压容器，要防止撞击引发爆炸。当温度升高时，罐体内的压力也会升高，必须预防高温，确保安全。

图 4-30　罐式汽车

图 4-31　罐式运油半挂车

2. 危险货物对罐式汽车的基本要求

(1)装运危险货物的专用罐车材质必须与所装运危险货物性质相适应。如装运硝酸的罐体应用铝板制作；装运硫酸的罐体应用碳钢板制作；装运盐酸的罐体应用非金属的玻璃钢制作；装运离子膜液碱的罐体用不锈钢板制作等。

(2)应有足够的强度，并根据不同货物需要配备双道闸门、泄压阀、防波板、遮阳物、压力表、液位计、导静电等相应的安全装置，必须保证所装货物不泄漏。

(3)装运液化石油气的罐车的设备及使用必须符合《压力容器安全技术监察规程》的要求。

二、厢式汽车与危险货物

1. 厢式汽车及其运输危险货物的特点

厢式汽车指具有独立的封闭结构的车厢或与驾驶室连成一体的整体式封闭结构车辆，装备有专用设施。厢式汽车运输危险货物时除了具有防雨、防尘、防损坏、防污染、防丢失和安全、便于管理等特点外，还具有以下特点。

(1)厢式运输安全可靠，避免了刮风下雨等气候变化对危险货物的影响。厢式汽车的防护条件好，有利于怕潮危险品防护和安全运输，同时，由于厢式汽车运输是封闭式运输，能够减少货物破损的危险，大大提高了货物运输的安全性。

(2)厢式汽车运输可以满足多种危险货物的运输需要。随着不同行业对危险货物运输需求的增加，客户对危险货物运输质量和安全的要求也逐渐提高。厢式汽车运输可以最大限度地满足客户对危险货物的运输需求。

(3)厢式汽车运输还有不污染环境的优点。危险货物的特性复杂，部分具有发散性质的货物极易危及周围环境，甚至造成严重的环境污染。所以说，发展危险货物厢式汽车运输是治理环境的需要，也有利于运输行业的健康发展。

2. 危险货物对厢式汽车的基本要求

(1)运输危险货物的厢式货车驾驶室必须与车厢分离,以防危险货物泄漏释放出的有害气体导致驾驶员驾驶能力丧失而出现意外事故。

(2)机动车辆排气管应装置在车辆前保险杠下方,远离危险货物,并配置有效的熄灭火星装置,电路系统应有便于切断总电源的装置。

(3)货厢应是木质地板,这是考虑到危险货物绝大多数是易燃、易爆物品,木质地板可以避免产生火花,较为安全,同时要求周围栏板必须牢固。如是铁质底板,应采取衬垫措施,如铺垫木板、胶合板、橡皮板等,但不能使用谷草、草片等松软易燃材料。

(4)厢式货车装运的危险货物大多数应是单一品种的货物,不得装入性质相抵触的危险货物。

(5)根据所装危险货物的性质,配备相应的消防器材和捆扎、防水、防散失的器具。其消防材质、数量应能满足应急需要。

总之,公路危险货物运输车辆和设备,除了对一般货物运输的要求外,还有一些特殊的要求。正确认识和掌握公路危险货物运输车辆和设备的特殊要求,并切实加强管理,对公路危险货物运输安全,提高运输效率和经济效益,具有重要意义。

第九节　其他公路特种货物车辆

公路常见的特种货物运输车辆除了前面提到的大件和危险货物车以外,还有运输新鲜、易腐货物的冷藏车和属于贵重货物的人民币的押钞车,这两种车也属于厢式汽车。厢式汽车的主体是厢体,安装在载重汽车底盘上,目前主要产品品种有微、轻、中、重及半挂式运输车和其他专用车。厢式汽车按其功能可分为普通厢式运输车和特殊用途的厢式车。前者有硬体厢式货车、软篷厢式运输车、翼开式厢式运输车等;后者有冷藏车和运钞车等。

一、冷藏保温车与冷链冷板式冷藏车

1. 冷藏保温车

冷藏车是随着冷冻运输的需求而发展起来的一种特种专用运输车辆。世界各国都在致力于绿色环保产品的开发和相关工业的发展。开发采用新的无氟材料和新的生产工艺,生产新型无氟冷藏车,取得绿色环保产品标志,将使厢式冷藏汽车的技术飞速发展并达到国际一流水平。

冷藏车与一般厢式货车的主要差别在于冷藏车安装了独立式或非独立式冷藏机组,并且采用优质保温材料制作密封车厢。冷藏机组分为独立式和非独立式,非独立式冷藏机组利用汽车发动机动力工作,能使相匹配货厢内最低温度达到 -18℃。独立制冷机组必须加装独立电瓶和柴油发动机,与非独立式冷藏机组相比,它的制冷性能要好得多,能使相匹配货厢内最低温度达到 -28℃,而且不会因为汽车本身的故障原因而影响冷藏效果,但在生产造价上也要高些。

最常见的类型是冷藏保温车(图4-32),用来运输易腐或对温度有特定要求的货物,如鲜肉、鲜鱼虾、水果、蔬菜、冰块等。在运输过程中,为了达到货物保险的目的,整个冷藏运输链

是不允许中断的,一旦设备发生故障,要立即修复。

图 4-32 冷藏保温车

就冷藏保温汽车而言,我国的保有量约为 4 万辆,而美国有 20 多万辆,日本有 10 多万辆。按我国人口计算的冷藏、保温、厢式载货车保有率只是美国和日本的 1/30,我国的生产能力和年产量则仅为美国的 1/10,不到日本的 1/5。我国冷藏、保温车占货运汽车的比例仅为 0.3% 左右,而美国为 0.8% ~1% ,英国为 2.5% ~2.8% 。由此可见,随着我国高速公路的迅速发展,我国发展汽车冷藏运输将具有广阔的市场前景。

2. 冷板式冷藏车

冷板式冷藏车是一种非常经济方便的冷藏运输工具,它的原理是运输前在保温车厢内放置冻结好的低温蓄冷板,运输时利用蓄冷板内的高效保冷剂融化放冷来维持车厢内的低温。可以根据要求温度的不同选用不同融点的高效保冷剂来调节车内温度。

冷板式冷藏车有以下几个方面的特点:

(1)运行成本低。应用专有储能技术——高效保冷剂和地面电力充冷,可以节约能源消耗,大大降低冷藏车的运行成本。

(2)维护成本低。冷板式冷藏车没有车载机械式制冷机组,维护成本为零,而普通机械式冷藏车每运行 500h 左右,制冷机组需要大修一次,费用昂贵。

(3)运行可靠。制冷机组可以无故障连续使用十年以上,不会出现因为制冷机组中途故障而损坏货物品质的情况。

(4)环保、无噪声。由于制冷机组部无须消耗燃油,避免了尾气排放污染环境;制冷机组无复杂的机械活动部件,没有任何噪声污染。

二、冷链科技及冷链设备

一些专门从事冷冻、冷藏高新技术产品研发及生产的高科技企业以冷链科技为主导,研究开发具有国际先进水平的低温物流技术,包括低温蓄冷运输箱、蓄冷板、冷藏集装箱、航空运输用冷藏箱、活鱼活虾运输箱等一系列具有国际领先水平的冷链设备。

低温蓄冷运输箱是国际上最先进的低温物流技术。该技术采用高性能蓄冷材料与保温箱体相结合,可以使货物保持 -25 ~10℃的低温长达 20 ~40h。由于蓄冷箱本身具有保持低温的能力,所以只需使用普通货车就可以实现冷冻、冷藏物品的运输,并可以实现常温、冷冻、冷藏物品的同车混输,从而大大节约运输成本。蓄冷箱适应范围较广,可以广泛应用于生物医药、疫苗、血浆、器官、牛奶、酸奶、巧克力、冰激凌、速冻食品、保鲜肉等各种冷冻、冷藏货物的高质量运输。

三、运钞车及防盗配置

贵重货物运输中常见的是运钞车。运钞车的主要功能是完成数额巨大的货币的护送过程，它的特点是有严密的防盗设施、设备和强大的安全防盗功能。运钞车主要应用于银行每日的业务往来。图4-33是通过公安部安全防护性能检验的专用运钞车车型之一，它的配置说明见表4-12。

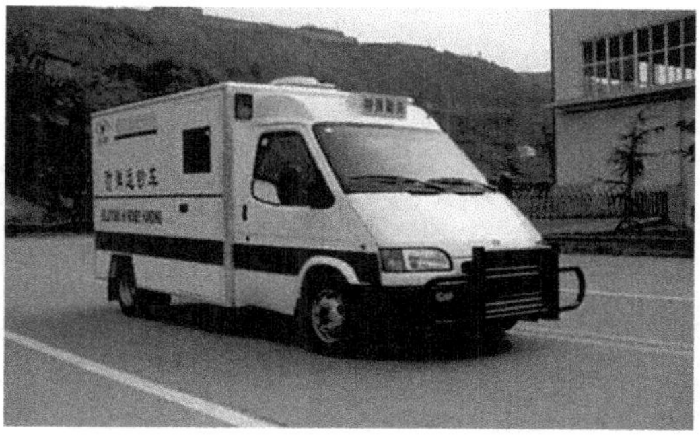

图4-33 运钞车

SL5030XYCE2型运钞车的防盗配置说明 表4-12

基本配置	选装配置
前风窗防弹玻璃	前风窗防弹玻璃（轻型SPC板）
正、副驾驶门窗防弹玻璃（轻型SPC板）	智能式数字式摄、录、监系统
侧门窗防弹玻璃（轻型SPC板）	金冠防弹衣5件
电动后视镜	金冠防弹头盔5只
钞舱滑门观察窗	自动转换雷达数码测距仪
遥控报警、防盗反劫持系统	仿桃木纹仪表台
逃生换气天窗	机械或电子密码锁
正、副驾驶门升降射击（投递）孔	五功能警笛报警器
押运舱左、右射击孔	车内、外对讲机
彩色液晶监视系统	

复习思考题

1. 常见特种货物运输的货车分类及基本型号有哪些？完整的货车标记包括哪些内容？
2. 常见的铁路、公路特种货物车辆有哪些？并分别叙述它们在特种货物运输方面的功能。
3. 我国长大货物车的发展经历了哪几个发展阶段？有哪些发展特点？
4. 长大货物车的类型有哪些？主要用途是什么？
5. 公路大件运输超重型汽车列车的组合变形方式及其常见的类型有哪些？
6. 冷板式冷藏车的冷藏原理及其优势是什么？

第五章　特种货物运输概述

【本章教学要点】

知识要点	掌握程度	相关知识	应用方向
特种货物运输发展	理解	新技术的应用、运输系统的建设	应用信息技术支持特种货物运输
特种货物运输的安全监管	理解	建立安全意识、健全安全管理体系、完善安全设施、执行安全检查制度	落实特种货物安全监管工作
特种货物的运输方式	重点掌握	铁路、公路、水路、航空、管道运输特征及注意事项	选择合适、高效的运输方式
特种货物运输组织	重点掌握	危险货物、长大笨重货物、鲜货易腐货物、贵重货物的运输组织	对不同的特种货物进行运输组织

【引导案例】

荣乌高速烟台莱州段"1·16"重大道路交通事故

2015年1月16日17时52分许，一驾驶员驾驶"五菱牌"小型面包车沿荣乌高速公路由西向东行驶，因路面结冰，小型面包车失控，与中央隔离带钢板护栏碰撞后停在应急车道上。之后一辆"解放"牌重型罐式货车发生侧滑，后尾部与桥南侧水泥护栏发生碰撞刮擦，向前行驶中撞到小型面包车尾部，共行驶71.55m后，货车的左前部又与中央隔离带钢板护栏刮擦，斜向停于左侧车道和右侧车道。之后一辆大型普通客车与该货车发生碰撞，车体朝东北方向停在左侧车道、右侧车道和应急车道上，碰撞造成罐式货车卸油口损坏，所载汽油泄漏(约2t)。随后一辆小型越野车行驶至此，小型越野客车的右前部撞到客车左侧中前部，撞击产生的火花引起油罐车泄漏的汽油蒸汽与空气的混合物爆燃，引燃4辆事故车辆，造成12人死亡，6人受伤，重型罐式货车的后尾部烧损，其他3辆车烧毁的重大事故。

事故的直接原因是"解放"牌重型罐式货车超载并在冰雪路面超速行驶，因操作失误造成车辆失控，向右侧滑后，又向左偏驶，在向左偏驶的过程中追尾小型面包车后停在左侧车道和右侧车道内，堵塞了由西向东行驶的行车道。并且"解放"牌重型罐式货车押运员违反了油罐车安全操作规范，未关闭紧急切断阀，在与大型普通客车碰撞中，货车罐体卸料口损坏，所装货物(汽油)泄漏。

(来源：《中国安全生产》)

由引导案例可见，在特种货物运输特别是危险品运输过程中，一定要加强安全意识，严格遵守安全操作规范，否则会酿成令人沉痛的后果。特种货物的运输要以安全为前提，选择适当的运输方式，根据货物的特性进行运输组织，安全、高效地完成整个运输活动。另外，有关管理部门和运输企业要认真研究加强对危险货物运输的安全管理工作，防患于未然，以保证危险货物运输健康发展。

特货物流运作与管理正在经历着从初级走向高级，从自发走向自觉，从分散孤立逐渐走向集成完善的发展道路，形成综合统一的学科体系。本章讨论的主要内容是特种货物运输系统的建设，特种货物运输的安全监管，各类特种货物的运输方式以及运输组织。

第一节　特种货物运输发展

特种货物的运输在科技含量、GPS 等新技术运用和交通运输结构调整中取得重要进展。

一、新技术在特种货物运输中的应用

在特种货物运输方面，一些全国性的货运信息服务企业，利用计算机和网络技术通过对特种货物货源信息和专用车辆车源信息的组织来实现货物配载。

在一些经济比较发达地区的特种货物运输企业，GPS 技术开始使用，实现对运营车辆和货物的定位跟踪。

二、特种货物运输系统的建设

发展特种货物运输应在重视综合运输能力、增强和优化运输结构的基础上逐步建立多种运输方式协调配套的特种货物运输系统。在推进货物运输向专业化、集约化方向发展并最终建成现代物流系统时，应重视冷藏货物、危险货物和长大货物运输等特种运输系统的建设。

第二节　特种货物运输的安全监管

特种货物运输是一个风险性较大的行业，尤其是危险货物运输。因此，从事特种货物运输的企业要切实做好运输的安全监管工作，以保证运输的安全性，保证货物的质量。

一、运输安全放在首位置

企业应该把运输安全放在生存发展的首要位置，着力强化全员的安全责任。从历来发生的特大危险事故来看，事故发生不仅使企业蒙受了经济损失，而且在社会上造成了严重的负面影响，也给环境造成了严重的污染。因此，特种货物运输企业应该视运输安全为企业发展的生命线，自觉形成人人注重安全，个个落实整改，时时查找安全隐患的安全生产和管理氛围，提高员工的安全意识。同时，从事特种货物运输，要杜绝超载、超速、乱停放等违规行为，做到经济效益、安全效益和社会效益的同步提升。

二、健全安全管理体系

以健全安全管理体系为企业安全运输的基础工作。近几年来，政府大力整治特种货物运输的企业，强调企业的改革。企业应逐步建立比较全面的安全管理体系，成立专门的安全生产领导小组，真正做到一把手亲自抓，分管副总集体抓，安全员专职抓。企业应按照不同的工种逐一明确管理、驾驶、押运、装卸搬运、仓储等岗位的安全生产责任，制定一系列的安全管理制度和岗位操作规程，对于在运输中出现超载、超限、超速行为的驾驶员坚决予以处罚；完善安全应急体系，针对不同的事故类型制订详细的应急处置和救援预案，并加强员工安全素质的教育培训。

三、完善安全设施

完善作为确保运输安全的物质保障的安全设施，不断加大安全装备。企业应该按照上级部门的有关规定制订安全标准和技术规范，根据运输业务发展需要，不断加大安全力度。配备必要的车辆安全设施，不仅包括车辆本身的安全附件、仪器仪表、标志标牌等安全设施，还应该为每辆运输车辆配备防护眼镜、防护手套、防毒面具等应急设施和防护用品，同时，为所有车辆安装 GPS 卫星定位系统，建立实时动态监控平台。对于危险货物运输的企业还应该按照有关部门规定，对槽罐车的罐体及其附属安全装置和附件定期进行安全检测，某些危险货物运输企业还出资购置了专用驳载车辆、防暴驳载泵、防暴电缆线等安全设施。

四、严格执行安全检查制度

企业要把安全检查作为消除隐患的关键环节，切实做到防患于未然。牢牢抓住特种货物运输中的各个重要环节，实行严格的安全检查制度。例如，大件货物的运输就在于“细节决定成败”，运输过程中每一个环节都要做好充分的准备。对于从事运输的驾驶员、押运员应保持最佳的状态，调度员和安全员要做好相关人员的督促检查，以有效地避免疲劳驾驶的现象，消除安全隐患；同时运营车辆出车前要做好严格的安全检查，发现车辆轮胎磨损、制动系统有效性不强的车辆应坚决予以停驶，并通过 GPS 系统加强外出车辆的跟踪检查，确保运输中车辆的完好状态。

第三节　特种货物的运输方式

交通运输由道路、铁路、航空、水路和管道 5 种运输方式构成，它们之间息息相关。特种货物运输是货物运输中的一种，且占有相当的比重，因此，加强特种货物运输的组织与管理，协调好 5 种运输方式就显得尤为重要。

一、铁路特种货物运输

铁路运输与其他各种现代化运输方式相比较，具有运力大、计划性强、成本低等优点，但是存在运行时间长、受轨道限制、灵活性差等缺点。铁路特种货物在运输过程中需要注意以下几个方面。

(1)特种货物运输时在质量、体积、形状或性质等方面有特殊要求,应尽可能采用整车和集装箱运输方式。采用整车运输的货物有:需要冷藏、保温或加温运输的;规定限按整车办理的危险货物,例如,限按整车托运的爆炸品、1t以上的放射性包装货件、气体放射性货物、活体动物等;限按用集装箱运输的易于污染和腐蚀箱体的货物、鲜活货物、危险货物等。为了保证对鲜活货物的及时运送,铁路局开通了集装箱快运直达列车和鲜活货物快运直达列车。

(2)对于易腐货物,托运人应在货物运单“货物名称”栏内填记货物名称,并注明其顺号及热状态,同时在“托运人记载事项”栏内注明易腐货物容许运输期限。托运需检疫运输的易腐货物时,应按国家有关规定提出检疫证明。

(3)托运危险货物时,须出具“铁路危险货物托运人资质证书”,经办人身份证和铁路危险货物运输业务培训合格证书。

鉴于铁路运输的特点,其所运输的特种货物不包括炸弹、弹药和军火;爆炸品、液压气体、液化气体、在压力下溶解的气体、易自燃品和放射性物品等,但是长大笨重货物通常采用铁路运输。另外,若运量不够整车运输,在进行零担运输时应注意:一种易腐货物与运输条件不同的另一种易腐货物不能混装;易腐货物与非易腐货物不能混装;相互反应的危险货物不能混装。

二、公路特种货物运输

公路运输(高速公路除外)与其他运输方式相比,投资少、资金周转快、投资回收期短,且技术改造较容易。公路特种货物运输的发展很快,不同特种货物运输需要考虑不同的条件。

例如长大笨重货物按货物的运输条件、货物的体积、质量的要求,需要大型或专用汽车运输;托运人托运长大笨重物件时,应提供货物性质、质量、外廓尺寸及对运输要求的说明书;承运前,承运双方应先查看货物和运输现场条件,需排障时由托运人负责或委托承运人办理;承运危险货物时应严格按照《道路危险货物运输管理规定》和《汽车危险货物运输规则》(JT 617—2004)中的规定进行。

三、水路特种货物运输

水路运输与其他几种运输方式相比,主要有运量大、成本低、效率高、能耗少、投资省的优点,同时也存在速度慢、环节多、自然条件影响大、机动灵活性差等缺点。

由于水路运输具有占地少、运量大、投资省、运输成本低等特点,在运输长、大、重件货物时,与铁路、公路相比,水上运输更具有突出的优点。对过重、过长的大重件货物,铁路、公路无法承运,而水上运输都可以完成。对大宗货物的长距离运输和一些危险货物的运输,水路运输则是一种最经济的运输方式。但水路运输速度通常比铁路运输等运输工具慢,而且受自然条件的限制较大,冬季河道或港口冰冻时即须停航,海上风暴也会影响正常航行。所以,鲜活、易腐货物难以经水路运输。

四、航空特种货物运输

航空运输具有速度快、机动性大等优点,因此贵重货物、鲜活货物通常采用此运输方

式。办理航空特种货物运输时,除了要遵守普通货物的一般规定外,还应该遵守以下特殊规定:

鲜活货物的托运必须经有关部门批准并出具有关证明,否则不予办理;微生物及有害生物制品的仓储、运输应当远离食品。航空运输中还办理骨灰托运,托运时骨灰应当装在封闭的塑料袋或其他密封容器内,外加木盒,最外层用布包装,防止骨灰撒漏。

危险品在托运过程中,托运人必须出具货物的有关资料,并正确、如实地填写危险物品申报单,货物的包装必须符合 IATA 中的具体要求,在运输过程中进行运输包装,以保证货物不致因摩擦而破损,污染运输工具和其他货物。包装外件上必须选用合适的标签。

托运大型特型笨重物件时,应提供货物性质、质量、外廓尺寸及对运输要求的说明书;承运前承托双方应先查看货物和运输现场条件,需排障时由托运人负责或委托承运人办理;运输方案商定后办理运输手续。

托运贵重物品时,应当用坚固、严密的包装箱包装,外加"井"字形铁箍,接缝处必须有封志。

另外,在航空运输中还有一类特殊货物,即枪械。枪械是枪支、警械的简称,是特种管制物品;弹药是特种管制的危险物品。托运时应当出具下列证明:

(1)托运人托运各类枪械、弹药必须出具出发地或运往县、市公安局核发的准运证或国家主管部委出具的许可证明。

(2)出境各类枪支、弹药的国内运输必须出具边防检查站核发的携运证;枪械、弹药包装应当是出厂原包装,非出厂的原包装应当保证坚固、严密、有封志。枪械和弹药要分开包装。枪械、弹药运输的全过程要严格交接手续。

五、管道特种货物运输

管道运输在最近几十年得到了迅速的发展。在特种货物运输方面主要是流体能源以石油、天然气等为输送对象。管道运输具有输送能力大(管径为1 200mm 的原油管道年输送量可达1亿吨)、效率高、成本低及能耗小等优点。由于管道埋于地下,除泵站、首末站占用一些土地外,管道运输占用土地少,且不受地形与坡度的限制,易取捷径,可缩短运输里程;埋于地下基本不受气候影响,可以长期稳定运行;沿线不产生噪声且漏失污染少。但是,管道运输只适于长期定向、定点、定品种输送,合理输量范围较窄。若输量变化幅度过大,则管道的优越性就难以发挥,更不能输送不同品种的货物,所以,以下章节将不作为特种货物运输的重点内容论述。

第四节　特种货物物流运作

货物运输总是围绕着发、到作业,中转作业和运行作业展开的,其中发、到作业和中转作业由港站计划、安排与实施组成;运行作业则由承运人的生产管理部门计划和安排,由司乘人员具体实施。运输货物的过程主要包括组织货源货流、办理货物承运、货物保管、装卸、运送、途中作业、到达货票检查、卸车(船、机)、保管、交付等过程。特种货物的运输组织遵循货物运输的一般程序,但在组织与管理中又有其自身的特点。特种货物的运输呈现时效性、季节性、方向性等特点，因此必须优化特货物流运作管理，实行调度的专项监控考核，提高特种运输车辆的运用效率，减少空车走行，消灭无序排空，以降低运营成本。

一、危险货物运输组织

危险货物具有燃烧、爆炸、腐蚀、毒害、放射射线等性质，在运输过程中能引起人身伤亡，人民财产损失。其危险性主要取决于他们自身的理化性质，但在具备一定外界条件的影响下，如摩擦、撞击、振动、接触火源、日光暴晒、遇水受潮、温度变化或与其他性质抵触的物质接触，往往会酿成爆炸、燃烧、毒害等严重事故。因此，掌握各类危险货物的性质及其变化规律，认真做好危险货物的包装、配载、装卸、保管、运送、鉴定、防护等工作，对于危险货物的运输安全和完好十分重要。

发货人托运危险货物时，除了对少数性质比较稳定，在规定的包装方法、包装质量、浓度、含水量等条件下，能保证运输安全的危险货物可按照普通货物规定办理运输外，必须严格按照《汽车危险货物运输规则》的规定，正确填写托运单，并提出有关证明。

危险货物应该在指定地点进行装卸作业，运输部门、物资部门和装卸部门必须密切配合。装运危险货物要求调派技术状况良好的车辆，装车前应对车辆作认真检查，装卸工人应严格执行有关安全防护措施，准备好相应的防护用品和装卸工具，装卸作业中，要切实做到轻拿轻放，严格遵守操作规程。卸车后，应对车辆进行认真的洗刷和消毒。

危险货物应选派素质较好的驾驶员担任，并应指定专人押运，装载危险物品的车内严禁搭乘其他人员。行驶时间和线路的确定，应按当地公安部门指定的办理；行驶中必须提高警惕，应保持车辆的平稳和适宜的速度；严禁超速、超车和强行会车。中途停车应该选择安全地带，押运人员不得远离。

危险货物在运输组织中，应采取的安全措施有：

(1)严禁性质相抵触的危险品混装，以免危险品相互反应，引发爆炸、变质等重大事故。

(2)操作人员在搬运装卸时，要严格遵守安全管理规定，严格按照规章制度进行。

(3)保持车辆技术状况的完好，驾驶员在行车过程中要时刻保持最佳精神状态，并注意饮食休息。

(4)加强运输管理，遇到天气不好的时候，如降雨、降雪、高温天气，应采取必要的措施，加倍注意行车安全。

(5)加强从业人员的专业培训，操作人员必须熟悉化学危险品的性能。

二、长大笨重货物运输组织

长大笨重货物在货运总量中所占比重不大，但由于这类货物在体积、质量上往往超过普通车辆的载重量或容积，甚至超过公路、桥梁的净空界及通过能力，所以在运输大件货物时的安全、质量、效率问题尤为突出，组织好大件运输具有重要意义。

运输长大笨重货物时，通常都要采取相应的技术措施和组织措施。鉴于长大笨重货物的特点，对于装运车辆的性能和结构，货物的装载和加固技术等都有一定的特殊要求，为了保证货物和车辆的完好，保证车辆运行安全，必须满足下列技术条件：

(1)货物的装卸应尽可能选用适宜的装卸机械,装车时应使货物的全部支撑面均匀地、平稳地放置在车辆底板上,以免损坏大梁。

(2)载运货物的车辆,应尽可能选用大型平板车等专用车辆。除了有特殊规定者外,装载货物的质量不得超过车辆的核定吨位,其装载的长度、高度、宽度不准超过规定的装载界限。

(3)支重面不大的笨重货物,为使其质量能均匀地分布在车辆的底板上,必须将货物安置在纵横垫木上,或相当于起垫木作用的设备上。

(4)货物的重心应尽量置于车底板纵、横中心线的垂直线上,如无可能时,则对其横向位移严格限制;纵向位移在任何情况下必须保证负荷较重一端轮对或转向架的承载质量不超过车辆设计标准。

(5)重车重心高度应有一定的限制,重车重心如偏高,除应认真进行装载加固外,还应采取配重措施以降低重心的高度。车辆应限速行驶。

长大笨重货物在运输时,比普通货物更易受到外界各种外力的作用,如纵向惯性力、横向力、垂直惯性力、风力、车板与重物支撑面之间的摩擦力等,这些外力综合作用往往会使货物发生水平移动,滚动甚至倾覆。因此,在运输长大笨重货物时,除应考虑他们之间合理装载的技术条件外,还应重视货物质量、形状、大小、重心高度、车辆和道路条件、运送速度等具体情况,采用相应的加固捆绑措施。

三、鲜货易腐货物的运输组织

鲜活货物在运输中需要采取相应的保鲜、活措施,并在规定期限内运抵目的地。良好的运输组织工作,对保证鲜活货物的质量十分重要。承运鲜活货物时,应由起运点货运员对托运货物的质量、状态进行认真的检查。要求质量新鲜,包装合乎要求,热状态符合规定。托运鲜活易腐货物时,发货人须向承运人提出最长时间的运到期限,并在托运单上注明;承运人应根据发货人的要求和承运方的可能等情况,及时地安排适宜车辆予以装运。承运人在接受承运鲜活货物的同时,也要根据货物的种类、运送季节、运送距离和运送方向确定相应的运输组织方法,如选择使用的车辆、确定货物装载方法和沿途提供的服务等。

四、贵重货物的运输组织

贵重货物在运输过程中,承运人必须承担较大经济责任的货物。贵重货物本身价值昂贵,如货币及有价证券、贵重金属、精密仪器、高档电器、珍贵艺术品等,在运输、装卸、保管中要特别注意安全,做好防范工作,谨防货损货差。托运贵重货物时,托运人按货物实际价值,自行选择保险或保价的一种,在运单上准确填写投保货物的声明价格;为确保运输安全,托运人应对物品属性以及运输、装卸、保管注意事项和运抵时间期限等提出特约要求以利承运人重视。贵重货物包装必须完好、牢固;在装载时必须做到轻搬、轻装,大不压小、重不压轻、标志朝外、箭头向上;货物间积载稳妥,不留空隙,质量分布均衡;严禁超高、超载,油布捆扎牢固,谨防湿损。为确保货物安全,尽可能进行快运,因此贵重货物一般选择航空或是公路运输。

案例链接5-1——大件运输组织之军地一体化

军区紧急征用大型平板拖车36辆

××省交战办接到××军区国动委命令：要求紧急征用载重20t以上大型平板拖车36辆（含4辆备用），在3日后的18时前，到指定地点集结待命。民用大型平板拖车，属特种车辆，是社会紧缺车种资源和军地双方运输力量的共同"短板"。这些车辆平时多以散在的方式存在于社会运输生产活动中，要在如此短的时间内征用36辆特种运力投入保障行动，确实不是一件容易的事情。而现在市场经济条件下，车主都是私营身份，驾驶员信息也不明确……征集任务的难度可想而知。

时间紧任务重，××省交战办两天开了5次会议。经过多次讨论，确定依托民营企业某省大件运输公司，以该公司为主体，通过其信息平台在社会上征用大型平板拖车，并由某省大件运输公司牵头，做好所有被征用车辆和驾驶员的工作。

快速集结

明确了征用车辆的所有要求后，相关部门在某省大件汽车运输公司现场办公，指导某省大件汽车运输公司筛选、确定紧急征召对象。

当被确定为紧急征召对象的某省大件汽车运输公司组织的36辆大型平板拖车的驾驶人员（××市境内22辆，市外14辆），接到紧急征召通知后，立即终止运输生产任务，在规定时间内到达了指定地点报到集结。这次紧急征召行动从第一辆车在指定地点报到集结，到36辆车全部集结完毕，用时4小时30分钟。最终圆满完成了这次新中国成立以来最大规模的民用特种运力应急动员。

（来源：根据和迅网整理）

复习思考题

1. 特种货物的系统建设包括哪些内容？具体有哪些安全监管措施？
2. 特货物流设备军地一体化有什么功能作用？如何进行？
3. 特种货物的运输方式有哪些？分别有什么特征？
4. 各类特货物流运作的特点是什么？

第六章　铁路危险货物运输

【本章教学要点】

知识要点	掌握程度	相关知识	应用方向
铁路危险货物运输概述	深度理解	铁路危险货物运输的现状、存在的问题及对策	危险货物运输的规范化、现代化管理及控制
铁路危险货物运输组织与管理	理解	危险货物办理站及场库、托运和承运、车辆及使用要求	合理设计危险货物运输流程
危险货物集装箱运输	重点掌握	危险货物集装箱运输的现状、优势及举措	铁路危险货物标准化运输
运输事故的预防与控制	掌握	运输事故的常见诱发因素分析、预防及控制措施	危险货物运输安全管理、事故预防及风险控制
计算机管理信息系统	理解	危货管理系统的功能及应用成效	铁路危险货物运输过程的实时控制

【引导案例】

近年来，随着我国经济的迅速发展，化学、原子能、电气和石油等工业对社会经济的发展起到了巨大的推动作用的同时，产生了大量的问题。工业生产中越来越多地使用到危险品作为产品的生产原料，并且在生产过程中产生许多有毒的废料，企业为了完成正常的生产活动，就必须进行危险品运输，而铁路运输则是其中最主要的形式。国家交通运输管理部门的相关研究表明：在2010～2012年报告的国内3 222起涉及化学危险品的事故中，54%是在生产和存储过程中发生的，41%是在运输过程中发生的，5%是由于其他原因引起的。在所有的运输方式中，因为铁路承担的运输量最大，铁路的运输方式风险性似乎应该也最高。然而考虑到对生命和财产的危害性，由于大多数铁路穿越居民区，一旦发生事故，将危及更多人的生命、财产安全，因此铁路运输的危险性实质更大。

危险品运输都是一个对人民群众的生命、财产安全产生重大威胁的问题，因此世界各国都在积极努力地寻求控制和减少危险品运输事故的途径和方法。

（来源：黄昕宇《铁路危险品运输管理探讨》）

随着西部能源化工基地的建立和大量能源的开采，铁路危险货物品种和运输量迅速上升。本章主要研究铁路危险货物运输现状、问题和对策，进一步介绍铁路危险货物运输组织与管理、集装箱运输、事故的预防与控制以及计算机管理信息系统等内容。

第一节 铁路危险货物运输概述

一、铁路危险货物运输现状及存在的问题

长期以来，铁路危险货物运输管理模式因设备陈旧，安全隐患严重，主要表现在：

(1)危险品运输管理质量的总体发展水平不平衡。危险货物品种日新月异的变化，使危险货物办理站作业和管理制度存在的缺陷日益凸显。铁路小站原有的管理水平已经不能与之相适应，大站略好，但是当前国际危险货物运输发展的趋势是集装箱运输，大站的管理水平仍不能满足要求，与综合办理站相比还存在很大差距。

(2)危险品办理地点和仓库设施仍存在不符合要求之处。虽然通过铁路危险货物运输管理专项整治行动，关闭了大量危险货物站内办理站，并对保留下的危险货物仓库进行了投资改造，但是仍有不符合消防安全要求的地方，尤其在危险品仓库设施方面，如仓库和月台地面下沉、破损，危险性废弃物无法及时处理而造成消防、环保隐患，影响安全；仓库设施、设备陈旧，消防设施不完备；办理站装卸机具简陋，作业方式落后等。

(3)危险货物包装质量存在隐患。危险货物的运输包装是保证危险货物运输安全的重要条件，尽管现在对危险货物的包装采取了严格的生产资质审查和承运前检查，但受到包装材料本身质量、特点和包装制作技术的限制及运输工具的影响，包装在运输过程中破漏现象时有发生，人力作业对破件防范缺乏稳定保障。

(4)危险货物专用线过多，且基础管理差。虽然危险货物专用线的开办需要一定的办理条件，但是由于近几年铁路不断压缩办理站，拒绝危罐车站内装卸作业，造成现在专用线过多的现象。高度分散的危险货物作业增大了隐患产生和引发事故的概率，极易形成管理盲区。危险货物专用线及接轨站货运基础工作薄弱，相应的统计工作不完善。许多企业专用线主要考虑生产忽视危险货物运输和安全工作的管理、统计和分析。往往造成数据保管不善、丢失或混乱，甚至不如实填写数据，造成统计结果失真，给分析工作带来困难。

(5)危险货物运输设备陈旧、老化且不完善。危险货物运输设备主要是指与危险货物运输密切相关的设备，它包括运输设备、存储设备、计量设备、安全检查设备、装卸设备及消防设备等。在危险货物专用线中，只有那些规模和运量较大的企业配置了轨道衡，而部分企业专用线没有自己的轨道衡，甚至缺少必要的标准计量设备；许多专用线的场库装卸机械——防爆叉车老化、陈旧，危险品库内装卸机具原始，大部分靠人工装卸，自动化程度低；危险货物储存场所必备的安全检查设备缺乏，即使配置了也是比较老化的、很久不用的设备，整个专用线的安全检查几乎全靠技术人员的目视和嗅觉，具有非常大的主观随意性。

(6)危险货物运输管理手段落后。铁路运输的大多数危险货物具有易燃、易爆、有毒等特性受明火、火花、高温、撞击、摩擦等作用，极易燃烧、爆炸或放出有毒气体。因此，原铁道部和中国石化总公司明文规定，装卸危险货物的专用线必须配备相应的监控和自动灭火系统。但是在现场调研时发现，多数专用线在其相应系统配置方面是一片空白，少数专用线虽有相应的系统，但由于管理不善或长期不用，已失去其监测、监控或自动灭火的功能。同时在危险货物专用线操作的人员，安全意识薄弱，缺乏责任心，且大多未经过危险货物安全技

术培训,对铁路运输安全工作要求知之不多。

(7)没有科学的危险货物运输法规体系。我国目前危险货物相关的法律规章大都是20世纪80年代制定的,与当前市场经济体制不相适应。现行危险货物管理法规层次较低,约束力不够,且立法上有很多空洞,使有些该管的却无法可依。立法随意性大,没有科学指导,导致立法交叉、冲突或重复问题严重。

二、铁路危险货物运输管理对策研究

为确保危险货物运输的有序可控,结合我国危险货物运输的特点,针对我国危险货物运输管理的现状,采取如下应对策略。

(1)落实各项安全措施,确保安全。危险货物运输途中燃烧、爆炸和剧毒气体泄漏是构成运输安全的两大主要威胁,为保证安全,采取措施:一是要继续严格托运人资质审查,严防受理不符合规定的托运人托运危险货物,从源头上堵住非法生产和经营的危险货物流入铁路运输渠道;二是要严格检查危险货物包装,严禁受理和承运不符合规定包装的危险货物,积极推动地方安全生产监督管理部门按照国家部委第37号令的规定和《危险货物运输包装通用技术条件》(GB 12463—2009),推行危险货物包装定点生产制,以保证危险货物包装质量。

(2)加大危险货物运输基础设施和设备的资金投入,提高技术设备的安全管理,改善消防安全环境。技术设备是保证专用线危险货物运输安全的重要物质基础。危险货物专用线要在"少而精"的基础上,按照《铁路危险货物运输管理暂行规定》及危险货物运输其他要求,依据专用线办理货物类别、运量,改造、配置一批设备,并配备专业人员管理。对不符合运输要求的仓库、装卸机械进行改造,使其能够满足现有的要求。仓库内必须安装火灾自动报警系统和联动灭火系统;各危险货物专用线必须设置符合国家规定的计量设备。专用线安全设备应配套齐全,技术先进,操作方便,适合于运输作业现场使用。对设有洗刷、除污设备的专用线,应具备污水、废水处理设备及手段,达到既安全又不污染环境的要求。经常装卸毒害品、放射性物品的办理站要具有气体检测、放射性物品检测仪等设备。

(3)实行危险货物运输集中化,大力开展集装箱运输,严格营业办理限制。我国铁路于1995年开办危险货物集装箱运输业务。目前,全铁路共有101个车站办理该项业务。由于种种原因,这些车站的集装箱运量较低,比如,北京铁路局危险货物集装箱运量不足危货运量的6/19。但是,危险货物集装箱运输是未来我国危险货物运输的发展趋势。危险货物集装箱运输的优势显著,不仅能有效地减少运输过程中的装卸搬运次数,而且便于与国际危险货物集装箱运输的接轨。更重要的是在提高车站安全质量,改善职工劳动环境方面的作用不容忽视。因此,必须采取增加危险货物集装箱办理站的个数,扩大进箱品名,改革危险货物集装箱运输的收费办法等措施,积极发展危险货物集装箱运输业务,实现危险货物安全、快速、清洁、高效地运输。

(4)逐步实现危险货物安全管理现代化,加速危险货物运输信息化建设。目前国内危险货物运输信息化管理十分落后,大部分单位依靠经验进行管理,远远不能适应形势发展的需要。因此,必须尽快建立危险货物运输计算机信息系统,使其成为政府针对危险货物指定政策、法规,实施有效管理的基础。同时,危险货物运输管理引入计算机及相关软件,实现危险货物专用线与办理站联网，并与TMIS和因特网相连，有利于实现对货运订单、货运计划信息收集与处理、设备与人员的管理，再者还应建立具有危险货物专用线及危险货物集装箱办理站查询、危险货物分类项及品名查询、危险货物运输法规查询、事故的急救办法查询等功能的危险货物安全管理信息系统，方便货主及运营管理人员查询或者浏览，实现管理现代化。

（5）建立科学的危险货物运输法规体系，将企业负责落到实处。针对目前我国法律体系建设落后的局面，应尽快将危险货物运输立法体系列上日程，降低立法成本。制定相应的危险货物运输法律，达到统一政策、统一要求、统一标准，并建立有效的立法机制。政府必须切实转换职能，对危险货物管理进行研究、规范、决策，制定有关法规、技术标准，对危险货物安全起监察的作用。企业对危险货物的运输完全负责，组织培训，严格管理，做好事故的预防工作。

（6）建立事故应急预案和施救信息系统，加强应急救援队伍的建设。在当前的情况下，建立全国性的危险货物应急咨询中心不但是必要的，而且是可行的。目前，我国的危险事故应急反应体系初步建立，尚不完善。为确保铁路线危险货物的运输安全，在危险货物发运之前，制订详细、周密、操作性强的运输安全预案是必要的。其安全预案的主要内容可分为两个方面：首先要做到防患于未然，做好铁路危险货物运输事故的预防；其次应事先制订切实可行的救援和施救对策，以便在危险货物运输中，一旦发生事故，可使有关人员从容面对，应急处理。

为保障铁路运输安全预案的制订、落实和具体实施，并使专用线企业面对突发的运输事故，能够快速、及时、准确地制订施救方案，还应该建立"施救信息系统"，实现对紧急突发事故处理的决策支持，在最短的时间内对突发事故做出最快的反应并提供最恰当适合的应对措施。

（7）强化从业人员的专业培训，提高职工素质；加强劳动保护，改善作业环境，稳定职工队伍。危险货物作业人员素质的提高是确保危险货物运输安全，提高服务质量的根本。因此，对办理危险货物的运输人员进行专业培训十分必要的。

①办理危险货物运输的作业人员，必须具备相关专业知识和专业技能，由铁路局指定的业务指导单位进行专业上岗培训，并定期强化培训；经过考核，达到要求后持证上岗。危险货物技术管理机构的负责人和专业技术人员必须保持相对稳定，不得随意调动。如确需调动，须经过铁路分局以上业务主管部门同意和批准。

②办理危险货物运输的有关人员，应熟悉所经办的危险货物业务知识和铁路运输的规定要求，由铁路局指定培训单位进行铁路危险货物运输知识的培训考核，经考核通过后，方可持证办理危险货物运输。

③危险货物运输的押运人员，要经过专门培训，熟悉押运的危险货物的理化性质，了解运输车辆（罐车）的构造及附件性能以及发生故障的处理方法，经主管部门考试合格后并取得铁路认可的押运证后方可担任押运工作。对押运人的其他要求按《铁路危险货物运输管理暂行规定》规定执行。

危险货物运输工作条件差、危险性大，所以，从事危货工作的人员思想很不稳定，这是开展危货安全运输或储运作业的很不利的因素。因此，在决策上应考虑对这些作业人员有一定的照料，提高待遇，增加福利，采取多种劳动保护措施并改善作业环境。由于危险货物对人体伤害很大,因此危货操作人员至少每年脱岗一次进行一段时间的疗养,以确保其身体健康。对于第一线作业人员,要进行工种轮换,既有利于提高员工的工作的积极性,也可以防止形成职业病。通过种种措施,提高作业人员的安全思想意识和安全科技文化素质,以人为本,安全第一,珍惜生命,保护职工的安全与健康的管理方法,才能真正稳定职工队伍。

第二节　铁路危险货物运输组织与管理

铁路危险货物的组织管理要从上而下,层层把关,严格规范危险货物的装卸搬运、包装、仓储等操作。成立危险货物运输安全领导小组,指派专人负责危险货物的日常管理工作,车站成立专业管控组,加强专业技术管理;从业人员上岗之前必须进行专业培训,持证上岗,车站管理者要对现场操作进行严格监督,确保操作环境的安全性。

一、危险货物办理站及场库

危险货物办理站和装卸场所应设在安全地点,并且相对集中,同时,应远离市区和人口稠密的居民点。铁路新建危险货物办理站时,应与发展危险货物集装箱运输配套考虑,与省、自治区、直辖市人民政府商定合乎安全要求的危险货物办理地点,并根据运量大小和实际需要设立危险货物作业场所。危险货物办理站应符合"铁路危险货物运输办理站(专用线、专用铁路)办理规定"中的有关要求。

企业新建、扩建时,危险货物应做到就地生产、就地使用,尽量避免长距离运输。凡跨铁路局运输危险性较大的货物,事先须经中国铁路总公司同意,必要时还需进行安全运输的科学论证。

经常办理危险货物的车站应建造具备通风、报警、消防、防爆、避雷、消除静电等安全设施的专门仓库。危险货物专门仓库的耐火等级及防火要求应符合《建筑设计防火规范》(GB 50016—2014)的规定。爆炸品的专门办理站应设置具有防爆性能的仓库和停放爆炸品车辆的专用线路。放射性物品的专门办理站,应根据物品性质和实际需要设立能屏蔽射线辐射的库房。

二、危险货物的托运和承运

火车货运发站受理和承运危险货物时,首先应对托运人进行资质审查,确认办理类别是否符合运输条件,危险货物可以使用整车、零担和集装箱运输,但必须确认其限制条件:限按整车运输的危险货物包括在爆炸品中无配装号的危险货物,《危险货物品名表》(GB 12268—2012)内有特殊规定的,剧毒品等;按零担运输的危险货物不得进行中转作业,严禁以零担运输方式办理剧毒品运输;按集装箱运输的危险货物品名要符合规定要求,且在规定的车站办理。其次,托运人托运危险货物时,应在货物运单"货物名称"栏内填写《危险货物品名表》(GB 12268—2012)内列载的品名和编号,并在运单的右上角,用红色戳记标明危险货物的类项名称;检查货物运单内品名、编号、类项、包装等填写是否正确、完整,并核查《危险货物品名表》(GB 12268—2012)内有无特殊规定及托运人提供的证明文件是否符合规定;检查包装是否符合规定,各项标志是否清晰、齐备、牢固等;应该注意性质或消防方法相互抵触，以及配装号或类项不同的危险货物不能按一批托运；性质或消防方法相互抵触，以及配装号或类项不同的危险货物不得混装在同一包装内。

另外，某些危险货物在运输时应采用试运包装，即托运人要求改变危险货物运输包装时，应填写改变运输包装申请表，并向发站提出经县级以上（不包括县）主管部门审查同意的包装方法、产品理化特性及经包装检测机构出具的包装试验合格证明。

发站对托运人提出的改变包装的有关文件确认后，报铁路局批准，在指定的时间和区段内组织试运，跨局试运时由主管铁路局通知有关铁路局和车站。危险性较大的货物，应进行可行性研究后，方可试运。

试运前承运人、托运人双方应商定安全运输协议。试运时，托运人应在运单"托运人记载事项"栏内注明"试运包装"字样，试运时间1～2年。试运结束时车站应会同托运人将试运结果报主管铁路局。铁路局对试运结果进行研究后，提出试运报告报原铁道部。原铁道部根据试运报告进行必要的复验，达到要求后正式批准。未经批准或超过试运期限未总结上报的，必须立即中止试运。

液态或气态危险货物的运输需要使用专门的容器。装过危险货物的空容器，口盖必须封闭严密。装过有毒、易燃气体的空钢瓶，装过黄磷、一级毒害品（剧毒品）、一级酸性腐蚀品的空容器必须按原装危险货物运输条件办理运输，其他危险货物空容器，经车站确认已卸空、倒净，可按普通货物运输。但托运人应在货物运单"货物名称"栏内注明"原装×××，已经安全处理，无危险"字样。符合普通货物运输条件的，可按普通货物运输。

随着社会经济的发展，化工产品的种类越来越多，新品种层出不穷，因此在危险货物运输中，有一部分是新产品，且在《危险货物品名表》（GB 12268—2012）内未列明。这类产品在运输时，托运人在托运前向发站提出经县级以上（不包括县）主管部门审查同意的"危险货物运输技术说明书"，铁路部门据以确定运输条件组织试运。

"危险货物运输技术说明书"经铁路局批准后，发站、铁路局各存查一份，一份报中国铁路总公司，一份交托运人，一份随运单交收货人。试运时，托运人在货物运单"托运人记载事项"栏内注明"危险货物新产品试运"，按"试运包装"试运办法办理。

此外，铁路运输中并不是所有的危险货物都可以运输的，其中禁止运输的危险货物包括：过度敏感或能自发反应而引起危险的物品。凡性质不稳定或由于聚合、分解在运输中能引起剧烈反应的危险货物，除《危险货物品名表》（GB 12268—2012）另有规定外，托运人应采用加入稳定剂或抑制剂等方法，保证运输安全。对危险性大，如易于发生爆炸性分解等反应或需控温运输的危险货物，托运人应提出安全运输办法，报中国铁路总公司审批。除装入爆炸品保险箱的和配装表第1～2号内所列品名外，爆炸品限按整车办理。剧毒品运输实行从受理到交付全过程的信息跟踪管理。

三、车辆及使用要求

危险货物限使用棚车（包括毒品专用车）装运，但《危险货物品名表》（GB 12268—2012）内有特殊规定的除外。整车发送的毒害品和放射性矿石、矿砂必须使用毒品专用车。如棚车、毒品专用车不足，经发送铁路局批准在采取安全和防止污染措施的条件下，可以使用全钢敞车运输。爆炸品（爆炸品保险箱除外）、氯酸钠、氯酸钾、黄磷和铁桶包装的一级易燃液体应选用木底棚车装运，如使用铁底棚车时，须经铁路局批准。使用木底棚车装运爆炸品，如《危险货物品名表》（GB 12268—2012）中未限定“停止制动作用”时应使用有防火板的木底棚车。

铁路局应指定毒品专用车保管（备用）站，加强运用管理和维修工作。毒品专用车回送时，使用“特殊货车及运送用具回送清单”。

四、危险货物车辆的编挂要求

（1）危险货物车辆的调车限制。调车作业是运输过程中的一个重要环节。调车连挂时速度高低、冲击大小，对货物的安全有密切关系；装有危险货物的车辆，尤其应注意调车作业。如果在作业中将装有危险货物的车辆与装有普通货物的车辆使用同样的方法进行溜放，就很容易造成事故。但是把所有装危险货物的车辆都禁止溜放或溜放时限速连挂，就会大大影响作业效率。

所以在保证安全和积极提高效率的前提下，制定了“禁止溜放和溜放时限速连挂的车辆表”（表6-1）。禁止溜放是指调动这些车辆时，禁止溜放和由驼峰上解体；限速连挂是指溜放或由驼峰上解体调车时，车辆连挂速度不得超过2km/h。

禁止溜放和溜放时限速连挂的车辆表 表6-1

序号	种类	禁止溜放（调动这些车辆时禁止溜放和由驼峰上解体）	限速连挂（限速或由驼峰上解体车，车辆连挂速度不得超过2km/h）
1	爆炸品（爆炸品保险箱）	整体爆炸物品、抛射爆炸物品、燃烧爆炸物品	一般爆炸物品、不敏感爆炸物品
2	压缩气体和液化气体	罐车和钢质气瓶装载的易燃、有毒压缩气体及液化气体	①不燃气体；②钢质气瓶以外其他包装装载的压缩气体及液化气体
3	易燃液体	乙醚、二硫化碳、石油醚、苯、丙酮、甲醇、乙醇、甲苯	①除禁止溜放栏内规定以外的装入玻璃或陶瓷容器的易燃液体；②汽油
4	易燃固体、易自燃物品和遇湿易燃物品	硝化纤维素、黄磷、硝化纤维胶片	六硝基二苯胺（含水＞75%），三硝基苯酚（含水≥30%），三乙基铝，硼氢类，浸没在煤油或密封于石蜡中的金属钠、钾、铯、锂、铷，硼氢化物
5	氧化剂和有机过氧化物	过氧化氢、过氧化钠、过氧化钾、氯酸钠、氯酸钾、氯酸铵、高氯酸钠、高氯酸钾、高氯酸铵、硝酸胍、漂粉精和有机过氧化物	除禁止溜放栏内规定以外的装入玻璃容器的氧化剂
6	毒害品和感染性物品	玻璃瓶装的氯化苦、硫酸二甲酯、四乙基铅（包括溶液）、一级（剧毒）有机磷液态农药、一级（剧毒）有机锡类、磷酸三甲苯酯、硫代膦酰氯	①禁止溜放栏内的货物装入铁桶包装时；②装入玻璃或陶瓷容器的毒害品
7	放射性物品	二、三级运输包装或气体的放射性货物	

续上表

序号	种　类	禁止溜放(调动这些车辆时禁止溜放和由驼峰上解体)	限速连挂(限速或由驼峰上解体车，车辆连挂速度不得超过2km/h)
8	腐蚀品	罐车装载以及玻璃或陶瓷容器盛装的发烟硝酸、硝酸、发烟硫酸、硫酸、三氧化硫、氯磺酸、氯化亚砜、三氯化磷、五氯化磷、氧氯化磷、氢氟酸、氯化硫酰、高氯酸、过氧化氢、氢溴酸溴	除禁止溜放栏内规定以外的装入玻璃瓶或陶瓷容器的腐蚀品
9	活动物	鱼苗以及外贸出口的禽、畜	车内装有禽、畜(外贸出口除外)，蜜蜂、活鱼
10	超限、超长货物	二级以上超限货物;跨装的超长货物	
11	特种车辆	非工作机车、轨道起重机，机械冷藏车，大型的凹型和落下孔车，空客车及特种用途车(发电车、无线电车、轨道检查车、钢轨探伤车、电务试验车、通信车)，检衡车	
12	特种货物	按规定"禁止溜放"的军用危险货物和军用特种货物	
13	其他车辆	搭乘旅客的车辆、原铁道部临时指定的货物车辆	乘有押运人员的货车，沿途零担车
14	贵重、精密货物	由发站和托运人共同确定贵重的以及高级的精密机构、仪器仪表	电子管、收音机、电视机以及装有电子管的机械
15	易碎货物	易碎的历史文物、易碎的展览品、外贸出口的易碎工艺美术品、易碎的涉外物资(指各国驻华使、领馆公用或个人用物品，外交用品国际礼品，展品，外侨及归国华侨的搬家货物)	鲜蛋类，生铁制品，陶瓷制品，缸砂制品，玻璃制品以及用玻璃、搪瓷、缸砂容器盛装的液体货物

注:1. 整装零担车和沿途零担车中装有"禁止溜放"的货物，应插挂"禁止溜放"表示牌。
2. 除序号1、2、11、12、13"禁止溜放"外，其他"禁止溜放"的货物车辆可向空线溜放。

(2)车辆的编组隔离。由于挂有危险货物车辆的列车在运行中接触的外界条件复杂，编入同一列车的危险货物车辆性质也各不相同，列车中除了危险货物车辆外，还有乘务人员、押运人员，为了保证人身、货物安全以及发生事故后不致使事故扩大，危险货物车辆在编人列车时，就要用普通货物车进行隔离。在同一车内装有编组隔离不同要求的危险货物时，应按隔离要求最严的危险货物作为隔离标准。整装零担车应在封套上标明其类项。

案例链接6-1——特殊情况下铁路运输

2011年1月28日，"渝新欧"首趟中欧班列从重庆出发。如今，"渝新欧"已成为中欧班列中开行数量最多、服务质量最好、国际认可度和影响力最大的一条线路，成为中欧班列的代表和重要品牌。成绩的取得自然离不开创新。

运输安全和冬季运输的保障创新。"渝新欧"沿线途中温差可达70℃，电子产品无法承受，重庆研发出特殊保温材料，给货物穿上一层"水背心"，确保所有适合铁路运输的产品随时启运。同时，重庆研发出"渝新欧"集装箱卫星定位跟踪系统，解决了货物运输的安全问题;开创了中欧货运班列全程运输国际邮包的先河。

(来源:《中国改革报》改编)

第三节 铁路危险货物集装箱运输

我国铁路集装箱运输近年得到很大发展,但利用集装箱(罐式集装箱)进行危险货物运输发展却非常缓慢。主要是目前铁路集装箱办理站少,限制条件多,使许多危险货物集装箱只能在港口掏箱再转铁路运输,危险货物集装箱多式联运受到很大限制。纵观国外铁路危险货物集装箱运输和国内海上、公路危险货物集装箱运输的发展状况,都是非常迅速的。为使国内铁路危险货物运输与国际接轨,发展多式联运,占领危险货物运输市场,有必要大力发展危险货物集装箱运输。危险货物集装箱按类型分为普通箱和专用箱两种,按产权分为铁路箱和自备箱两种;国内铁路集装箱按箱型分为 1 t 箱、5 t 箱和 10t 箱三种,此外,还用 20ft 集装箱。

一、铁路危险货物集装箱运输的现状

目前我国公布的铁路危险货物集装箱运输办理站不到 100 个,且分布也不合理,很多大中城市没有危险货物集装箱办理站,办理站少,不能形成规模。已公布的办理站大都不具备危险货物集装箱运输的办理条件,既没有专门的符合消防要求的防爆型装卸机械,也没有专门的作业场地,一般是在普通集装箱作业区划出一块相对固定的区域进行装卸和堆放,有的甚至与普通集装箱混在一起堆放。而危险货物集装箱的装卸、堆放管理制度亦不健全,这些既影响了作业安全,也限制了危险货物集装箱运输的发展。且现行铁路规章规定,铁路仅承担二级易燃固体、二级氧化剂、二级腐蚀品等少量危险货物集装箱运输,这显然连现有的需求都不能满足,更谈不上发展。

二、铁路危险货物集装箱运输的优势

危险货物集装箱运输是铁路货运方式的一项重大改革,是危险货物运输发展的方向。做好这项工作,可大大提高工作效率,改善工作条件,加快货物接取送达,减少作业环节,实现门到门的运输,同时还避免了人工直接搬运所带来的不安全因素,有利于提高危险货物运输安全的整体管理水平。

(1)开展铁路危险货物集装箱运输可以大大提高工作效率,减少工作环节。集装箱运输由于使用专业机械装卸,不论货物经过多少次转换都不涉及箱内的货物,因而货损、货差事故和货物被窃情况大大减少;因为集装箱是一种永久性的、有相应强度的、能反复使用的运输设备;在设计上具有紧固和易于装卸的附件,能抗住在其所从事的营运条件下可能受到的应力。此外,由于各运输环节及多种运输工具间的紧密和衔接,使货物中转及时,大大减少了货物在中途停留的时间,从根本上保证了货物安全、迅速、准确、及时地抵达目的地。对发货人来说,将货物交给第一承运人后,即可以取得货运单据,并据以结汇,使结汇时间提前,这不仅有利于货物资金的周转,而且还减少了利息的支出。

(2)开展集装箱危险货物运输,可缓解棚车的紧张状况。由于棚车分布的原因,满足不了需求,许多客户常常处在待车装货的状况。使用集装箱运输后,可以充分使用敞车和平车运输,增加了使用车种的灵活性,同时也方便了客户。

(3)开展集装箱运输便于开展水路、铁路、公路集装箱“门到门”运输,有利于开展多式

联运。利用集装箱可以做到“门到门”运输，避免运输过程中多次的货物装卸搬动，避免因搬动而可能造成的包装损坏，因而危险货物集装箱运输可以大大提高其运输安全性。目前国外危险货物集装箱运输已很普遍，进出口危险货物中成件包装的也多以集装箱装运，但目前国内危险货物铁路集装箱运输限制条件较多，例如装运品名及办理站的限制等，许多危险货物集装箱只能在港口掏箱再转铁路运输，或将成件包装的危险货物装至港口再装箱出口，使危险货物集装箱多式联运受到很大限制，因此，开展集装箱运输已是迫在眉睫。

(4)开展危险货物集装箱运输有利于节约包装材料，降低产品附加成本。为了保证危险货物在运输中的安全、完整以及装卸、搬运、保管的方便，托运人托运危险货物时，要按照《危险货物品名表》(GB 12268—2012)及《铁路危险货物运输包装技术条件》(TB/T 2687—1996)内的规定，确定包装方法，同时包装材料的材质、规格、包装结构，必须与所装危险货物的性质和质量相适应。有些危险货物不仅要有内包装，还要有外包装，其包装材料及加工制作的费用，在货物成本中占了一定的比例。采用集装箱运输后，表现为两种形态的节约：一种可减少包装费用，据统计，采用集装箱运输，其包装费用仅为散装运输费用的40%；另一种是采用集装箱运输后，简化了外包装，省出运输工具的空间可多装载货物，从而提高运输工具的利用率。同时，使用集装箱进行危险货物运输，可避免运输过程中外力对危险货物包装的直接作用，从而起到很好的保护作用。

(5)开展集装箱危险货物运输有利于作业人员人身安全和铁路环境保护。危险货物会造成不同程度的环境污染，例如：压缩气体和液化气体的窒息性、毒害品的易挥发性、易燃固体的毒害性等。铁路《危险货物运输规则》规定：装卸危险货物时，严禁肩扛、背驮，不得撞击、摔碰、翻滚，以防包装破损；作业时必须穿防护服，戴防毒面具。若采用集装箱运输，可避免人工直接作业，从而减少对人体的伤害和对环境的污染。

三、大力发展集装箱运输的举措

鉴于集装箱危险货物运输的各种优势，大力开展集装箱运输是当前铁路危险货物运输发展的趋势。但是我国现有危险货物办理站规模小，不够开展集装箱运输的条件。因此，必须采用相应的措施，添置危险货物集装箱运输相关的设施，促使危险货物集装箱运输的条件尽快完善。

1. *危险货物集装箱办理站应具备的条件*

危险货物集装箱的办理站，除具备办理普通集装箱运输的条件外，还应具备以下条件（表6-2）。

危险货物集装箱办理站条件 表6-2

1	必要设备	设置消防、报警和避雷等必要的安全设施，并配备必要的防爆机具和检测仪器
2	固定场所	为保障货物安全、便利货运作业，应固定危险货物集装箱作业场地，确定危险货物集装箱在场地的堆放方式
3	安全制度	办理危险货物集装箱的车站必须建立健全严格的安全、防护、检查、交接制度，加强危险货物集装箱的安全监督和管理
4	人员培训	配备相应的技术人员，从事危险货物集装箱运输的货运、装卸人员都应经过专业知识培训，熟悉危险货物特性和有关规章，并保持人员的相对稳定
5	救援演练	经常办理危险货物集装箱的车站，应成立安全小组，组织义务消防队和救护队，定期进行灭火和救护演习，提高对事故的预防和处理能力

2. 适合集装箱运输的危险货物品名

在危险货物集装箱办理站可以办理的危险货物品名见表6-3。

危险货物集装箱办理站可办理的危险货物品名表 表6-3

箱型	类项名称	《铁路危险货物管理暂行规定》编号
铁路通用箱	二级易燃固体	41501～41553
	二级氧化剂	51501～51527
	二级无机酸性腐蚀品 二级有机酸性腐蚀品 二级碱性腐蚀品 二级其他腐蚀品	81501～81531 81601～81647、T81501 82501～82521、T82501～T82503 83501～83513、T83501～T83502
专用箱	有毒品	61501～61908、T61501～T61515

另外，在普通集装箱办理站也可以办理危险货物运输，可办理的危险货物品名如下：

(1)在“危险货物品名索引表”中带 * 标志的危险货物；

(2)在《危险货物品名表》(GB 12268—1990)特殊规定中带有特殊规定第70号的危险货物。

对未列入危险货物集装箱运输的危险货物使用集装箱装运时，托运人应提出申请，发站对托运人提出的有关文件确认后，报铁路局批准，按试运办理。试运时，托运人应在货物运单“托运人记载事项”栏内注明“危险货物集装箱试运”字样。危险货物集装箱仅限装运同一品名的危险货物，不允许拼箱运输。

3. 采用科学化管理，做好集装箱的洗刷工作

危险货物集装箱专业办理站，或普通集装箱办理站内单独设立危险货物集装箱专用作业区，应采用计算机管理，并在全路实现危险货物集装箱的集中管理。通过即时跟踪，可以随时向货主提供集装箱动态，使铁路的服务质量有一个新的飞跃。同时，为避免受到装过危险货物集装箱的污染，危险货物卸货后，要按规定进行洗刷。因此，要设立相应的危险货物集装箱清洗站，以适应危险货物集装箱运输发展的需要。

4. 使用集装箱进行危险货物的运输应注意的问题

危险货物品类繁多，性质复杂，对运输的特殊要求各异，并且，通过集装箱运输还有隔热与通风性差等问题，因此，集装箱装运危险货物运输时，必须注意以下几个方面的问题：

(1)确定危险货物种类的进箱条件。对于爆炸品类、压缩气体与液化气体类等危险货物，应确定相应的进箱条件。这类危险货物易挥发或分解而形成爆炸性混合气体，在集装箱内不易散发到箱外，当遇到铁质包装货物的相互碰撞或开闭箱门时，容易产生火花发生燃爆。

(2)考虑箱内温度。由于危险货物对温度较敏感，再加上集装箱隔热性能低、通风性差，特别在夏季，箱内温度可高达到60～85℃。因此，对温度敏感的危险货物，应避开夏季高温季节办理集装箱装运。

(3)装载的要求。危险货物集装箱装载时，应按照危险货物装载要求和注意事项办理。为安全起见，还必须对装运集装箱危险品的特性加以全面了解，并采取相应的安全措施，这

样才能减少风险，保证安全。

四、危险货物的集装箱运输组织

铁路危险货物集装箱应在危险货物集装箱办理站办理运输，自备危险货物集装箱可在危险货物集装箱办理站或专用线、专用铁路间办理运输。办理集装箱运输的危险货物，运输包装必须符合《危险货物品名表》（GB 12268—1990）和《铁路危险货物运输包装技术条件》（TB/T 2687—1996）的规定。

（1）在危险货物装卸车作业前，货运员必须到现场，并向装卸班组说明货物的品名、性质，布置装卸作业安全注意事项，认真做好监督装卸工作。

（2）危险货物集装箱堆码和装载应符合危险货物配装表配装限制条件。托运人装箱时应将货物码放稳固，并采取必要的防护措施，防止货物在运输途中发生偏塌、窜动等问题。

（3）根据危险货物的类别，在集装箱上拴挂相应的危险货物标志：箱门把手处各 1 枚，5t 以上集装箱正面吊装孔各 1 枚（1t 箱正面吊装环各 1 枚），共计 4 枚。危险货物标志按《铁路危险货物运输管理暂行规定》有关规定拴挂，规格：100mm × 100mm，标志应用塑料双面彩色印刷且应拴挂牢固，不得脱色、脱落。

（4）危险货物集装箱作业时应稳起轻放，不得冲撞、推脱、刮碰。5t 以上集装箱必须使用专用吊具。

（5）卸后货运员必须检查箱体，确认箱体是否完好，并负责清扫、洗刷、除污，撤除危险货物标志；未经清扫、洗刷、除污的铁路集装箱严禁回空使用。

（6）装运危险货物集装箱车辆的有关禁止溜放、限速连挂、停止制动作用及编组隔离等要求，根据箱内所装货物按《铁路危险货物运输管理暂行规定》有关规定办理。

（7）危险货物集装箱运输必须组织一站直达，采用“门到门”的运输方式，严禁在站内掏、装箱。

第四节　铁路危险货物运输事故的预防与控制

铁路运输的危险货物种类繁多，由于它本身具有的易燃、易爆、毒害性、腐蚀性及放射性等，使这些货物一旦在运输中发生散落、泄露，不但会造成经济损失，而且对大气、水域、土壤等局部环境造成污染，甚至造成生命财产的损失。因此，在铁路运输中，要严防危险品事故的发生。

一、铁路危险货物运输事故的常见诱发因素

铁路危险货物运输过程中，因自然或人为等因素诱发危险品的燃烧、爆炸和毒害气体泄漏等造成一定的经济损失，甚至危及生命安全和周围环境的事件，被称之为事故。具体引起事故的常见原因有以下几个方面：

（1）危险货物承载设备安全装置在铁路运输中突然失效，造成危险货物泄漏，如石油液化气、液氯等罐车安全阀失灵，导致罐车内危险货物泄漏。

（2）因自然灾害等不可抗力因素发生的责任、非责任的铁路行车事故，如危险货物在行

车过程中发生追尾、冲突、脱轨、倾覆事故等行车事故，造成易燃、易爆危险货物碰撞导致燃烧、爆炸，或导致危险品货物因包装毁损而泄漏。

(3)由于技术设备不良、工作人员违章、违纪操作。如危险货物在其承运、装卸过程中的野蛮装卸，对货物装载加固不良、管理不善等人为因素导致危险货物泄漏，或导致易燃、易爆危险品燃烧、爆炸。

(4)在事故抢救中造成运输车辆的破损，导致运输的危险货物散落、泄漏。此类事件在铁路运输中的非正常情况下发生，属于突发性事件，因而增加了施救人员的组织及抢救的时间难度；由于运输的危险货物品种繁多，引发后果涉及面较广，如石油液化气泄漏不仅污染大气环境，而且可能发生火灾、爆炸，涉及公共安全问题，增加了施救的技术难度。因此，采取行之有效的应急救援机制，是确保运输安全、保护环境的有力手段之一。

二、铁路危险货物运输事故分析与预防控制

通过对相关铁路局的调查表明(表6-4)，因技术设备不良或故障而诱发的重大行车事故，占总事故的43.7%，由于业务工作中人为过失造成的重大行车事故占50.7%，而由于自然或其他不可预见因素造成的重大事故仅占5.6%。可见，加强运营设备检修及维护工作，减少不良设备隐患，加强管理，尽可能消除人为不安全因素，可大大减少危险货物运输事故的发生。

铁路局事故原因调查表 表6-4

排　　序	事故原因	百分比(%)
1	工作人员过失	50.7
2	技术设备故障	43.7
3	自然因素或其他	5.6

1.技术设施设备的安全管理措施

改善技术设备是保障运输安全的重要物质基础。据调查，线路、通信信号以及机车、车辆的破损、故障和性能不良是发生铁路运输事故的重要原因。因此，只有通过改善各方面的技术和设备条件，才能确保其良好的营运性能。

(1)铁路线路设计阶段安全管理措施。铁路线路是列车和机车车辆运行的基础，其所处状态与铁路运输安全的关系极其密切。为了保证列车能按设计时速安全、平稳地运行，对铁路线路(含路基、轨道、桥隧构筑物等)工程，应严格按现行的有关设计规范要求进行设计。护轨可有效防止翻车事故的发生，设计中，在桥梁、高路肩地段以及重要公路和城市交通要道的立交桥上等敏感路段均铺设护轨，以防列车倾覆事故的发生。

(2)铁路线路施工阶段安全管理措施。铁路线路应严格按照设计要求进行施工，各项指标应达到设计规定要求，以确保路基、桥隧建筑物坚固、稳定、耐久，能够承受轨道和列车的荷载，能抵御各种自然因素的影响。

(3)运营期内安全管理措施。应加强对技术设施设备及车辆性能的检查、维护工作，定期进行维修和保养，以保证其经常处于安全、完好状态。

(4)制定危险货物集装箱运输的发展规划。危险货物集装箱运输是铁路货运工作的一项重大改革，该方案可减少作业环节，避免人工直接搬运所带来的不安全因素，大大提高了

工作效率，有利于提高危险货物运输安全的整体管理水平。因此，应制定发展危险货物集装箱运输的规划，分期、分批地逐步将危险货物纳入集装箱运输。

（5）利用高科技的信息技术加强安全管理。信号设备是铁路运输的耳目，对行车安全关系极大。计算机连锁方式具有运算速度快、容量大、容易完成连锁关系、安全可靠等特点，在工程设计中，一些车站采用了这种先进的信号设备计算机连锁方式，已收到了良好的效果。

2. 运输管理措施

加强运输管理是保证危险品货物运输过程中行车安全的基本环节。由表6-4可以看出，大多数行车事故都是由于违反规章制度、违反劳动纪律以及职工技术业务素质不良而引起的。因此，要注意加强以下几个方面的工作：

（1）加强职工劳动安全意识，是减少危险货物装卸、运输过程中潜在事故风险的重要手段。应不断地建立、健全规章制度，严格劳动纪律，同时，建立相关的安全监察机构，负责安全工作的检查、调查处理事故，贯彻安全规章制度，以确保行车安全。

（2）加强从业人员的专业培训，提高从业人员的业务水平，并凭证上岗。

（3）危险货物包装是防止运输过程中发生爆炸、燃烧、有毒品泄漏等事故的重要手段。铁路运输部门应严把进货关，严格检查各类危险货物的运输包装，确保危险货物包装符合《铁路危险货物运输管理暂行规则》有关规定要求，进一步预防和减少事故的发生。

3. 事故的应急、补救及环境保护措施

从全路线运输经验来看，改善技术设备及危险货物包装、加强管理提高操作人员的业务水平和安全意识，可大大减少危险货物运输过程中各类事故的发生率。但由于铁路运输的复杂性及各种不可预见因素，运输过程中的环境风险依然存在。因此，采取积极有效的补救措施，迅速组织抢救，也是减少事故影响范围和程度的重要手段。

建立高效的信息联络和反馈系统、制定相应的应急预案是防止事故蔓延的关键。经常办理危险货物的车站，应成立安全小组，组织义务消防队和救护队，定期进行消防、救护和预案的演习，提高对事故的预防和处理能力。

一旦发生危险货物运输事故或险情，各联络点的抢险指挥机构应迅速组织抢险基本队伍，负责事故前期处置工作，调度各职能部门各司其职，如切断电源、布设警戒区、组织人员向逆风方向疏散，查清事故源项、危险品种类等。当发生一般事故或险情时，严格按照《铁路危险货物运输管理规则》有关规定采取相应的补救措施。当发生较大险情时应立即向铁路主管部门、地方政府、公安消防及环保、卫生防疫等部门报告事故源项、危险品种类等情况，并迅速联系信息网络中熟悉货物性质的单位前来抢险，并应防止危险货物进入河川。如危险货物泄漏入河川，还应立即通告下游水厂等取水单位，以便其及时采取应急措施，并应针对泄漏入河川的危险品种类，分别采取相应的治理措施（如石油类可设隔离带控制其扩散，并采用浮油吸收机进行清除；酸碱类危险品可采用投药法进行酸碱中和等），将事故造成的环境影响降到最低程度。同时，应组织有关环境监测机构，对环境污染与危险性的程度进行监测，为抢险提供科学依据。

关于行车事故通报要按照《铁路行车事故处理规则》要求的事项及程序报告行车事故情况，报告涉及危险货物泄漏、散落，以及事故地点周围居民等有关情况。并在48h内将事故发生的时间地点、类型，排放污染物的种类、数量、经济损失、人员及应急措施等初步情况，报告事故发生所属地县级以上政府环境保护行政主管部门。

第五节　铁路危险货物运输的计算机管理信息系统

铁路危险货物运输中规定多、专业性强，各个作业环节均需查询有关规章制度和规定。为了使这些复杂的查阅工作快捷有效，目前普遍使用计算机来完成，以最大限度地减少人员素质因素对危险品运输安全带来的影响。利用“铁路危险货物运输计算机管理信息系统”（以下简称“管理系统”），将危险货物的受理、承运、保管、装车、挂运等作业过程的全部纳入计算机管理，解决了各作业环节中存在的问题，使各项操作更加规范、有序，使安全监督工作准确、到位。

一、危货管理系统的功能

铁路危险货物运输实现承运、装卸、保管、运输、交付与赔偿全程计算机化管理，不仅实现了铁路危险货物运输信息化管理，而且为客户提供方便、快捷的“一站式”服务，有利于铁路运输企业对危险货物的全程监控，也方便客户的及时查询。

1. 危险货物品名查询

在危险货物管理工作中，有时需要对某些品名的属性和相关规定等进行查询并记录，翻阅规章很不方便。“管理系统”将《危险货物品名表》（GB 12268—2012）中所有品名及全部的属性、相关规定输入计算机，并建立数据库。作业人员根据需要，只要输入品名、别名、编号中的一个条件，计算机可以立即获得并显示所查危险货物的品名、别名、编号、货物类项、包装类别、包装编号、包装标志、包装方法、特殊防护、车辆限制、装卸事项、存放保管、撒漏消防灭火剂、洗刷除污方法、急救措施、特殊规定、联合国编号等内容，实现对危险货物方便、快捷、准确的查询，并可打印输出。另外，还可以将负责审计、搬运、装卸的时间、地点、运输工具、货物名称、数量及责任人等的具体情况输入计算机，确保装卸、搬运的安全，也为危险货物运输事故原因分心、责任追踪提供基础数据。在危险货物的存储方面，有时候货物可能需要在发站、到站存储一段时间，为了确保存储阶段的安全，将危险货物存储状况输入计算机，关于相关危险品的存储注意问题就可以直接查询，及时方便。

2. 危险货物配装方案

不同的危险货物之间有严格的配装限制。针对不同性质的危险货物，铁路运输技术管理人员一般遵循“危险货物配装表”制订铁路运输配装方案。鉴于危险货物配装需要综合考虑到货时间、车辆来源及数量等多种因素，同时，需要管理人员具备丰富的配装经验，为了实现危险货物运输管理的自动化，系统采用专家系统技术解决危险货物自动配装问题。例如，影响危险货物装配的主要因素有：货物运输车辆类型、车次；货物在车厢内的堆放方案；车辆编组隔离要求；危险货物运输限制条件（禁止溜放或限速连挂、振动冲击）等。操作人员只要将需配装的危险货物品名、别名、编号输入计算机，经过计算机配装查询，在 2 ~ 3s 内就能输出配装结果，并将不能配装或可以配装但有限制条件的货物提示给操作人员。速度之快、准确性之高是人工所不能比的。

3. 集中化的资源管理与调度控制

通过建立全路统一的危险货物运输基础数据库，铁路危险货物承运、装载管理系统可以实现铁路危险货物运输资源的集中调度与规划，包括：仓库货位的管理与调度、搬运装卸工具的管理与调度、运输车辆的管理与调度、生产及管理人员调度等。再者，通过查询数据库，可以审核运输起始时间，押运员和运输车辆情况，配装方案，发站、到站及中转车站名称，货物名称、数量、编号及包装等。

很多铁路局在危险货物的运输上一直坚持“两卡”运输监督管理制度，即静态卡和动态卡。静态卡是指将所承运危险货物的属性及相关规定进行登记；动态卡是在危险货物运输作业过程中，按照静态卡的要求与实际作业过程相对照，确认实际与规定是否相符。这套管理方法对保证危险货物运输安全起着非常重要的作用。但是由于建立静态卡需要查阅大量资料，并用笔抄录，工作量较大。同时在实际工作过程中，经常出现动态卡与静态卡相脱节的现象，两卡的作用没有得到充分发挥。

“管理系统”成功地将两者结合在一起，能有效地指导现场作业。只要工作人员将需要运输的危险货物的品名（别名）、编号输入计算机，“管理系统”就会自动生成安全控制卡，并能打印输出。安全控制卡正、反两方面都有内容，正面内容相当于静态卡的内容，反面则是作业人员在受理、承运、制票、装车各作业环节需检查的动态卡的内容。正、反两面的内容一一对应，使每一作业过程都有据可查。

4. 全程实时运输监测

确保铁路危险货物运输安全的前提是做好危险货物存放、运输环境监测。通过在运输车辆上安装的 GPS、行车记录仪等以及在仓库安置的监控防御设施，可以实现危险货物运输、保管全程状态监测。具体监测项目包括：仓库温度、湿度及烟火监测，列车运行速度、冲击及振动监测，货运车厢温度、湿度、压力及烟火监测，货物运输、存储时间监测。同时还能对突发事故进行及时报告，有利于应急预案的有效实施。铁路危险货物运输监管系统实时监控子系统重点负责货物保管、运输期间的安全，由地面和列车两个监视系统组成。

（1）地面监视系统：其包括车站承运、交付业务监视及仓库环境监视。为了确保货物安全，系统重点加强了仓库监控，如监控仓库的通风、温度、烟火、防止盗窃等。在发生事故隐患时，例如仓库着火、爆炸等，系统能够迅速报警，并可采取自动应急措施，如切断动力电源、启动灭火装置等。

（2）列车监视系统。鉴于目前列车联网监控所依赖的无线通信带宽不足，列车监控主要目标是在运输车厢安装监控局域网。通过联网安装多种传感设备，例如行车记录仪，温度、湿度、压力及烟火传感器等，在列车上构建一个实时监视系统。该系统可以监视运输状态，在发生运输事故后，可以报警，并通知附近车站危险货物运输监视系统。

5. 规章、电文查询

此功能可方便操作人员查阅有关规章内容，省去反复翻阅书本的烦琐。查询规章时，操作人员既可像翻书本一样逐章逐条翻阅，也可以按关键字查阅。比如，若想查阅所有与“罐车”有关的规定，只需将“罐车”作为关键字输入，系统便可检索出所有与“罐车”有关的规章条文，并能打印出来。除规章查询外，操作人员也可将危险品运输的有关文件、电报内容输入计算机，然后按照日期、发文单位、等级、电报号码、关键字等项目查找。其系统功能的总体结构图如图 6-1 所示。

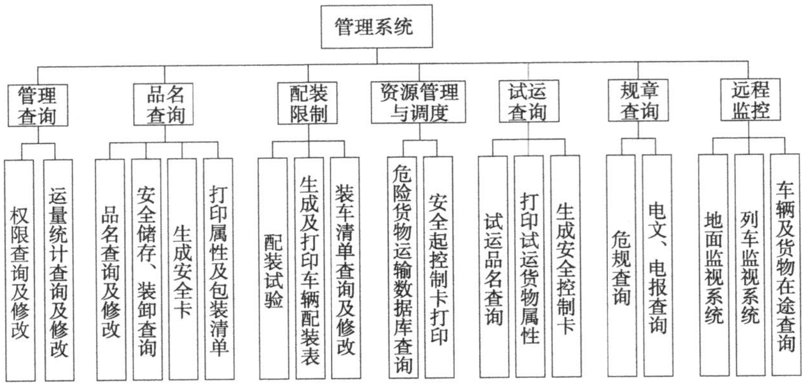

图 6-1 管理系统功能结构图

二、计算机在危险货物运输中应用的成效

随着全社会计算机信息网络的发展,铁路内部信息不仅要满足企业自身管理的需要,同时也要为整个社会所共享。危货管理系统的应用,方便了货主,也为铁路运输赢得了更大的市场,更是看到了计算机在危险货物运输中应用的成效。

(1)危险货物运输采用计算机管理后,在很大程度上改变了过去手工操作的弊端,大大削弱了因作业人员业务素质因素给危险品运输带来的不利影响。只要危险品的有关名称、编号等输入正确,就能得出正确的运输条件,并按安全控制卡的内容现场监督、检查各个作业环节,确保危险品运输的安全。

(2)危险货物运输采用计算机管理后,大大提高了作业效率。过去办理一批危险货物运输,如果是第一次受理,需查询运输条件、包装方法、建立静态卡等,最少也要 30min。使用“管理系统”后,只要将需运输的货物品名或别名输入计算机,系统即能将办理这批货物的有关规定、要求汇集在一起,并以安全控制卡的形式打印出来,只需 3min 就能完成,准确、可靠,作业效率大大提高。

(3)查询功能在一定程度上满足了货运营销的需要。托运人在第一次托运危险货物时,因运输条件的复杂性,往往需要到车站咨询运输条件及包装要求,车站的答复也不一定准确、全面。现在货主只要提供危险货物的品名或别名,即使货主不到货场,“管理系统”也可以方便地查阅并打印出有关运输条件,货主可以据此条件办理危险货物运输,支持了货运营销。

总之,先进、高效的危险货物铁路运输计算机管理信息系统的应用,不仅提高了铁路运输部门的工作效率、降低了运营成本,而且为危险品的安全、可靠运输提供了保障,增强了运输过程的可控制性和及时响应能力。

复习思考题

1. 简述我国铁路危险货物运输的现状及存在的问题。
2. 开展铁路危险货物集装箱运输需具备哪些条件?
3. 简述计算机在铁路危险货物运输中的应用。

第七章　水路危险货物运输

【本章教学要点】

知识要点	掌握程度	相关知识	应用方向
水路危险货物的内涵	了解	水路危险货物运输发展状况	水路危险货物的具体认识，特货物流的具体分类
水路危险货物类别	理解	水路危险货物运输类别	水路危险货物运作方案设计
水路危险货物作业申报	重点掌握	危险货物港口作业申报的作用、范围和内容	合理设计和组织物流流程，构思和设计物流运作方案
水路危险货物作业流程	理解	水路危险货物工作具体作业流程及国际、国家规定	构思、设计和实施水路危险货物作业方案
水路危险货物运输安全管理	深度理解	港口危险货物安全管理的内容	水路危险货物运输安全管理方案的设计、组织、控制和协调
船舶装运危险货物注意事项	理解	危险货物港口装卸注意事项	水路危险货物方案的设计、组织等环节的管理与控制

【引导案例】

近年来，随着不锈钢需求量的不断攀升，作为制造不锈钢原材料的镍矿石进口贸易日益活跃，目前其主要出口国是印度尼西亚及菲律宾，每年大量进口的镍矿均通过海运实现。然而，镍矿独特的含水分子结构和易析水的物理特性，使镍矿的海上运输存在较大风险，是造成多起海上沉船事故的最根本原因。

2013 年 8 月 14 日，装载镍矿石的“Trans Summer”轮（造于 2012 年）在万山群岛附近躲避台风“托特”时沉没，所幸全部船员被香港飞行服务队和南海救助联合救起。而在该轮事故之前，承运镍矿沉船事故已经发生多起，其中包括 2010 年 10 月 27 日装载 43 800.32t 印度尼西亚镍矿的巴拿马籍散货船 M/V“Jian Fu Star”（“建富星”轮）在中国台湾鹅銮鼻西南方海域由于产生自由液面倾覆沉没；2010 年 11 月 9 日，装载 55 150t 印度尼西亚镍矿的巴拿马籍散货船 M/V“NASCO DIAMOND”（“南远钻石”轮）在日本冲绳南部海域沉没；2010 年 11 月 22 日，一装运精选矿的货轮“HAI XIN”在中国连云港海域外倾覆沉没；2010 年 12 月 3 日，装载 4 万吨印度尼西亚镍矿的巴拿马籍散货船 M/V

"Hong Wei"("宏伟"轮)在中国台湾鹅銮鼻西南外海105海里处沉没;2011年11月25日,一艘装满54 000t镍矿的散货船"Vinalines Queen"在从印度尼西亚回中国的航程中在菲律宾的吕宋岛附近沉没;2013年2月17日,一艘装载有镍矿的散装船"Harita Bauxite"于中国南海海域、邻近菲律宾吕宋岛西北方位的Bolinao角海域沉没。多方的防控努力竟未能阻止事故发生。此前多家船东互保协会,均对此类货品多次发出警告,要求对货物的水分含量进行准确检验。之后,UK保赔协会与劳氏船级社共同发布了"干散货安全运输指南",旨在让船员、船东以及运营商充分了解《国际海运固体散装货物规则》中列明的货运规范。

(来源:新浪博客整理)

水路运输是利用船舶、排筏和其他浮运工具,在江、河、湖泊、人工水道以及海洋上运送旅客和货物的一种运输方式,水陆危险货物与大件运输是综合运输体系中的重要组成部分,水陆运输因其特点正日益显示出它的巨大作用。本章重点介绍国内水路危险货物运输现状、运输类别、运输组织、安全管理以及在水路托运过程中托运人与承运人的责任等内容。

第一节　水路危险货物运输概述

水路危险货物运输分为国际海上危险货物运输和国内水路危险货物运输。国际海上危险货物运输主要适用国际海事组织颁布的《国际海运危险货物规则》以及中国批准和加入的相关公约、规则、议定书等。而国内水路危险货物运输主要适用国务院颁布的《化学危险品管理条例》、原交通部颁布的《水路危险货物运输规则》。

一、水路危险货物运输现状

近年来,水路运输易燃、易爆、氧化、毒害、腐蚀等9大类危险货物已达上千个品种,各种包装危险品、集装箱载运危险品运输量成倍增加,中型散装容器、罐式集装箱等一批新型危险品包装容器相继投入使用,包括散装和包装危险货物运输量已占水路总运量的20%以上。

(1)水路运输量状况。近年来,全国主要港口完成危险货物吞吐量呈快速增长之势,就目前来看,从事散装危险品运输的船舶也呈快速增加之势。以山东青岛辖区为例,2016年,青岛辖区载运危险货物船舶进出港14 467艘次,同比增长0.9%。其中油轮3 083艘次,超大型油轮VLCC365艘次,同比增加95.4%。2016年,青岛辖区船载危险货物运输量首次超过1亿吨,达11 459.3万吨,同比增长26.4%。其中散装油类9 211.8万吨,同比增长30.7%;散装液体化学品456.02万吨,同比增长49.4%;散装液化气体201.7万吨,同比降低4.7%;包装危险货物449.43万吨,同比增加22%(包装危险货物箱量248 490TEU,同比增长22.4%);固体散装危险货物15 984.5万吨,同比增长1.0%。水路危险品运输市场主要分布在我国东部和东南沿海的珠江三角洲、长江下游和环渤海湾地区。

(2)运输组织管理现状及问题。各主要港口高度重视危险货物运输管理工作,通过建立健全规章制度,加强岗位培训和增加投入,对有危险品的船舶和仓库进行重点管理和防范,使危险货物运输管理的软、硬件条件得到明显改善,应急能力得到增强。海事部门通过采用国际上先进监控手段和管理经验，坚持对危险品船舶进行重点管理。外贸船舶的装卸和配载，由海事部门按《国际海运危险货物规则》（IMDG Code）要求进行监管，内贸船舶则由港口业务部门按照国内《水路危险货物运输管理规则》监管，港口按照《港口危险货物安全管理规定》监管；一些大型化工公司兴办的企业码头，不仅消防设施先进，配备到位，管理制度和消防演练也常抓不懈。总的来说，各有关部门和企业齐抓共管，协同配合，认真查隐患、抓落实，从而有效地遏制了一些重大事故苗子，防止了生产过程中重特大事故的发生，提高了社会效益和经济效益。

由于危险货物运输发展迅速，各项管理工作还存在较大差距。管理规章尚不完善，急需制订和修订；现场监管还不能完全到位；危险品码头及仓库公共消防力量薄弱，消防船配备不到位，对特大恶性事故的应急反应能力不足；港口防污染设施也不能满足生产和应急需要；一些危险品码头和仓库有关工作人员业务素质低，一些货主对危险货物危险性认识不足。这些都需要各级管理部门和企业进一步加强管理、加强教育和培训。

（3）国际交往和发展状况。原交通部自 1988 年以来一直参加联合国危险货物运输专家委员会组织的会议和有关活动，在制定、修订和贯彻《联合国危险货物运输建议书》（即“橙皮书”）的过程中起到了积极的作用。2000 年原交通部派代表分别参加了在瑞士日内瓦举行的联合国危险货物运输专家委员会第 18 届分委员会会议和第 21 次委员会会议。“橙皮书”每两年修订一次，是制定《国际海运危险货物规则》（IMDG Gode）的范本和指南，也可以直接用作国家和国际运输规章的基础。“橙皮书”对危险货物的品名、分类、列表、标记、标签、包装、试验程序、揭示牌和单据制度作了明确规定。危险货物普遍按“橙皮书”运输，将使承运人、发货人和检查管理部门大大受益于简化的运输、装卸和检查手续，减少危险货物国际运输的障碍，提高运输效率，促进被归类于“危险”的货物贸易稳步增长。

交通运输部通过总结和借鉴国际国内的经验教训，组织了对装卸和运输的危险品新品种进行了调研和安全评估，开展了对危险货物包装检验机构的资格认可工作。经交通运输部认可的国内水路运输危险货物包装检验单位可在规定的包装检验范围内受理危险货物包装检验业务并出具“危险货物包装检验证明书”，以作为危险货物申报、托运、装卸或储存时的重要凭证之一，而未经交通运输部认可的单位所出具的证明无效。到 2016 年为止，已认可全国范围内 9 家从事进出口商品检验、包装质量检验和铁路运输检验部门为国内水路危险货物包装检验机构。

二、水路危险货物类别

除了根据《危险货物分类和品名编号》（GB 6944—2012）和《危险货物品名表》（GB 12268—2012）等有关国家标准划分的 9 类危险货物以外，《国际海运危险货物规则》（IMDG Gode）第 36 套修正案对已列明的危险货物修订较少，大部分修订只是对危险货物一览表中的条目进行编辑性修改。此次修订新增了 UN3497（磷虾粉）、UN3498（一氯化碘，液体）……UN3506（在人造物品中包含的汞）等 10 个条目。另外，第 36 套《国际海运危险货物规则》（IMDG Gode）在特殊规定方面做了较大调整，删除了特殊规定 132、246、297、323、914、924、941 和 956，新增了特殊规定 358 ~ 366、965、966 和 967，同时对 133、181、230、272 和 338 等特殊规定做了部分修改。

第二节　水路危险货物运输组织

危险货物的水路运输组织涉及托运、装卸、平面运输、库场堆存等众多环节，在运输组织过程中不仅关系到水上的船员、船舶及其货物的安全，而且影响港区的安全，如果稍有不慎，就有可能导致意想不到的严重的灾害发生。所以，危险货物的水路运输组织在它的发展过程中，形成了一系列的申报、核准制度。严格的申报、核准制度是水路运输安全的必要保障。

一、港口危险货物作业申报

危险货物的港口作业申报是指从事危险货物港口作业的企业，将拟作业危险货物的品名、数量、包装、理化性质、作业时间和地点、安全防范措施等事项及时向所在地港口行政管理部门报告，以征得港口行政管理部门的核准。而由此引起的一系列过程及准则，形成了一整套的申报制度。

1. 申报目的和作用

港口危险货物的作业申报审批材料及其申报核准内容是港口作业企业确保作业安全的必需资料。对港口行政管理部门来讲，这些资料：一是同意靠泊的前提条件。应根据该作业点是否具备靠泊条件，码头设施、设备是否具备装卸该危险货物的能力，码头附近有否影响装卸该危险货物的不安全因素以及有否特殊情况（如封港等），确定是否同意该载运危险货物的船舶靠泊该作业点作业或指定其他合适的作业点作业。二是便于掌握情况，实施现场监管。根据申报的内容，结合国家有关的法律、法规，港口行政管理部门有针对性地对港口危险货物作业企业实施监管和检查、抽查等，确保危险货物港口作业的安全。三是利于管理部门之间的相互通报。

根据《中华人民共和国港口法》第三十五条的规定，在港口内进行危险货物的装卸、过驳作业，应当按照国务院交通主管部门的规定将危险货物的名称、特性、包装和作业的时间、地点报告港口行政管理部门。港口行政管理部门接到作业申报并核准后，掌握了正确、全面的信息，为及时通报海事管理机构奠定了基础，也避免了港口作业企业向多个管理部门重复申报的烦琐手续。

2. 申报的范围和内容

《港口危险货物管理规定》（交通运输部令2012年第9号）第十七条规定：从事港口危险货物作业的港口经营人（以下简称“危险货物港口经营人”），除应当符合《港口经营管理规定》（交通运输部令2009年第13号）规定的港口经营许可条件外，还应当具备以下条件：

（一）设有安全生产管理机构或者配备专职安全生产管理人员；

（二）具有健全的安全管理制度和操作规程；

（三）企业主要负责人，危险货物装卸管理人员、申报人员、集装箱装箱现场检查员以及其他从业人员应当按照相关法律法规的规定取得相应的从业资格证书；

（四）有符合国家规定的港口危险货物作业设施设备；

（五）有符合国家规定的事故应急预案和应急设施设备。

从事危险货物港口作业的企业，在危险货物港口装卸、过驳、储存、包装、集装箱装拆箱等作业开始24h前，应当将作业委托人，以及危险货物品名、数量、理化性质、作业地点和时间、安全防范措施等事项向所在地港口行政管理部门报告。港口行政管理部门应当在接到报告后24h内作出是否同意作业的决定，通知报告人，并及时将有关信息通报海事管理机构。未经港口行政管理部门同意，不得进行危险货物港口作业。

(1)危险货物港口作业申报单。各地港口行政管理部门都应设计、制作“危险货物港口作业申报单”，其中申报的内容，除了港口作业企业、作业委托人、作业方式、拟作业危险货物的地点和时间，拟作业危险货物品名、数量、理化性质、安全防范措施外，还应包括货物的状态：包装件(包括集装箱和单一包件)、散装(包括散装液体、固体和气体)、中散(包括柔性和刚性)、移动罐柜(包括集装箱罐柜、槽罐车和其他罐柜)、申报声明(包括“所申报内容准确无误”等)、申报员签名(包括申报员证书编号和紧急联系电话)、核准签注(包括核准部门和核准人员)等。港口危险货物作业企业在申报时应提交填写正确的“危险货物港口作业申报单”。

(2)对第1、3、4、5、6、8、9类包装危险货物的作业申报。对第1类爆炸品(民用爆炸品)，第3类易燃液体，第4类易燃固体、自燃物品和遇湿易燃物品，第5类氧化剂和有机过氧化物，第6类毒害品和感染性物品，第8类腐蚀品，第9类杂类危险货物的出口申报，港口作业企业应附交中华人民共和国出入境检验检疫机构出具的“出境危险货物包装使用鉴定结果单”正本或“危险货物包装检验证明书”正本，并按交通运输部相关文件规定，逐批核销，不得使用过期或私自涂改的上述证书。

(3)对第2类包装危险货物的作业申报。第2类气体(压缩气体和液化气体)，其使用的包装大多为压力容器，申报时应附交锅炉压力容器检测机构出具的检验合格的检验证书或检验报告(其格式全国各地不同)。

(4)对第7类危险货物的作业申报。第7类放射性物品其包装是由内容器、吸收材料、屏蔽材料、外包装等构成，其包装质量不但取决于其材质强度，还取决于包装件表面的辐射剂量。辐射剂量的多少，将对作业人员产生不同程度的危害。因此，在申报时应附交国外专业机构出具的近期检测证明(格式不同)或卫生防疫部门出具的“放射性物品包装件辐射水平检查证明书”，并按检测部门的要求，对作业现场实施监管。

(5)对中型散装容器装运危险货物的作业申报。中型散装容器，简称中散，有柔性和刚性之分。出口装载危险货物的柔性中散，应附交中华人民共和国出入境检验检疫机构出具的“出境危险货物运输包装使用鉴定结果单”正本；出口装载危险货物的刚性中散，一般情况下，应附交船检部门(船级社)检验合格出具的相关证书。进口装载危险货物的中散时，港口作业企业应附交国外相关专业机构出具的证明书。

(6)对可移动罐柜装运危险货物的作业申报。可移动罐柜有多种形式的罐柜，其中集装箱罐柜可作为船舶设施的延伸部分(或一部分)。所以对出口装载危险货物的集装箱罐柜申报时，应附交各国(地)船级社出具的证明书；槽罐车和其他罐柜装载危险货物进、出口申报时，应附交国内外专业机构或船级社出具的证明书。

(7)对散装危险货物的作业申报。散装危险货物往往是整船或整舱利用管系或抓斗等来装卸，在作业前进行申报时须根据对装卸、储存可能造成的危害进行说明，必要时应附交添加剂(稳定剂、抑制剂、阻聚剂、抗氧剂、钝化剂、稀释剂等)证明书(格式不同)。

(8)对集装箱装运危险货物的作业申报。集装箱作为装运危险货物的设施，其绝大部分涉及危险货物包装件、中散、可移动罐柜等的运输，因此除了符合上述相应申报应附交的有关单证外，还应附交"集装箱装箱证明书"。

(9)对限量内危险货物的作业申报。限量内危险货物作为特殊包装件或小包装危险货物，申报时应附交"限量内危险货物证明书"，以简化某些手续或免除提交某些单证。

(10)对"未列明"危险货物的作业申报。对任一"未列明"危险货物，无论其以何种形式作业，申报时都应附交有效的"危险货物鉴定表"。

3. 申报人及其代理人

危险货物港口作业企业应选派专人担任"危险货物作业申报员"，申报员应掌握所从事港口作业危险货物的相关资料和情况以及申报的各项要求，并应经港口行政管理部门专项培训、考核合格，取得申报员证书。为了便利作业企业的申报，减少资料和单证的重复多环节递交，降低港口作业企业申报成本，也可以委托有关人员申报。但是，首先必须有委托凭证或证明；其次被委托者同样应经港口行政管理部门的专项培训、考核合格，取得申报员证书。被委托的申报员，代表从事危险货物港口作业的企业申报，一旦有任何差错(如申报不实、有误等)，委托的港口作业企业承担全部责任。

4. 申报的方式

(1)当面申报。当面申报适用于在申报时，同时需要附交其他相关单证的作业申报。

(2)传真申报。其关键是传真件必须与原件一致。主要适用于一些申报时不用附交相关单证的作业申报。

(3)网上申报。网上申报主要适用于部分散装危险货物的作业申报，其关键是申报时须附交相关单证。

(4)其他方式申报。

5. 申报时间及核准

危险货物港口作业企业的作业申报，必须在作业前24h申报，而且至少提前24h。获得可靠、正确的拟作业危险货物相关资料后，申报时间可提前2d或3d，甚至更长，为港口行政管理部门的核准以及作业准备留有足够的时间。既然是申报，就必须经核准。港口行政管理部门接受申报后，应及时(当场或根据申报时间，亦可提前2d、3d或更长时间)核准。核准方式应根据不同的申报方式，采取相应的核准，一旦核准(许可)，就应加注核准(许可)的相应凭据(如"当面申报"，应在申报单上加盖港口行政管理部门的"危险货物港口作业核准章")。其他方式的申报，也应如此。

二、水运危险货物的工作流程

由于水运危险货物品种多，运量大，且远洋运输外部环境复杂多变，稍有不慎就会造成较大的危险。要做好船运危险货物的工作，确保船、货安全，作为船方在危险货物的装运准备、积载、装船、航行、卸船、交付等各个方面必须要有一套完善妥当的工作程序，必须根据国际国内有关法规，向有关机关办理申报手续并遵守国家关于危险货物管理和运输的有关规定。

1. 审核清单

这是船运危险货的第一步工作，主要是要弄清危险货物的类别，熟悉其特性，认真把好承运关。在船运危险货物时，托运人需提供给船方一份危险货物清单，船方要认真审核清单中所列的危险货物的正确运输名称、联合国编号、理化特性、所属类别、包装、数量、积载要求、消防急救措施及对运输管理的要求等，对性质不清的货物必须搞清其性质。对《国际海运危险货物规则》(IMDG Gode)品名表中未另列明的危险货物应要求托运单位提交“危险货物技术证明书”，同时要找出《国际海运危险货物规则》(IMDG Gode)分类(主、副标志)，凡审核不合要求的，应一律不接受承运。在这项工作中，要以《国际海运危险货物规则》(IMDG Gode)(包括EMS及医疗急救措施内容)、相关船运危险货物监管规则，交通运输部、中国铁路总公司及有关单位部门颁发的法规为依据。

2. 装货前准备

主要工作内容是使船舶做好适航、适货的准备。首先要明确货类特性及预防措施，针对所装危险品性质，船舶性能、所经航区条件制定安全措施，审核预配图，事先掌握烟火探测器和消防设备使用方法。货舱要保持清洁干燥，管道系统、污水沟(井)要畅通，舱盖防漏水，如船舶结构及设备有明显缺陷应积极采取措施进行修复或改装。装运危险货前，船方必须事先申请船检部门对船舶结构、装置及设备进行临时检验，在船检部门检查认可合格，并取得“船舶合格装运危险品证书”后，方可接受承运。同时要使船上设备处于可用状态，包括对救生消防设备、通信设备，主辅机、舵机、吊货设备等全面检查，申请船检，取得适航证书。

3. 积载计算与装船积载

对已接受承运的危险货物，船上大副应根据货主提供的货物性质，严格按照《国际海运危险货物规则》(IMDG Gode)的规定认真仔细地编制货物积载计划，特别要对所装运的危险品选择适当的货物运输，合理配装方案。在考虑危险货货位时，必须保证船舶、人员和货物的安全，同时要考虑方便绑扎加固等要求，要严格按照货物明细表中提出的积载要求及“危险货物配装隔离表”的规定正确配装。易燃、易爆、遇水会放出易燃有毒气体的货物应远离生活区，船首尾尖舱不宜装危险品，按港口顺序航线、气候等考虑最危险货后装先卸，装有危险货的货舱中应避免在中途港继续加载。另外，在货位的选择上要便于使用同一种消防方法，以利于采取灭火和急救措施，对垫舱材料、绑扎工具的选择也不容忽视，一个好的积载计算是保证货物运输安全的前提条件。

装船积载严格按照前面章节讲过的积载的技术、条件、要求和注意事项执行，以保证装船积载的顺利进行和安全出航。

4. 安全航行

船方在危险货物运输过程中，主要做好避碰、防火和检查加固。具体工作有：谨慎驾驶、加强瞭望、防止碰撞、防火防爆，做到万无一失。航行中注意收听气象报告，在大风浪中航行时，应采取改变航向、减速等措施，减缓船舶摇摆，尽量避开大风浪及雷区。按《国际海运危险货物规则》(IMDG Gode)要求测量某些危险货物的温湿度，进行合理通风，防止货物潮湿、自热、可燃气体积聚、有毒气体泄漏及其他可能引起危险变化的情况发生。航行期间要经常下舱检查危险货物有无移动情况，注意货物的绑扎和加固，但下舱前一定要事先通风。坚持消防值班巡逻及每班经常观察烟火探测器。航行期间，如货舱底下、双层底的燃油舱需要加温，应取得船长、大副同意，并注意将油温控制在50℃以下；为防止装在甲板上的易燃易爆物品在高温地区受阳光直射，发生危险，应采取适当的遮蔽及实施浇水降温（遇水发生危险的除外）。船舶在通过运河及所到目的地的港前应及时通报船上装运危险品的情况，以便对方采取措施及做好危险品的卸载准备工作。遇有大风浪或视线不良等情况，不宜进出港口和靠离码头。

5. 卸货、签单和交付

船方要严格遵守各港口规定，及时将危险品积载的舱容、质量、数量、学名、联合国编号等电告卸货港代理，争取尽快进港。船方在卸货前一天申请监卸，船舶在开舱、起卸放射性物品或能放出易燃易爆、有毒气体的危险物前应进行充分的通风；在开启舱盖时，亦应采取防止摩擦产生火花的措施；起卸包装破漏的危险品时，现场严禁明火，对包装破损严重的要进行必要的修理和清洁工作，以避免危险品大量渗漏。在卸货过程中，监卸人员要制止工人违章操作，如用手钩、拖包、挖井等野蛮卸货；要做好现场货物的原残、工残记录；必要时拍照，申请商检防止扩大化；停卸时应及时关闭照明及电源。卸货完毕认真审核签单，核对残损，现场记录等，妥善保管资料以便提赔时取证。

总之，水上危险货物运输是一项复杂的工作，需要技术，也需要强烈的责任心，稍有不慎就会酿成大事故。但只要船方能及时总结船运危险货物经验教训，严格遵守安全操作规程，同时不断提高业务水平，就一定能把这项工作做好。

第三节　水路危险货物运输安全管理

案例 7-1

1. 事故概况及当事船舶概况

2012年12月，上海金为公司总经理奚建平将500t“碳九”销售给宁波港泰公司，宁波港泰公司又加价销售给南京龙凤公司。2013年1月10日上午，该“碳九”货物到达金张公路码头，在交接货物时，双方采用塑料软管直接对接车船的方式予以装卸。由于船员在装卸过程中未认真对船舱阀门的封闭性进行检查，致使船舶在装卸“碳九”过程中发生泄露，约52t“碳九”从船舱总阀、海底阀处泄漏至码头所在的朱泾镇掘石港河道内。

2. 污染情况及货物特性

泄露导致掘石港及下游黄浦江河道内水质污染，致使上海金山区、松江区取水口自来水原水不达标，松江区部分区域被迫停止供水，并影响到奉贤区、闵行区取水口，造成金山区、松江区经济损失计人民币480万余元。泄漏的涉案“碳九”因挥发造成金山区朱泾镇等地区的空气受到严重污染，致使46名居民身体不适而入院治疗。

（来源：中新网整理）

一、港口危险货物安全管理

随着交通运输业的不断发展，通过港口的危险品货物也呈上升趋势。尽管危险品货物在港口货物中所占比重较小,但其绝对数量不小,而且它本身所具有的易燃、易爆、毒害、腐蚀、放射性、污染性等危险特性,极易造成港口设施设备等财产损毁、环境危害和人员伤亡事故。因此,危险品货物在港口运输、装卸、储存等过程中的安全管理一直是港口生产过程中的管理重点,同时也是港口安全工作的难点。

1. 建立港口危险品货物管理组织

(1)港口主管局成立以分管生产的副局长任组长的危险品货物管理领导工作组。它应由港口公安、生产业务、安全、卫生环保等主管部门组成。其职责是负责本局管辖内危险品货物管理工作的领导和监督检查,协调解决港口危险品货物管理工作中发生的问题,确定危险品货物装卸的码头、泊位、锚地和储存库罐场,以及允许装卸或储存的危险货物的种类和数量。

(2)港口作业公司成立以分管生产副经理为组长的由货运、调度、安全、工艺、机械、装卸等部门领导组成的公司危险品货物管理领导工作小组。其职责是负责对本公司危险品货物管理工作的领导和监督检查,解决本公司危险品货物管理工作中发生的问题,拟定危险品货物装卸的码头、泊位、锚地、储存库、罐场以及危险品货物的种类和数量,报港口主管局危险品货物管理领导工作组审核批准。

(3)明确各部门危险品货物管理职责。港口公安部门负责危险品货物的防火安全管理、消防监督和治安保卫工作;港口生产业务部门负责危险品货物的管理工作;港口安全部门负责危险品货物的安全监督、检查和人员劳动防护用品管理工作;港口卫生环保部门负责危险品货物作业环境的监测、人员健康监护和医疗急救工作。

2. 确定受理装卸、储存、运输的危险货物

港口主管局应根据危险品货物的危险特性、港口装卸能力和储存条件及运力情况对危险品货物进行分档处理,分别对待。

第Ⅰ档:诸如非常敏感的爆炸品、放射性极强的物品和其他对装卸条件或储存环境要求极高的一级危险品货物。这些货物、港口不予接收,各作业公司不得受理。

第Ⅱ档:仅在特殊装卸区(专业码头、边远泊位或锚地)接收的诸如较钝感的爆炸品和其他高度危险一级危险品货物。这些货物必须“直接交货”或“车船直取”或“船船直取”,不得在港口停留。某些作业公司可以受理。

第Ⅲ档:允许在普通码头、泊位、锚地装卸的高度或中度危险的一、二级危险品货物。装卸这些货物时,优先考虑“车船、船船直装直取”的原则。烟火性制品、一级易燃物品、一般放射性物品、有机过氧化物、剧毒物品等应遵照“最后装,最先卸”的原则。

第Ⅳ档:允许在港区储存的危险品货物。危险品货物应储存在专用的库罐场,或具备一定条件临时库场。但必须进行限量、限期,并相应配套完善储存条件和加强管理。

3. 设立危险货物储存的库、罐、场

在港口,危险品货物大多以包装件、集装箱、散装方式出现。储存危险品货物要根据危险品货物出现方式和危险特性采取不同的储存方法。

(1)建造危险品货物仓库。有条件的港区,可根据近几年危险品货物包装件的种类和数量,确定危险品货物仓库的规模和分区。仓库应选择远离重要建筑、设施和人员密集地带。仓库应设置必需的防雷、防火、防爆、防晒、防雨、防潮、防漏、防水、防毒、泄压、调温、消除静

电、防护围堤、通风等相应安全设施。配齐相应的消防器材和设施。配备急救器材和应急处理装置。危险品货物要按其性质和不同的消防方法分类分项分堆存放。各堆垛之间要有足够的安全距离，并限量、限期存放。划定仓库周围区域防火界限。要求专人负责，昼夜值班管理。

(2)设置危险品货物集装箱堆场。集装箱作业公司要根据箱量及货物性质设置危险品货物集装箱堆场。堆场要远离重要设施建筑物和人员密集区域，用隔离围栏将堆场封闭。堆场要有避雷、防台设施和相应消防器材、设施。可根据需要设置遮阳棚、雨棚。堆场的照明设备为安全防爆型，要配备应急器材，要有降温设施。进入堆场的机械设备要采取防火防爆措施。严格控制火源，设定禁火区域。爆炸品、放射物品、压缩、液化气体和某些控温性物品应直装、直取，不得在堆场存放。一级易燃易爆物品集装箱堆放不超过二层箱高，其他类集装箱可允许堆放四层箱高。不同性质危险品货物集装箱间积载和隔离要满足安全的要求。要求专人负责，昼夜值班管理。

(3)设定散装危险品货物储罐(筒)。在港区后方可根据生产需要设定散装危险品货物储罐(筒)区。储罐的大小与罐区的规模可根据生产需要而定。不同性质的危险品货物储罐之间必须保持足够的安全距离。罐顶与罐区必须采取有效的避雷措施。储罐应配备液面液位检测、温度检测、液位报警、可燃气体预警装置等仪表设备。各储罐采取设防护堤、排液沟等防护措施。所需的管道和设备须满足货物的性质和耐压的需要，要分别设置防泄漏、防腐蚀、防静电等设施。罐区的电气线路和设施要满足防火、防爆及防腐蚀的需要。配备消防器材和设施。配备降温喷淋装置或预热装置。配备应急器材。划定禁火区域。要求专人负责，昼夜值班管理。

4. 建立健全危险货物安全管理规章制度

港口装卸、储存、运输过程中的各项安全管理规章制度是确保港口生产顺利进行、避免出现危险品货物事故必不可少的强制手段和预防措施。

5. 建立一支危险品货物装卸、储存、运输专业化的队伍

危险品货物从业人员(包括包装检验员、仓库员、装卸指导员、理货员、装卸操作工、驾驶员、保管员、货物计划、调度员、消防员、安全员等)要进行岗位安全资质培训和年度考核。要使他们掌握危险品货物知识、危险性质、安全防范措施、医疗急救措施和本岗位安全技术操作规程及其他有关危险品货物管理规章制度，具备应急处理和救护能力。特别对现场装卸、仓储、运输等人员，必须要持证上岗，对不按规范进行作业的人员进行严格处罚。

二、船舶装运危险货物的注意事项

根据《中华人民共和国船舶载运危险货物安全监督管理规定》，船舶装运危险货物应注意以下事项：

(1)禁止利用内河以及其他封闭水域等航运渠道运输剧毒化学品以及交通运输部规定禁止运输的其他危险化学品。禁止在普通货物中夹带危险货物，不得将危险货物匿报或者报为普通货物。禁止未取得危险货物适装证书的船舶以及超过交通运输部规定船龄的船舶载运危险货物。

(2)从事危险货物运输的船舶所有人或者其经营人、管理人，应当根据国家水上交通安

全和防治船舶污染环境的管理规定，建立和实施船舶安全营运和防污染管理体系。

(3)载运危险货物的船舶，其船体、构造、设备、性能和布置等方面应当符合国家船舶检验的法律、行政法规、规章和技术规范的规定，国际航行船舶还应当符合有关国际公约的规定，具备相应的适航、适装条件，经中华人民共和国海事局认可的船舶检验机构检验合格，取得相应的检验证书和文书，并保持良好状态。

(4)载运危险货物的船用集装箱、船用刚性中型散装容器和船用可移动罐柜，应当经中华人民共和国海事局认可的船舶检验机构检验合格后，方可在船上使用。

(5)曾装运过危险货物的未清洁的船用载货空容器，应当作为盛装有危险货物的容器处理，但经采取足够措施消除了危险性的除外。

(6)载运危险货物的船舶应当制定保证水上人命、财产安全和防治船舶污染环境的措施，编制应对水上交通事故、危险货物泄漏事故的应急预案以及船舶溢油应急计划，配备相应的应急救护、消防和人员防护等设备及器材，并保证落实和有效实施。

(7)载运危险货物的船舶应当按照国家有关船舶安全、防污染的强制保险规定，参加相应的保险，并取得规定的保险文书或者财务担保证明。载运危险货物的国际航行船舶，按照有关国际公约的规定，凭相应的保险文书或者财务担保证明，由海事管理机构出具表明其业已办理符合国际公约规定的船舶保险的证明文件。

(8)船舶载运危险货物，应当符合有关危险货物积载、隔离和运输的安全技术规范，并只能承运船舶检验机构签发的适装证书中所载明的货种。国际航行船舶应当按照《国际海运危险货物规定》(IMDG Gode)，国内航行船舶应当按照《水路危险货物运输规定》，对承载的危险货物进行正确分类和积载，保障危险货物在船上装载期间的安全。对不符合国际、国内有关危险货物包装和安全积载规定的，船舶应当拒绝受载、承运。

(9)船舶进行洗(清)舱、驱气或者置换，应当选择安全水域，远离通航密集区、船舶定线制区、禁航区、航道、渡口、客轮码头、危险货物码头、军用码头、船闸、大型桥梁、水下通道以及重要的沿岸保护目标，并在作业之前报海事管理机构核准，核准程序和手续按本规定第十三条关于单航次海上危险货物过驳作业的规定执行。

复习思考题

1. 分别叙述水路危险货物运输组织管理和国际交往发展状况。
2. 水路危险货物运输类别有哪些？危险货物港口作业申报的作用、范围和内容是什么？
3. 水运危险货物的工作流程包括哪些内容？
4. 港口危险货物安全管理的内容是什么？
5. 船舶装运危险货物应注意的事项有哪些？

第八章　公路危险货物运输

【本章教学要点】

知识要点	掌握程度	相关知识	应用方向
危险货物运输的概况	理解	承运人的基本素质、承运资质、市场行情	载运工具的选择、包装技术要求
标准及体系	深度理解	公路危险货物运输的国际标准和行业标准	运输方式、运载工具、组织方案设计
运输组织与管理	重点掌握	运输中货物管理和人员管理、货物的受理和托运	运输设备准备、运输组织流程设计
运输线路的优化	掌握	考虑线路优化的因素，掌握一定的线路优化方法	运输组织路线优化，运输成本、时间的管理
危险货物的集装箱运输	重点掌握	集装箱运输的优点、必要性、问题	开展多式联运、组织方案优化

【引导案例】

中石化石油加油站配送

中国石油化工集团公司(以下简称中石化)是我国最大的能源公司，连续多年跻身《财富》世界500强之一，截止至2015年年底，中石化下属加油站有3.06万座，位居全国第一。我们生活中不可或缺的石油是如何运输到各个加油站的呢？

中石化旗下加油站众多，如何在保证加油站正常运转的情况下对个加油站进行安全有效、快速的配送是一个必要思考的问题。其对于加油站的配送一般为：主要靠铁路运送成品油到当地的油库，然后由油库通过配送的油罐车送到加油站。一般沿海港口有可能河运。管道一般运送天然气。

在汽车运送石化物品的流程中，保证运输过程中的货物安全是首要考虑的因素，其次才是效率与费用等因素。应选用合格的专用车辆和严格培训的驾驶员，运输过程中格外注意易燃易爆等物品，严格遵守相关规章制度和体系。加油站的选址一般是交通便利的地方，但是不宜在居民区，注意做好安全措施。

基于以上因素的考虑，石油以其产品的理化性质的特殊性，在储存、车辆的选择、运输方式的选择等方面都做了慎重考虑，严保货物安全。本章就将讲述公路危险货物运输。

（来源：互联网整理）

公路运输是危险货物运输的一支主力军，承担了绝大部分社会危险货物的运输任务，在运输的任一环节稍有不慎，便可能对人民生命、财产及环境造成重大损失。本章的重点内容包括公路危险货物运输的相关标准及其体系，公路运输组织和承、托运人责任，以及公路危货集装箱运输管理工作等。

第一节 公路危险货物运输概况

据估算，每年公路运输危险货物在1亿~2亿吨，其中，剧毒的氰化物就达到几十万吨，易燃易爆的油品类等达到1亿吨。危险货物运输和管理的难度越来越大，事故频繁发生，虽经“专项整治”，但未能从根本上扭转被动局面。

分析当前我国公路危险货物运输现状，发现了一些新问题和新情况。从事公路危险货物运输的经营业户、运输车辆和从业人员逐年增加。至2010年年底，全国从事危险货物运输的企业(单位)为9 458户，比2006年增加了23.9%；运输车辆17.6万辆，比2003年增长了77.8%；全国共有30.1万从事道路危险品运输的驾驶员，押运员26.9万人，装卸管理员4.5万人。但从运输企业或业户的内部情况看，一些业户法制观念淡薄，为了追求经济效益降低成本而牺牲安全投入，安全生产管理混乱，投入营运的车辆、设备老旧，技术性能状况达不到运输危险货物的要求，从而使得公路危险货物运输生产存在着许多的事故隐患。从危险货物运输驾驶员等从业人员情况看，相当一部分驾驶员的文化水平比较低，对相关的法律法规不了解，对危险货物的特点、危险性等基础知识和安全运输的技术条件也缺乏了解，甚至不知道如何保护自己的健康、安全，一旦出了事故，不知道如何处理，也没有报案意识，甚至擅自脱岗，任事故危害进一步扩大；从政府方面看，前些年由于政府转变职能实现政企分开，国家对企业经营松绑放开的同时，政府不再对企业的工作和安全工作进行直接的布置和检查，在劳动生产安全的管理、监督功能方面使政府与企业之间的管理脱节。近几年政府机构改革后，行业管理逐步淡化和撤出，交通运管机构和人员编制的改变、压缩，在安全运输管理方面出现调整时期，一段时间内出现了管理不到位、监察不力等情况。从市场准入条件看，前些年推行的单车承包和个体运输业户等，使不具备从事危险货物运输资格条件的业户大量涌入公路危险货物运输市场，从事危险货物运输，他们使运输事故层出不穷，公路危险货物运输安全面临着严峻的压力和挑战。

危险货物由于性质活泼或不稳定，容易受外界条件的影响，若在运输、装卸、储藏作业中，受到了光、热、撞击、摩擦等条件的作用就极易发生爆炸、燃烧、中毒、腐蚀、放射线辐射的严重事故，造成大量人员伤亡、财产损失、环境破坏。我国现有10万多辆运输危险货物的车辆行驶在全国各地，在运输过程的各个环节或因素中，稍有不慎就可能诱发事故，因此有人称此为“流动的危险源”“炸药桶”“活炸弹”等，故而公路危险货物运输安全也必须引起高度重视。

第二节 公路危险货物运输的相关标准及其体系

与公路危险货物运输相关的部门多、单位多、环节多，所需的专业知识、技术多。例如车辆在运输过程中与人、车、路、环境等多方面的因素相关联;对危险货物应掌握货物的理化性质、隔离配载技术、包装和槽罐的检验和使用、事故的应急处理和抢救等知识;对人的管理,包括驾驶员的素质资格认定、培训、考核、发合格证等;对车的管理,包括运输危险货物车辆的技术等级标准要求、维护保养要求、容器槽罐的检验规定和专用车的使用等;对路和环境的管理,包括不同路况、山区和夜间行车技术要求,风、雪、雾天的行车技术要求等。此外,更重要的是急需制定和实施一系列相关的法规、标准来约束和控制运输全过程,并应尽最大可能在车上应用高科技、新技术,为减少危险货物运输事故服务。

针对于此,近年来我国在加强公路危险货物运输法制化过程中,颁布了不少有关危险货物的强制性技术标准,从而构成了我国公路危险货物运输的坚实保障。

一、公路危险货物运输的国家标准(图 8-1)

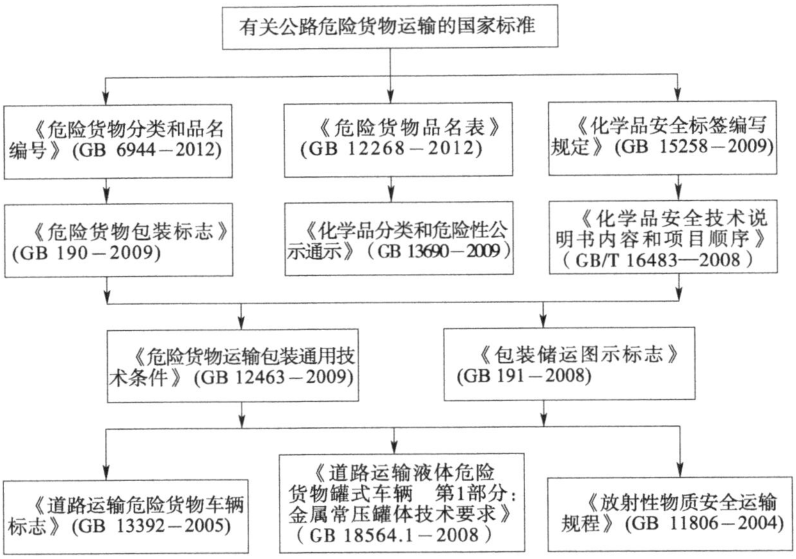

图 8-1 公路危险货物运输的国家标准

1.《危险货物分类和品名编号》

《危险货物分类和品名编号》(GB 6944—2012)标准适用于运输危险货物中类、项的划分和品名的编号,对危险货物进行了定义,将危险货物分为 9 类。标准对危险货物品名编号作出了具体规定。每一危险货物指定一个编号,但对其性质基本相同,运输条件和灭火、急救方法相同的危险货物,也可使用同一编号。统一危险货物分类、分项、品名及其编号,对加强危险货物运输在各环节上的有效协调、统一防护、安全转运等方面,具有十分重要的意义。

2.《危险货物品名表》

《危险货物品名表》(GB 12268—2012)是依据《危险货物分类和品名编号》(GB 6944—2012)的分类定义和编号规定,把所能收集到的国际、国内危险货物品名,逐一分类、分项、编号,形成单独一册的品名表,便于查找。在《危险货物品名表》(GB 12268—2012)的备注中,有联合国危险货物专家推荐委员会的关于危险货物的编号 UN××××,为进、出口运输危险货物提供了方便。

3.《道路运输危险货物车辆标志》

《道路运输危险货物车辆标志》(GB 13392—2012)规定了道路运输危险货物车辆标志的分类、规格尺寸、技术要求、试验方法、检验规则、包装、标志、装卸、运输和储存,以及安装悬挂和维护要求。标准适用于道路运输危险货物车辆标志的生产、使用和管理。标准规定,道路运输危险货物车辆标志分为标志灯和标志牌。标准对标志灯和标志牌的结构、类型、规格和尺寸等作了规定。

4. 其他相关国家标准

公路危险货物运输涉及内容广泛,有关危险货物在包装、包装标志、储运图示等方面,国家均制定有相关国家标准,这些标准均与公路危险货物运输及其管理活动有关,必须予以执行。这些相关标准主要有:

(1)《危险货物运输包装通用技术条件》(GB 12463—2009);

(2)《危险货物包装标志》(GB 190—2009);

(3)《包装储运图示标志》(GB 191—2008);

(4)《气瓶颜色标记》(GB 7144—2016);

(5)《运油车、加油车技术条件》(QC/T 653—2000);

(6)《危险货物命名原则》(GB 7694—2008);

(7)《放射性物质安全运输规程》(GB 11806—2004)等。

这些标准中的有些正在进行修订。从事公路危险货物运输的单位、经营人员和管理部门,应时刻关注这些标准的最新版本,正确指导和管理公路危险货物运输活动。

二、公路危险货物运输的行业标准(图 8-2)

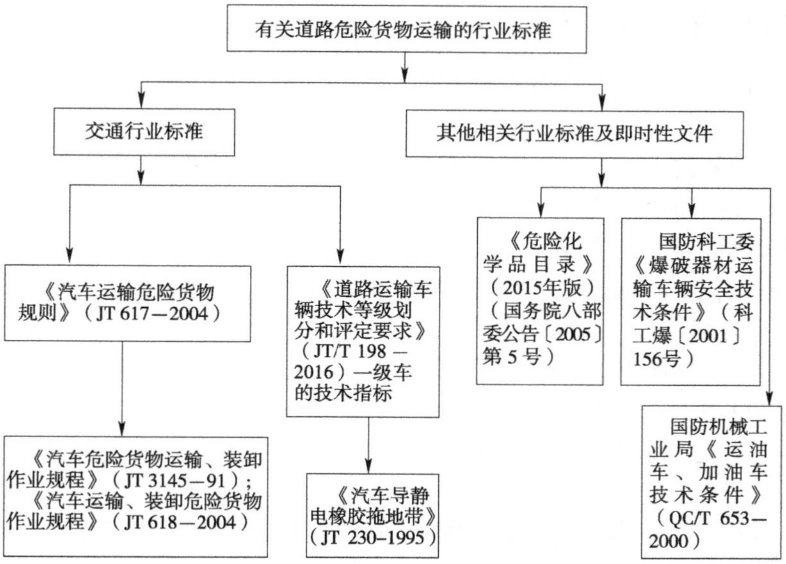

图 8-2 公路危险货物运输的行业标准

1.《汽车运输危险货物规则》

《汽车运输危险货物规则》(JT 617—2004)我国公路危险货物运输管理的强制性技术标准,主要应用者是从事公路危险货物运输的管理人员及从业人员。该标准规定了汽车运输危险货物的托运、承运、车辆和设备、运输、从业人员、劳动防护等基本要求,适用于汽车运输危险货物的安全管理。主要分为:适用范围、规范性引用文件、术语和定义、分类和分项、包装、标志和标签、托运、承运、车辆和设备、运输、从业人员、劳动保护、事故应急处理等内容。

2.《汽车运输、装卸危险货物作业规程》

《汽车运输、装卸危险货物作业规程》(JT 618—2004)是我国公路危险货物运输管理的强制性技术标准,主要应用者是从事公路危险货物运输的从业人员及管理人员。该标准规定了汽车运输或装卸危险货物的基本要求和安全作业要求,适用于爆炸品,压缩气体和液化气体,易燃液体,易燃固体、易自燃物品和遇湿易燃物品,氧化剂和有机过氧化物,毒害品和感染性物品,放射性物品,腐蚀品和杂类等危险货物的汽车运输和装卸。主要分为:范围、规范性引用文件、术语和定义、通则、包装货物运输和装卸要求、散装货物运输和装卸要求、集装箱运输和装卸要求、部分常见大宗危险货物的运输和装卸要求等内容。

第三节　公路危险货物运输管理

公路危险货物运输管理是一个动态的过程,包括从运输从业人员到整个道路运行中的各个安全运行环节,《中华人民共和国道路交通管理条例》和《道路危险货物运输管理规定》对从事道路危险货物运输经营条件作了详细的规定。从事道路危险货物运输经营,应当具备下列条件。

一、有符合要求的专用车辆及设备

(1)自有专用车辆(挂车除外)5 辆以上;运输剧毒化学品、爆炸品的,自有专用车辆(挂车除外)10 辆以上。

(2)专用车辆的技术要求应当符合《道路运输车辆技术管理规定》的有关规定。

(3)配备有效的通信工具。

(4)专用车辆应当安装具有行驶记录功能的卫星定位装置。

(5)运输剧毒化学品、爆炸品、易制爆危险化学品的,应当配备罐式、厢式专用车辆或者压力容器等专用容器。

(6)罐式专用车辆的罐体应当经质量检验部门检验合格,且罐体载货后总质量与专用车辆核定载质量相匹配。运输爆炸品、强腐蚀性危险货物的罐式专用车辆的罐体容积不得超过 $20m^3$,运输剧毒化学品的罐式专用车辆的罐体容积不得超过 $10m^3$,但符合国家有关标准的罐式集装箱除外。

(7)运输剧毒化学品、爆炸品、强腐蚀性危险货物的非罐式专用车辆,核定载质量不得超过 10t,但符合国家有关标准的集装箱运输专用车辆除外。

(8)配备与运输的危险货物性质相适应的安全防护、环境保护和消防设施设备。

二、有符合要求的停车场地

(1)自有或者租借期限为3年以上,且与经营范围、规模相适应的停车场地,停车场地应当位于企业注册地市级行政区域内。

(2)运输剧毒化学品、爆炸品专用车辆以及罐式专用车辆,数量为20辆(含)以下的,停车场地面积不低于车辆正投影面积的1.5倍,数量为20辆以上的,超过部分,每辆车的停车场地面积不低于车辆正投影面积;运输其他危险货物的,专用车辆数量为10辆(含)以下的,停车场地面积不低于车辆正投影面积的1.5倍,数量为10辆以上的,超过部分,每辆车的停车场地面积不低于车辆正投影面积。

(3)停车场地应当封闭并设立明显标志,不得妨碍居民生活和威胁公共安全。公路危险货物运输从业人员管理。

三、有符合要求的从业人员和安全管理人员

公路危险货物运输的从业人员,包括管理人员、驾驶人员、押运人员和装卸管理人员,是保证危险货物运输的关键因素。只有对其切实加强培训、教育和管理,不断提高他们的技术、业务素质和思想觉悟,才能坚决贯彻有关规章制度,严格遵守安全操作规程,确保危险货物的安全运输。

(1)专用车辆的驾驶人员取得相应机动车驾驶证,年龄不超过60周岁。

(2)从事道路危险货物运输的驾驶人员、装卸管理人员、押运人员应当经所在地设区的市级人民政府交通运输主管部门考试合格,并取得相应的从业资格证;从事剧毒化学品、爆炸品道路运输的驾驶人员、装卸管理人员、押运人员,应当经考试合格,取得注明为“剧毒化学品运输”或者“爆炸品运输”类别的从业资格证。

(3)企业应当配备专职安全管理人员。

四、有健全的安全生产管理制度

安全声场管理制度一般包括:企业主要负责人、安全管理部门负责人、专职安全管理人员安全生产责任制度,从业人员安全生产责任制度,安全生产监督检查制度,安全生产教育培训制度,从业人员、专用车辆、设备及停车场地安全管理制度,应急救援预案制度,安全生产作业规程,安全生产考核与奖惩制度,安全事故报告、统计与处理制度。

五、公路危险货物运输中的安全运行要求

(1)驾驶员必须严格遵守《中华人民共和国道路交通管理条例》的有关规定。

(2)押运人员必须乘坐在指定位置上,车上严禁搭乘无关人员,不得携带与所装货物性质相抵触物品。

(3)根据车辆装载情况,途中应进行检查,发现问题及时采取措施。中途临时停车应与其他车辆、高压线、人口聚集地等保持一定的安全距离,应停放在有利于安全防护的地方。

(4)运输过程中,必须在指定位置设置危险品信号标志。

(5)运输过程中遇天气发生变化,应根据货物特性及时采取相应的防护措施,遇有雷雨时,不得在树下、电杆、高压线、铁塔、高层建筑及容易遭到雷击和产生火花的地点停车。若要避雨时,应选择安全地点。

(6)车辆发生故障需修车时,应选择安全地点,需进入修理厂时,不准载货进入厂内。

(7)运输途中发生货物丢(灭)失或泄漏等情况时,应及时报告有关部门并进行应急处理。

(8)危险货物运输、装卸过程中,一旦发生事故,应立即组织抢救及负责维护现场并及时向当地有关部门如实报告。

案例链接 8-1

2011年11月1日11时30分许,两辆装载72t炸药的货车,在贵州省黔南州福泉市马场坪收费站附近一汽修厂检修时,发生爆炸,爆炸发生后,天空中冒起了黑色的蘑菇云,笼罩整个镇子。方圆3km左右的范围内,各家各户的玻璃窗几乎都被殃及。据救援指挥部提供的最新情况,经卫生部、贵州省和黔南州卫生部门专家组检查后确认,事故发生后,有218名伤员在医院接受救治,其中重伤9人。据贵州省黔南州公安局通报的事故初步调查情况显示,福泉市永远发展运输有限公司与湖南南岭民用爆炸器材股份有限责任公司签订运输合同,运输炸药的两辆货车均属福泉永远发展运输公司,载有炸药总量72t,拟运往贵州联合民爆器材经营有限责任公司。两辆货车未按规定的路线行驶,违规停放在马场坪收费站附近的检测站时,一辆货车燃烧,发生爆炸。事故发生后有关涉案人员已被公安机关控制。

11月2日下午,贵州省公安机关召开加强危爆物品管理紧急会议,决定从即日起在全省开展危险爆炸物品大检查、大排查、大整改行动,排查、整治危爆物品管理中存在的问题和隐患,杜绝此类事故发生。

第四节 公路危险货物运输组织

一、公路危险货物运输的受理与托运

公路危险货物运输,一般要经过托运、受理托运、仓储保管、货物装卸、运送、交付等环节,这些环节分别由不同岗位人员操作完成(图8-3)。其中,受理托运、货物运送及交接保管工作环节尤其应加强管理,其规范要点如下:

1. 受理托运

(1)在受理前必须对货物名称、性能、防范方法、形态、包装、单件质量等情况进行详细了解并注明。

(2)问清包装、规格和标志是否符合国家规定要求,必要时下现场进行了解。

(3)新产品应检查随附的"技术鉴定书"是否有效。

(4)按规定需要的"准运证件"是否齐全。

(5)做好运输前准备工作,装卸现场、环境要符合安全运输条件,必要时应赴现场勘察。

(6)到达车站、码头的爆炸品、剧毒品、一级氧化剂、放射性物品(天然铀、钍类除外),在受理前应赴现场检查包装等情况,对不符合安全运输要求的应请托运人改善后再受理。

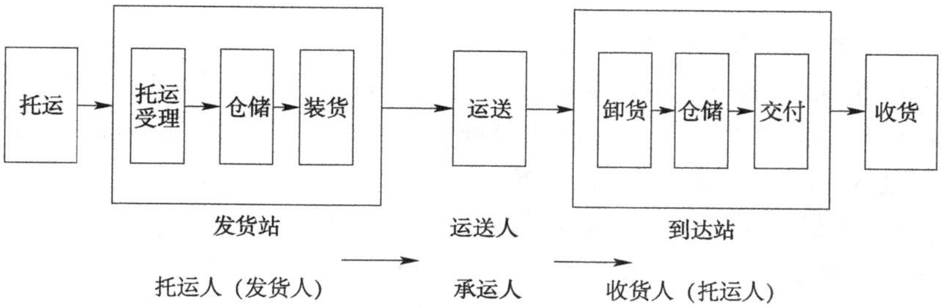

图 8-3　道路危险货物作业程序

2. 货物运送

(1)详细审核托运单内容,发现问题要及时弄清情况,再安排运行作业。

(2)必须按照货物性质和托运人的要求安排车班、车次,如无法按要求安排作业时,应及时与托运人联系进行协商处理。

(3)要注意气象预报,掌握雨雪和气温的变化。

(4)遇有大批量烈性易燃、易爆、剧毒和放射性物资时,须作重点安排,必要时召开专门会议,制订运输方案。

(5)安排大批量爆炸物品与剧毒物品跨省市运输时,应安排有关负责人员带队,指导装卸和运行,确保安全生产。

(6)遇有特殊注意事项,应在行车单上注明。

3. 交接保管

(1)自货物交付承运起至运达止,承运单位及驾驶、装卸人员应负保管责任;托运人派有押运人员的应明确各自应负的责任。

(2)严格货物交接,危险货物必须点收点交签证手续完善。

(3)装货时发现包装不良或不符安全要求,应拒绝装运,待改善后再运。卸货时发生货损货差,收货人不得拒收,并应及时采取安全措施,以避免扩大损失,同时在运输单证上批注清楚。驾驶员、装卸工返回后应及时汇报,及时处理。

(4)因故不能及时卸货,在待卸期间行车人员应负责对所运危险货物的看管,同时应及时与托运人取得联系,恰当处理。

(5)如所装货物危及安全时,承运人应立即报请当地运管部门会同有关部门进行处理。

案例 8-1:"2015.3.1"晋济高速隧道甲醇车辆泄漏燃烧事故

1. 事故概况及经过

发生时间:2015 年 3 月 1 日 14 时 45 分许。

肇事车辆情况:晋 E23504/晋 E2932 挂铰列车(允许装载介质为汽油,核载 30.6t、实载 29t 甲醇)与豫 HC2923/豫 H085J 挂铰接列车(允许装载介质为二异丙胺,核载 32t、实载 29.6t 甲醇)发生追尾事故。

基本性质：无色透明液体，有刺激性气体，有毒易挥发，易溶于水，与空气混合能形成爆炸性混合物，遇热源和明火有燃烧爆炸的危险。

具体地点：晋济高速岩后隧道内。

事故经过及危害、损失、伤亡情况：3月1日14时50分，该危险货物运输汽车(晋E23504/晋E2932挂铰列车)，由北向南行驶至二广高速公路1 060km加900m处岩后隧道路段。进入隧道光线骤然变暗，未及时发现前方车辆排队等候通行，随即发生车连追尾事故，并有甲醇泄漏，且车辆驾驶员擅自违规处理，引发火灾。两车上的驾驶员和押运员共4人弃车逃离现场。由于岩后隧道入口低、出口高，货车所载甲醇在隧道入口处泄漏燃烧后，火势迅速沿隧道由入口向出口蔓延，先后引燃前方排队等候通行的运煤车，并引发隧道内一辆拉有液态天然气的车辆发生爆炸。二广高速公路岩后隧道路段交通中断3天多，直到5日上午才恢复通行。

2. 事故原因分析

晋E23504牵引车准牵引总质量(37.6t)，小于晋E2932挂罐式半挂车的整备质量与运输甲醇质量之和(38.34t)，存在超载行为，发现前方车辆时仅有五六米，影响制动，进而无法紧急制动，发生追尾，并造成前车甲醇泄漏，追尾造成豫H085J挂半挂车的罐体下方主卸料管与罐体焊缝处撕裂。该罐体未按标准规定安装紧急切断阀，后车发生电气短路，引燃周围可燃物，进而引燃泄漏的甲醇。另外，企业没有按照设计充装介质，从业人员安全培训教育制度不落实，驾驶员和押运员习惯性违章操作，罐体底部卸料管根部球阀长期处于开启状态 。而装载质量的多少，装货是第一关卡，因此装卸人员除须具备必要的专业知识外，还需要有高度的责任心，在车辆装载方面把好第一关，严禁危险货物超载装运。

3. 事故损失

由于事故造成隧道内滞留的另外两辆危险化学品运输车和31辆煤炭运输车等车辆被引燃引爆，共造成40人死亡、12人受伤，1 500多吨煤炭燃烧，直接经济损失8 197万元 ，并引发液态天然气车辆爆炸，造成重大人员经济损失。

4. 事故发生后采取的措施

3月1日14时50分，晋城消防支队指挥中心接警后，先后调派7个公安消防中队、9个专职消防队共400名官兵、44辆消防车赶赴现场，山西省消防总队调集相邻的长治、临汾两市消防支队共29名官兵、5辆消防车到场增援。15时15分，首批消防人员到达隧道北口。此时隧道北口有车辆猛烈燃烧，地面形成流淌火；位于下风方向的隧道南口有大量黑色浓烟涌出，浓烟已感到烫手。现场指挥部当即决定全力扑救隧道北口火灾，继续对后车罐体实施冷却，在出口处组织停留人员疏散，并协调环保部门对现场环境及可燃有毒气体进行实时监测。18时许，隧道北口处火灾被彻底扑灭。3月2日零时10分，现场指挥部决定组成攻坚组从人行横洞进入隧道，分别向隧道南、北两侧梯次进攻灭火。3时30分，后车罐体内甲醇导出转移；9时30分，人行横洞以北隧道内大火被基本扑灭；3月3日18时，隧道内大火被全部扑灭。

(来源：人民网整理)

二、公路危险货物运输安全注意事项

危险物品具有易燃易爆、有毒有害的理化特性，在运输过程中稍有不慎就可能发生事故，甚至是社会灾难性事故，处理回收也极为棘手。因此，要高度重视危险货物的运输安全问题，绝不能掉以轻心。

(1)配备符合规定的驾驶员和押运员。驾驶员和押运员必须经过专门培训并取得危险货物运输从业资格证、押运证。要学习掌握一定的化工知识，熟悉承载货物的物理化学性质、危险特性、注意事项，如货物的比重、闪燃点、毒性、膨胀系数等，成为半个“行家”。出车时要带齐驾驶证、准运证、从业资格证、押运证以及行驶证、车辆年检合格证、养路费凭证和容器安全检验合格报告等证件，以备检查。

(2)车辆安全状况和安全性能合格。必须对车辆的安全技术状况进行认真检查，发现故障必须排除后方可投入运行。要特别注意检查容器的安全性能，逐个部位检查液位计、压力表、阀门、温度表、紧急切断阀、导静电装置等安全装置是否安全可靠，杜绝跑、冒、滴、漏，故障未处置好不得承运。要保持驾驶室干净，不得有发火用具，危险品标志灯牌完好。

(3)应急处理准备充分。要检查随车消防器材的数量及有效性。要随车携带不发火的工具、专业堵漏设备、劳动防护用品，不得穿钉子鞋和化纤服装。押运员要携带掌握承载货物的事故技术处置方案(包括危险特性、处置措施、消防处置措施)、产品生产厂家联系电话及交通事故、治安、消防、救护、环保等报警电话。

(4)装载货物要注意细节。装载货物要到现场负责监督，详细核对货物名称、规格、数量是否与托运单证相符。要按照堆码整齐、靠紧妥帖、平整牢固、均匀平衡、易于点数的基本要求进行。各种危险化学品不能混装，做到一车一货。承载易燃易爆品时，车辆排气管要戴防火罩，桶装危险品的桶与桶之间要用编织袋充填空隙。容器罐装液体时，应预留容积不得少于总容量5%的膨胀余量。装载有毒有害货物时，要站在上风处。更要注意，装载的任何化工产品都要加盖雨布，以防交会车时飞落的烟头。

(5)精心驾驶，平稳行车。行车要遵守交通、消防、治安等法律法规。“礼让三先”，主动避让各种车辆，应控制车速，保持与前车安全距离，严禁违法超车。不能疲劳驾驶，不开英雄车、赌气车、霸王车，使车辆保持平稳、中速行驶。驾驶中要尽量少用紧急制动，以保持货物的稳定，确保行车安全。

(6)行车途中勤检查。危险品运输的事故隐患主要是从泄漏开始的。由于行车途中车辆颠簸振动，往往容易造成包装破损，因此，行车途中要勤于检查。当行驶2h后要查看一下桶盖上有无溢出，用专用扳手拧紧，如密封圈失效应更换；铁桶之间的充填物有无跌落，车厢底部四周有无泄漏液体，如有应查出漏桶，将漏点朝上；捆绑的绳索是否松动等。在高温季节时，液体会膨胀，更换密封圈时要注意慢慢开启，等放走气体后再完全打开，以避免开盖过急液体喷出伤人。

(7)选择行驶路线得当，行车时间恰当。运输危险品要选择道路平整的国道主干线，不能只考虑路近而走复杂的路段。行车要远离城镇及居民区，非通过不可时，要再检查一次，确认安全无泄漏再过境。不能在城市街道、人口密集区停车吃饭、休息。提倡白天休息，夜间行车，以避让车辆、人员高峰期。万一发生泄漏，个人力量无法挽回时，要迅速将车开往空旷地带，远离人群、水源。一旦发生交通事故，要扩大隔离范围，并立即向有关部门报警。

(8)小心卸货，防止污染。危险物货物大多具有毒性、腐蚀性，稍不注意就容易污染环境。特别是液、气态产品容易污染空气、土地和水源。卸货时尤其要注意，经过长途运输，外包装都会有一定破损，在没有专用站台的地方卸货时要铺跳板或木杠，用绳拉住桶缓缓落地，或用废轮胎垫地，以起到缓冲作用。并要告知货主，对危险品不要急于使用，要搁置一段时间，等各种性能平稳后再使用。值得提醒的是，如发现车厢里有泄漏的痕迹，不要急于清洗，要先用锯末或沙子清扫一遍，让其干透，蒸发后，在远离水源的地方用水冲洗，以免污染环境。

第五节　危险货物运输的路线优化选择

对危险货物运输路线进行选择优化的目的就是，通过研究，寻找出一条既安全、高效，又便于全程监控的运输路线，以确保危险货物运输过程的安全。

一、运输路线优化选择的影响因素

危险货物运输由于装载的货物具有爆炸、放射性、剧毒等特性，对人类生活、生产及自然环境构成潜在的严重危险，因此，决定了它的运输与普通货物运输所要求条件的不同。普通货物的路线选择，主要考虑时间或经济成本等因素，而危险货物在进行运输路线优化选择时，首先考虑其运输安全，即所选择的最优行车路线，在车辆发生事故时，不至于对运输路线的周边环境造成严重的危害，或是危险性和危害性最小的路线。其次，在满足运输安全条件下，使运输效益最高。

危险货物运输总是在一定时空域内进行的，在实际运输中，影响危险货物运输安全的因素很多，情况非常复杂，给运输路线优化带来很大困难，同时也造成危险货物运输路线优化指标选取的不确定性。为了便于问题的研究，并且使问题更具有一般性，选取以下约束条件，即危险货物运输路线优化指标的选取，主要考虑在2011年2月16实施的《危险化学品安全管理条例》中规定的、影响危险货物运输安全的因素。这些因素是指道路运输路线周边环境，包括生态环境、人口密集区、道路交通状况等，而对于与危险货物运输安全有关的车辆性能、驾驶员等因素不予考虑，假定这些因素是正常的，符合有关国家法规标准。参照《危险化学品安全管理条例》和文献中❶的研究成果，可得到生态环境、人口密集区、道路交通状况及其二级影响指标因素(图8-4)以及各因素的权重。

二、运输路线的优化选择

在确定影响因素的权重后，将危险货物运输路线优化问题，转换为加权最短路问题。确定权重的方法很多，如层次分析法(AHP)、德尔菲法等，此处从文献所获得的权重是结合专家调查法的AHP法，得到的权重集分别为：$\boldsymbol{P}=(\boldsymbol{P}_1,\boldsymbol{P}_2,\boldsymbol{P}_3)=(0.6,0.3,0.1)$，$\boldsymbol{P}_1=(0.7,0.1,0.2)$，$\boldsymbol{P}_2=(0.4,0.4,0.2)$，$\boldsymbol{P}_3=(0.3,0.4,0.3)$。计算 $\boldsymbol{u}_i\times\boldsymbol{u}_{ij}$ 的值(表8-1)，得

❶ 沈小燕，刘浩学，周洵，等. 道路危险货物运输路线优化评价研究[J]. 中国安全生产科学技术，2006(12).

到二级影响指标因素中各项目的绝对权重。考查了众多的研究成果，并为了使最后计算得到的权重变换系数 W_k 为大于或等于 1 的值，于是选取一级危险品的危险系数（D_1）与二级危险品的危险系数（D_2）比例为 6∶4，且 $D_1+D_2=100$。由 $u_i \times u_{ij}$ 与危险品的等级系数的乘积得到权重变换系数 W_k（表 8-1）。

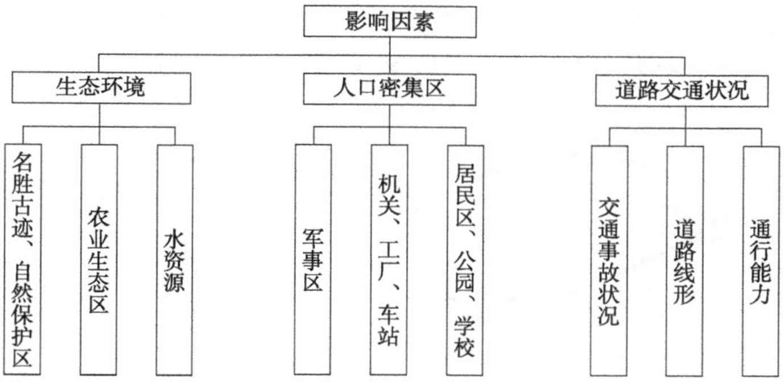

图 8-4 运输路线影响因素

影响因素的权重 表 8-1

一级指标	权重	二级指标	权重	$u_i \times u_{ij}$	危险品等级	危险品等级系数（D）	权重变换系数（W_k）
生态环境	0.6 u_1	水资源 u_{11}	0.7	0.42	Ⅰ级	60	25.2
					Ⅱ级	40	16.8
		农业生态区 u_{12}	0.1	0.06	Ⅰ级	60	3.6
					Ⅱ级	40	2.4
		风景名胜自然保护区 u_{13}	0.2	0.12	Ⅰ级	60	7.2
					Ⅱ级	40	4.8
人口密集区	0.3 u_2	居民区、公园、学校 u_{21}	0.4	0.12	Ⅰ级	60	7.2
					Ⅱ级	40	4.8
		机关、工厂、车站 u_{22}	0.4	0.12	Ⅰ级	60	7.2
					Ⅱ级	40	4.8
		军事区 u_{23}	0.2	0.06	Ⅰ级	60	3.6
					Ⅱ级	40	2.4
道路交通状况	0.1 u_3	通行能力 u_{31}	0.3	0.03	Ⅰ级	60	1.8
					Ⅱ级	40	1.2
		道路线形 u_{32}	0.4	0.04	Ⅰ级	60	2.4
					Ⅱ级	40	1.6
		交通事故状况 u_{33}	0.3	0.03	Ⅰ级	60	1.8
					Ⅱ级	40	1.2

在危险品运输道路选择时，如需要考虑生态环境、人口密集区、道路交通状况等因素，在初始路网中各路段权重的基础上，乘以表 8-1 中的相应的权重变换系数（W_k），求解权重变换后的路网的最短路，即可选出优化线路。

对于小规模的路网问题，可采用成熟的、得到广泛验证和认可的 Dijkstra 算法来求解。对于较大规模的路网问题，由于随着路网节点的增多，计算规模急剧膨胀，可采用启发式算法来求得满意解，例如基于遗传算法(Genetic Algorithm)、神经网络(Neural Network)、蚁群优化算法(Ant Colony Optimization Algorithm)等技术的算法。

例如，图 8-5 是一个小规模的初始路网，各条边上的数字表示不考虑周围环境影响和运输货物特性时的成本或距离。可以计算出从 V_1 到 V_7 的最短路径为 $V_1 \to V_3 \to V_6 \to V_5 \to V_7$。

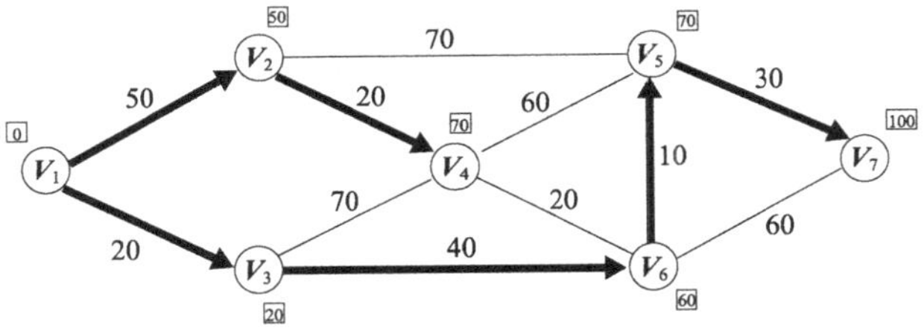

图 8-5 初始最短路径图

假设，$V_1 \to V_3$ 路段有一个工厂，$V_5 \to V_6$ 路段有大量水资源，$V_5 \to V_7$ 路段有农业生态区，需从 $V_1 \to V_7$ 运输二级危险品，加权变换后路网的成本出现明显改变，经过计算，V_1 到 V_7 的最短路径变化为 $V_1 \to V_2 \to V_4 \to V_6 \to V_7$，如图 8-6 所示。

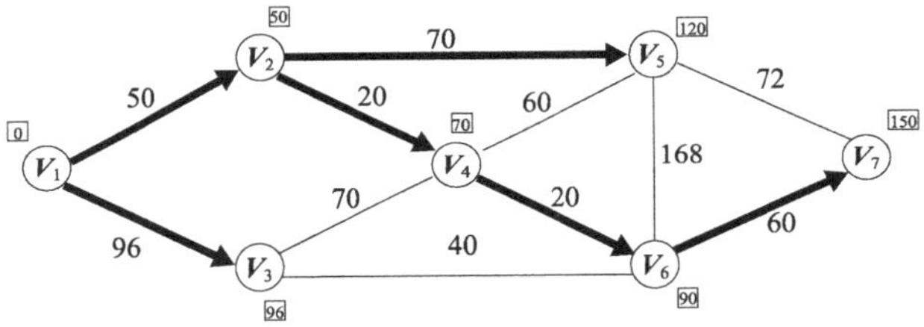

图 8-6 变换后最短路径图

如果一条路上同时出现两个以上的影响因素，则可以增加节点，再分别计算。虽然，由此选出的路线，并非实际意义上的最短路径，但却是危险性最小、危害性相对局限，而且比较经济的优化路线。

第六节 公路危险货物集装箱运输

随着我国经济的持续发展，进出口贸易的增加，我国公路集装箱运输也得到很大发展，但危险货物集装箱(罐式集装箱)运输发展却非常缓慢。纵观国外和国内海运、公路运输、危险货物集装箱运输的发展是非常迅速的。为使我国公路运输与国际接轨，有利于发展多式联运，占领危险货物集装箱运输市场，有必要大力发展危险货物集装箱运输。

一、公路危险货物集装箱运输的优点

公路危险货物集装箱运输具有以下几方面优点：

(1)安全性好。危险货物装入集装箱后，集装箱即成为一个外包装。由于集装箱具有良好的结构强度，可以避免运输过程中各种外力对箱内危险货物包装的直接作用，起到保护作用。同样液体危险货物装入罐式集装箱后，由于其制作材料、结构强度、防渗漏性等都要大

大优于铁桶、塑料桶等常见的液体危险货物运输包装，因此安全性能更好。另外，从事故概率看，罐式集装箱比普通包装要低得多。例如，一个容积 24.83m^3 的罐式集装箱装运的液体危险货物需容积 200L 的钢桶 125 只装运。在运输过程中，每只桶由于其质量、外力作用等诸因素，都存在包装破损、渗漏的可能；对于盛装易燃液体而言，每一桶的破损、渗漏都有可能造成火灾、爆炸事故。另外，危险货物集装箱可以做到门到门运输，避免运输中多次的装卸搬运，从而避免了装卸搬运中可能造成的对包装的损坏，造成危险货物外漏，发生事故。

(2)节省包装费用。危险货物装入集装箱后，由于集装箱的保护作用，货物的运输包装可适当降低一些要求，从而节省包装费用。例如，原来采用硬质包装的可改用软质包装。对于采用罐式集装箱装运的液体危险货物，则可完全省去运输包装。

(3)便于作业。危险货物采用集装箱运输后，便于机械作业，可大大简化装卸作业过程，提高作业效率。

二、发展公路危险货物集装箱运输的必要性

(1)有利于开展多式联运。目前国外危险货物集装箱运输已很普遍，进出口危险货物中成件包装的也多以集装箱装运。由于目前国内公路危险货物集装箱运输受到限制条件较多，例如装运品名的限制、办理站的限制等，许多危险货物集装箱只能在港口掏箱再转公路运输，或由内地货场将成件包装的危险货物运至港口再装箱出口，使危险货物集装箱多式联运受到了很大的影响。如果公路危险货物集装箱运输条件得到改善，例如放宽运输品名限制，多开办一些危险货物集装箱办理站等，相信危险货物集装箱多式联运会得到很大的发展。

(2)有利于作业人员人身安全和环境保护。危险货物采用集装箱运输，可以避免作业人员与危险货物的直接接触，从而减轻危险货物对作业人员的危害。同时避免对货物进行直接的装卸作业，可减少货物在作业中因包装破损的撒漏，造成对运输车辆和货场设备的污染。另外，危险货物采用集装箱运输，可以开展门到门运输，装过危险货物的集装箱可以在货场外收货人处清扫和洗刷除污，减少公路货场对危险货物垃圾及废水处理的工作量。

三、公路集装箱装运危险货物应注意的几个问题

危险货物品类繁多，性质复杂，运输要求各异。尽管集装箱装运危险货物有许多优点，但也有一些不足之处，例如集装箱隔热性、通风性差等，如不加以考虑，容易在运输中发生事故。

(1)集装箱装运危险货物品类的选择。在选择集装箱装运的危险货物品类时应充分考虑集装箱通风性差这个问题。对于易挥发、易爆的危险货物，例如易燃液体、电石等，应谨慎选择。因为这些危险货物易挥发或分解出易燃气体，由于集装箱通风性差，不易散发到箱外，在箱内结聚，形成爆炸性混合气体，遇货物包装(铁质)相互碰撞或开闭集装箱箱门等因素产生火花时易发生燃爆。

(2)集装箱装运危险货物运输季节的选择。集装箱隔热性、通风性差，造成集装箱夏季运输时箱内温度高达 60～80℃，对于有些对温度敏感的危险货物，例如压缩气体和液化气体应避免在夏季运输。现在市场上广泛出售的各种喷雾罐，当外界温度超过 50℃时罐体内推进剂(丁烷或氟利昂)所产生的压力会致使罐体开裂，造成内货外漏。另外，温度升高会提高

爆炸品等某些危险货物的敏感度,极易发生燃烧爆炸事故。所以集装箱装运一些对温度敏感的危险货物时,应避开夏季高温季节。

复习思考题

1. 公路危险货物运输的相关标准及其体系包括哪些内容?
2. 在公路危险货物运输管理中,对从业人员和安全运行的要求是什么?
3. 公路危险货物运输组织的规范要点包括哪些内容?
4. 公路运输优化选择的影响因素有哪些?
5. 公路危险货物集装箱运输的优点是什么?有哪些注意事项?

第九章 危险货物运输的安全管理及应急处置

【本章教学要点】

知识要点	掌握程度	相关知识	应用方向
安全管理概述	深度理解	安全管理的特点、现状、问题、对策	危险货物安全管理制度、管理体系
运输安全评价	深度掌握	指数评价法、评价模型的建立、理论依据及其与格雷厄姆—金尼法的关系	安全状况的评价体系、评价模型，安全管理评价体系
运输应急处置措施	掌握	处置措施的作用、分类	应急处理措施、应急处理管理体系
运输事故应急处置措施	掌握	原则、措施，危险货物火灾、洒漏处置	事故应急处理措施

【引导案例】

京港澳高速化学品爆炸事故

2016年3月19日20时40分许，一辆装载疑似易燃易爆物品的大货车在京港澳高速由南往北行驶至1 414km时起火爆炸。目前，岳阳市应急办称，已经确认事故导致5人死亡，21人受伤，其中4人重伤。涉事车主无危险化学品运输资质。他驾驶货车从广州送货回来的路上发生爆炸，并引燃2台小汽车和2台大货车，另外导致7台车辆受损。已经烧成残骸的车辆倒在周边，高速路的绿化隔离带已经烧毁，高速路两旁的树木也已经烧焦。

（来源：凤凰网整理）

由引导案例可见，进一步加强道路交通违法行为的打击力度、加强危险物品的安全管理、加强对企业从业人员的安全培训教育、提升道路客运安全的政策标准是十分必要的。

为了加强对危险化学品运输安全管理，保障人民生命、财产安全，保护环境，在建立相应的“危险货物运输管理规定”的基础上，不断探索和总结国内外的安全管理及安全评价经验，以期逐步形成科学、系统的危险货物运输安全评价体系，建立应急管理机制，这是本章讨论的重点内容之一。此外，还介绍了运输过程安全运行要求及危险货物运输事故的处置措施和方法。

第一节 危险货物运输安全管理的概述

所谓危险货物运输安全管理，是指为了避免或最大限度地降低危险货物运输事故的发生，对危险货物运输过程中的各个环节，所进行的一系列科学规划、总体协调和系统管理。

一、危险货物运输安全管理的特点

与普通货物运输相比，危险货物以其特殊的物质结构和理化性能决定了它的运输具有危险性大、流动性强、技术含量高等特点，相应的它的安全运输管理也具有与普通货物不同的特点：

(1)高度复杂性。这是由于危险货物本身的“危险”特性决定的，因此，与普通货物运输管理相比，危货运输管理中采用的管理措施、管理方式和管理策略要更为复杂，而且管理活动涉及的部门也更多。

(2)全过程性。危险货物流通的基本环节，如包装、搬运、装卸、仓储、运输、配送等都是管理的重点，从始至终每一个过程都要确保安全无误，以达到安全运输的目的。

(3)国际性。由于危险货物的广泛和大量使用，危险货物的国际运输也日益增多，无论是内陆运输和国际航运出口代理等常常涉及危险货物运输管理的问题。

二、危险货物运输安全管理的现状

危险货物中很大一部分是危险化学品，近年来，在运输危险货物过程中，因化学品而引起的特大伤亡事故越来越多，如 2005 年 7 月 5 日，上海市南汇区惠南镇车载液氨钢瓶发生爆裂事件，造成大量气体外泄，导致 60 多人不同程度中毒，事后，查明原因是驾驶员在运输液氨钢瓶过程中明显违反了危险品运输规定。2011 年 6 月 9 日，成南高速与成都绕城高速匝道上，一辆运送 23t 危化品三氯氢硅的货车发生侧翻，造成货车驾驶员被卡、副驾驶 1 位押车员受伤，车上装载的危险化学品三氯氢硅泄漏并发生燃烧，救援人员在救援被困驾驶员时当场晕倒。2012 年 7 月 2 日 23 时，西安市一工业园区发生一起液氯泄漏事件，导致 27 人中毒。2016 年 8 月 19 日，武汉市东西湖区发生氯甲酸甲酯泄漏，致使驾驶员胡某及 4 名路人出现中毒症状，交通中断 8h。从以上的例子可以看出，目前我国化学品在生产、使用、储存、运输等环节的安全管理形势十分严峻，与飞速发展的工业生产水平相比，相应的安全监督与管理手段相对滞后。

为了进一步加强危险化学品的安全管理，我国建立了一系列的管理制度、化学品登记注册制度、化学品生产许可制度、化学品储存运输管理制度、化学品进出口管理制度、化学品作业人员培训教育制度等，并初步建立了化学事故应急救援体系，以寻求将事故损失降到最低点。同时，制定了一系列的国家标准，化学品的生产、经营和储存场所、建筑物、设施和设备都应符合相应的标准，且搬运、装卸等操作要严格按照规章制度进行。

三、危险货物运输安全管理存在的问题

我国危险化学品规范化管理还处于初始阶段，危险化学品安全管理体系还不十分完善，

特别是对企业的危险化学品安全评价,国内还没有适合自身特点的评价方法。近年来,虽然不断地学习和引进国外先进的管理思想,但在安全管理方面仍然存在着较大的差距,主要表现在:

(1)作业人员素质较差,安全意识淡薄,不会主动为自己的安全负责。但发达国家的工人是自己要安全,没有安全保障的企业是无法想象的。

(2)管理模式欠缺。我国很多企业安全管理模式陈旧,哪里有了问题大家都去管,没有问题谁也不去管。头痛医头,脚痛医脚,没有一定的系统化、规范化。而发达国家是系统化安全管理模式,对安全问题能够做到程序化、规范化处理,可以说安全管理正规化。

(3)设备管理缺乏规范化。我国的许多企业由于资金问题或者其他原因,不是一次性成套配置设备器材,而是缺什么配什么;这样在对设备的管理上很难做到"横向到边,纵向到底",更不可能实现每一台设备都有切实可行的操作文件,保证安全运行。而美国则不同,从购进设备到对每一台设备的管理都是系统化管理。

(4)作业环境缺乏可靠性。我国是在保证正常生产的情况下,再去治理隐患,在一定程度上不能做到防患于未然,不能把安全问题解决在投产以前。而发达国家在投产之前就已经比较好地解决了安全问题,从设计上就保证了生产环境的可靠性。

很多危险化学品事故的发生与安全管理不到位有很大的关系。因此,评价我国危险化学品企业的现状,安全管理应占有相当的分量。

四、危险货物安全管理的基本原则和对策设想

危险货物安全管理的基本原则包括两个方面:各个环节的操作控制和管理控制。操作控制的目的是通过采取适当的措施,消除或降低危险品作业场所的危害,防止工人在正常工作时受到有害物质的侵害。管理控制是指采取一切有效措施,使各作业过程严格遵守国家法律和标准建立起来的管理程序,这是预防作业场所中危险品危害的一个重要方面。针对预防与控制作业场所中危险品的危害,为防止火灾、爆炸、中毒与职业病的发生提出以下对策和设想。

(1)危险品的安全管理工作是一项复杂的系统工程,必须统筹规划、整体设计、规范运行,并从纵横两个方面制定危险化学品的安全管理和技术措施;横的方面,从人—机—环三方面相互关联组成的系统考虑,纵的方面,从生产、储存、运输、使用、报废等环节全面考虑。

(2)将危险品的安全管理纳入规范化、制度化,逐步完善危险品的各项法规、标准的制定,并逐步与国际通行做法接轨。在事故预防、工作机制方面作出相应的规定,明确职责,充分发挥法律法规的规范、引导、调节、保障的功能,健全管理体制与监督机制。

(3)加快危险品安全管理信息网络平台的建设工作。各地应建立本地区危险品安全管理数据库和动态统计分析系统,建立政府信息网站,介绍危险品安全管理企业的经验教训,发布危险品安全生产工作的动态和消息,提供有关危险品危害预防和控制的常识,对货物进行跟踪管理,提供在线咨询服务。

(4)健全地、市、区、县区域管理机构和行政责任制,狠抓基础建设,加强各有关部门之间的联系,真正担负起区域危险品安全监督管理工作,从而高效执行国家政府法规制度,加强化学品的安全管理。

(5)开展危险品生产企业安全管理定量评估,建立相应的评价系统、指标体系、评价方法,不断提高评估水平。

随着我国化学工业的不断发展,化学品的种类越来越多,同时也加大了危险货物的运输量,如何对危险品进行有效的管理,预防、遏制重大灾害的发生,已成为我们面临的重大课题。因此,在借鉴发达国家危险品管理经验的同时,还应加强危险品危险性的评价工作,加强危险品运输的安全管理。

第二节　危险货物运输安全评价

根据我国危险货物运输管理的特点及当前危险货物运输的安全现状,在研究评价方法时,应增强安全管理的内容,结合我国危险化学品生产、储运的实际情况,探索一种既能保证对危险化学品的固有危险性的评价,又增加安全管理的内容,以便能够客观实际地评价我国危险化学品生产、储运企业的安全状况的评价体系势在必行。

一、美国火灾爆炸指数评价法

目前,国内许多经营化工、石油等易燃、易爆危险性较大的企业普遍采用的是美国 DOW 化学公司的火灾爆炸指数评价法进行企业的危险性评价。火灾爆炸指数评价法是 DOW 化学公司于 1964 年首先提出的一种安全评价方法,并不断对其实用性和合理性进行调整和修改,到现在为止已修订了七次,使评价效果大为提高,评价结果更符合实际,更趋合理、客观。美国 DOW 化学公司火灾爆炸指数法是以工艺过程中物料的火灾爆炸潜在危险性为基础,结合工艺条件、物料量等因素求取火灾爆炸指数,进而可求出经济损失的大小,以经济损失评价生产装置的安全性。评价中定量的依据是以往的统计资料、物质的潜在能量和现行安全措施的状况,可以说对美国的标准化程度较高的化工行业的安全评价是全面、客观、可信的。但我国则不同,我国是发展中国家,企业生产中虽然不断地引进国外的先进技术和设备,缩短了与发达国家之间的距离,但在安全管理方面存在着较大的差距,所以,不能像美国那样,用 DOW 化学公司的火灾爆炸指数法进行笼统评价,必须建立自己的危险评价模型。

二、危险化学品安全管理评价模型建立的理论依据

危险化学品生产、储存单元危险化学品安全管理评价模型建立的理论依据如下。

(1)公认的危险度表达式为:事故概率与事故后果的乘积,即

$$危险度 = 事故概率 \times 事故后果$$

这个表达式一般用于危险货物海上运输的风险评价。在工业生产中,危险度的评价只考虑这两项不能完全反映其危险性,还应考虑与生产安全有关的一些因素。

(2) 格雷厄姆—金尼法(LEC 法)。LEC 法考虑了事故发生的可能性 L、人员暴露于危险环境的频繁程度 E 和一旦发生事故可能造成的后果 C 的影响,认为作业条件危险性评价符合 $D = L \times E \times C$。LEC 法是对作业条件危险性进行定性、定量评价的方法,经过广泛的运用,其结果是得到证实的,所以,危险化学品安全管理评价模型的理论依据是可靠的。

三、危险化学品安全管理评价模型与格雷厄姆—金尼法的关系

危险评价模型与 LEC 法所反映的实质是相同的,但又有所区别。区别在于 LEC 法只反映单元固有危险性,而危险评价模型反映的不仅是单元的固有危险性,而且在单元固有危险性的基础上还考虑了安全管理因素。在固有危险性一定的条件下,企业安全管理水平高,其安全管理系数就高,即 F_0/F 高,那么不安全系数 $1-F_0/F$ 就低,这样企业安全管理水平高低直接影响单元固有危险性的大小。

四、危险化学品安全管理的评价模型

通过上述分析和现场调研,初步提出了危险化学品安全管理的评价模型为:

$$A = B \times C \times D \times E \times \left(1 - \frac{F_0}{F}\right) \tag{9-1}$$

式中: A——评价单元危险度;

B——物质系数;

C——工艺危险系数;

D——危险场所人员密度或出现频次;

E——可能发生事故后果的严重度;

F_0/F——安全管理系数;

$1-F_0/F$——不安全系数;

F_0——安全管理评估值;

F——安全管理目标值。

其中各项系数的确定是按照如下方法进行的。

物质系数 B:根据危险化学品的易燃性和化学活泼性来确定。它表述危险化学品在由燃烧或其他化学反应引起的火灾、爆炸中释放能量大小的内在特性。物质系数 B 的确定可参考 DOW 化学公司已修订的第七版中的火灾爆炸指数法的取值方法,即从 NF 和 NR 得出,NF、NR 是 NEPA 参数,分别表示燃烧性和反应性。

工艺危险系数 C:在 DOW 化学公司火灾爆炸指数法的基础上,结合我国危险化学品生产、储存企业的实际情况,了解其生产工艺危险性的影响,以确定危险化学品工艺危险系数。

危险场所人员密度或出现频次 D:危险场所的人员越多,操作失误率就越多,工艺的安全可靠性就越差,危险性就越大。同时,人员越多,一旦发生燃烧爆炸事故,造成的人员伤亡后果就越严重。通过现场调研了解企业生产类型、自动化程度和每日组织班次,确定其危险性。

可能发生事故后果的严重度 E:可能发生事故后果的严重度用事故中人员伤亡和财产损失来表示。人员伤亡分为人员死亡数、重伤数、轻伤数。财产损失分为若干破坏等级,不同等级破坏区破坏程度是不同的。

不安全系数 $1-F_0/F$:根据“事故致因理论”,大多数事故是由于人的不安全行为与机(物)的不安全状态在同一时空相遇而发生的;少数事故是由于人员处在不安全环境中而发生的;或者是由于自身危险的物质暴露在不安全环境中而发生的。从这一理论出发,可以把

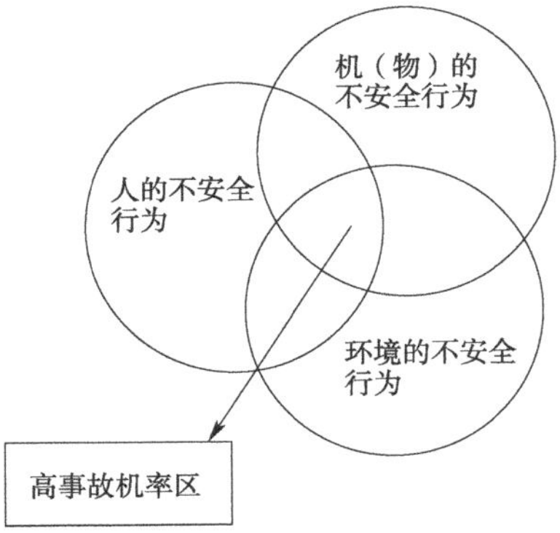

图 9-1　人—机—环危险源系统结构图

任何一个复杂的危险源系统都分成“人的不安全行为”“机(物)的不安全状态”“环境的不安全条件”三个子系统,并以三个集合分别表示这三个子系统,那么,每两个集合的交叉部分就为可能发生事故的区域,而三个集合的交叉部分就为高事故概率区,其结构图见 9-1。

设 $F_{人}$、$F_{机}$、$F_{环}$分别表示人、机、环境三个子系统的安全标准值。F_X、F_Y、F_Z分别表示人、机、环境三个子系统的安全评价值。那么 $1-F_X/F_{人}$、$1-F_Y/F_{机}$、$1-F_Z/F_{环}$分别表示“人的不安全行为的集合”“机(物)的不安全状态的集合”“环境的不安全条件的集合”。另外,还需考虑它们对事故影响的不同权重,权重的确定需要大量的事故统计数据。由此得出:

$$1-\frac{F_0}{F}=权重\left(1-\frac{F_X}{F_{人}}\right)\left(1-\frac{F_Y}{F_{机}}\right)+权重\left(1-\frac{F_X}{F_{人}}\right)\left(1-\frac{F_Z}{F_{环}}\right)+权重\left(1-\frac{F_Y}{F_{机}}\right)\left(1-\frac{F_Z}{F_{环}}\right)$$

制定安全检查表,对人、机、环境的安全管理水平进行评价,从而求出 $F_{人}$、$F_{机}$、$F_{环}$及 F_X、F_Y、F_Z。运用上述各参数的取值方法,根据评价模型得到危险化学品安全管理的评价单元危险度 A。参考 DOW 化学公司火灾爆炸指数法以及国内其他行业评价方法,并运用危险化学品安全管理的评价模型对有关危险化学品生产、储存企业进行安全评价,由此划分不同的危险等级。

建立适合我国危险货物的安全管理评价体系,对于确保危险货物生产、储存、安全运输至关重要,但评价体系只是从危险货物本身固有的危险属性及安全管理系数进行的,要从根本上保证危险货物的运输安全,还应制定一系列的安全管理对策和应急处置措施,从事后管理的角度,对危险货物的储存、运输的安全进行控制。

第三节　危险货物运输的应急处置措施管理

危险货物运输应急处置技术咨询在危险货物运输事故应急反应中起着十分重要的作用。目前我国危险货物咨询机构数量少,作用不突出,未能完全纳入危险货物事故应急体系之中。这些,应当引起政府和社会高度重视,尽快建立适合我国国情的,快速、高效的危险货物事故应急处置措施体系,借鉴国外的经验,增强消防部门的职责,完善其功能,是解决当前施救力量缺乏的有效办法。

一、危险货物运输应急处置措施管理的作用

(1)通过事先建立和掌握危险货物运输突发事件的各种相应的处置措施,加强对危险货物运输事故的控制能力,防止事故的进一步扩大。

(2)在危险货物运输过程中,一旦发生突发事件,可以通过采取科学、高效的应急处置措施,以尽可能快的速度和尽可能短的时间,最大限度地降低由突发事件带来的人民生命和财产的损失。

(3)通过对危险货物运输应急处置措施的管理,不断总结经验,提高认识,进一步完善对

事故的应急能力。

二、危险货物运输事故的分类

按照危险货物在发生火灾、爆炸、泄漏、污染、被盗、丢失、人员中毒等情况的严重程度，分为A级事故和B级事故两类。

1. 一级事故

又称A级事故。如不紧急救援、处理，有可能造成人员伤亡、财产损失、环境污染、不良社会影响等有形与无形损失进一步扩大的事故。具体情况可分为以下几种：

(1)危险货物发生火灾、爆炸事故；

(2)危险货物发生严重泄漏、污染事故；

(3)危险货物在铁路运输过程中发生人员死亡、重伤、中毒事故；

(4)其他需要紧急救援、处理的危险化学品事故。

2. 二级事故

又称B级事故。对于不紧急处理不会造成损失进一步扩大的事故，按照危险货物事故发生的形式主要分为泄漏事故和火灾(爆炸)事故两大类。其中火灾又分为固体火灾、液体火灾和气体火灾。主要原因又分为人为操作失误和设备缺陷。

针对事故不同类型，采取不同的处置措施。主要措施包括：灭火、点火、隔绝、堵露、拦截、稀释、中和、覆盖、解压、转移、收集等。

第四节　危险货物运输事故应急处置措施

危险货物运输应急处置措施是要针对事故，科学、合理、有效地迅速反应，防止事态的进一步扩大。

案例9-1：京珠高速河南信阳“7.22”特别重大事故

2011年7月21日10时7分，事故客车从威海交运集团客运二分公司停车场出发前往湖南省长沙市，10时17分，车辆开至威海市长峰基础公司院内，装载10箱偶氮二异庚腈(ABVN)及其他乘车人员，17时40分车驶至青银高速和临淄至齐都公路立交桥时再次装载5箱偶氮二异庚腈，第二天3时43分，事故客车行驶至京珠高速公路河南省信阳市境内938km、115m处时，突然发生爆炸，此时车上实载47人，最终造成41人死亡、6人受伤，客车严重烧毁，直接经济损失2 342.06万元。

1. 原因：面包车非法运输

鲁K08596号大型卧铺客车违规运输15箱共300kg危险化学品偶氮二异庚腈并堆放在客车舱后部，偶氮二异庚腈在挤压、摩擦、发动机放热等综合因素作用下受热分解并发生爆燃。

(1)威海交运集团及其客运二分公司、威海汽车站客运安全管理混乱。未发现和治理解决事故车辆长期不进站报班发车、不按规定班次线路行驶、违规站外上客、人员超载、违规载货等安全隐患和问题。

(2)佳泽公司和汇昌公司危险化学品安全管理混乱。该公司未认真执行危险化学品安全生产管理制度,多次违规运输危险化学品;销售的偶氮二异庚腈没有化学品安全技术说明书,产品外包装也未按规定加贴或者拴挂化学品安全标签,不符合危险化学品包装标识的要求。

(3)淄博市安全监管部门组织开展危险化学品安全生产监督检查工作不到位。未发现和解决佳泽公司生产、汇昌公司销售的偶氮二异庚腈存在不具备化学品安全技术说明书和安全标签等安全隐患问题。

2. 处理:多部门对此事进行处理

7 月 22 日凌晨 3 时 45 分,河南省信阳市公安局 110 接到事故报警后,指派高速交警、消防、派出所等警力迅速出警,并通知 120 急救中心等相关部门立即赶赴现场,全力做好车辆灭火、伤员救治、现场勘查、交通疏导和秩序维护等工作。河南省信阳市接到事故报告后,立即启动应急救援预案。4 时 36 分,6 名伤员全部被救离现场,并被送至信阳市中心医院紧急救治;当日 14 时,41 名遇难者遗体全部被送至信阳市金山殡仪馆妥善安置。

事故发生后,国家安全监管总局、公安部、交通运输部组成联合工作组,于当日赶到事故现场,指导事故应急救援工作,协调地方政府做好善后事宜。山东省、河南省人民政府及相关部门积极做好遇难人员家属及受伤人员救治工作,善后处理工作平稳有序。

3. 危险品性质分析

品名:偶氮二异庚腈(ABVN)

危险类别:4.1 类

UN 编码:3236

包装类型:Ⅱ

外观:白色晶体,不溶于水,溶于醇、醚和二甲基甲酰胺等有机溶剂中

熔点:40 ~70℃

活化能:122kJ/mol

用途:主要用于本体聚合、悬浮聚合与溶液聚合

储存条件:

(1)储存于阴凉、通风的库房,远离火种、热源,库房温度不超过 10℃。

(2)应与醇类、氧化剂、丙酮、醛类和烃类等分开存放,切忌混储。存放时,应距加热器(包括暖气片)和热力管线 300mm 以上。储存区应具备合适的材料收容泄漏物。禁止振动、撞击和摩擦。禁止使用易产生火花的机械设备和工具。

4. 事故教训

(1)进一步落实道路客运企业的安全生产主体责任。有关部门要督促道路客运企业认真履行安全生产工作职责,建立健全并落实各项安全生产制度,通过动态监控、安全检查等措施,有效加强对所属车辆和驾驶人的安全管理,确保各项安全生产制度和措施执行到位。交通运输等相关部门要进一步加强对客运企业的安全监管,配备安全检查人员,认真履行"三关一监督"工作职责,严查无证经营、不进站经营、不按班线行驶等

扰乱客运市场经营秩序的行为，督促客运企业认真落实主体责任，严格落实"三不进站、五不出站"安全工作制度。对不具备安全运营条件、安全管理混乱、存在重大安全隐患的客运企业，要依法责令停业整顿，经整顿仍不达标的，坚决取消其相应经营资质。

(2)进一步加强道路交通违法行为的打击力度。有关部门要进一步加强客运班线集中、交通事故多发等路段的巡逻管控，着力提高车辆通行秩序，严查客运车辆超员、超速、疲劳驾驶、不按规定车道行驶、违法超车等交通违法行为，进一步落实客运车辆交通违法信息抄告和转递制度。要加强对跨区域长途、超长途客运班线的监督管理，通过区域合作、联合行动等方式，有效依托省际交通安全服务站，认真检查客运车辆配备的驾驶人驾驶资格、驾驶时间、交通违法信息及车辆乘载人数、审验、货物装载、安全设施配备和轮胎磨损等情况，有针对性地进行安全提示，提高驾驶人的安全意识。

(3)进一步加强危险化学品的安全管理。认真贯彻落实《危险化学品安全管理条例》(国务院令第591号)，进一步加强危险化学品的安全管理，预防和减少危险化学品事故。要坚持"安全第一、预防为主、综合治理"的方针，强化和落实危险化学品企业的安全生产主体责任，明确危险化学品企业主要负责人为本单位的危险化学品安全管理工作的第一责任人，严格遵守国家有关危险化学品安全管理规定，健全各项安全生产工作制度。

(4)进一步加强对企业从业人员的安全培训教育。加强对交通运输、危险化学品等行业企业从业人员的职业道德教育和法制教育，通过集中学习、专题讲座、悬挂横幅标语、设置宣传展板和专栏、张贴宣传挂图、发放宣传资料、曝光典型事故案例等方式，教育从业人员坚决抵制不符合安全管理规范的行为，提高从业人员守法的自觉性和主动性。

(5)进一步积极研究推行提升道路客运安全的政策标准。国家有关部门要进一步研究和修订道路客运安全相关政策标准，提高营运车辆准入安全门槛，增加客运车辆尤其是卧铺客车的安全配置要求，逐步淘汰安全性能低的道路客运车型。此外，有关部门和单位应开展法律政策研究，督促运输企业严格执行《中华人民共和国劳动法》等有关规定，从源头上解决疲劳驾驶问题。

(来源：百度文库整理)

一、现场总的处理原则及措施

(1)杜绝一切火源，疏散与隔离，防止燃烧、爆炸。泄漏的化学危险品如果是易燃易爆的物品，现场和周围一定范围内要杜绝一切火源。所有的电气设备都应关掉，一切车辆都要停下来。电话、手机等通信工具也得关闭。防止打出电火花引燃引爆可染气体、可燃液体的蒸汽或可燃粉尘。

(2)加强对现场外泄物品的监测。在化学危险品泄漏处置过程中，还应特别注意对现场物品泄漏的情况进行监测，特别是易燃、易爆化学物品的泄漏更应加强监测。有关部门应组织专业检测技术人员和检验设备到场进行迅速检测，测定泄漏化学物料的性质、危害程度、危害范围，有时还需要通过检测来判明是哪种化学物质泄漏。所以这项工作很重要，并且要不间断地进行监测，并向有关部门报告，为安全处置决策提供可靠的数据依据。

(3)泄漏物的处置。要及时将现场的泄漏物进行安全可靠的处置。①气体泄漏物处置。应急处理人员要尽早止住泄漏，如果可能的话，用合理的通风使其扩散不至于积聚，或者喷雾状水使其液化后处置。②液体泄漏物处置。对于少量的液体泄漏物，可用砂土或其他不燃吸附剂吸附，收集于容器内后进行处理。而大量液体泄漏后四处蔓延扩散，难以收集处理，可以采用筑堤堵截或者引流到安全地点。为降低泄漏物向大气的蒸发，可用泡沫或其他覆盖物进行覆盖，在其表面形成覆盖层，控制其蒸发，而后进行转移处理。③固体泄漏处理。用适当的工具收集泄漏物，然后用水冲洗被污染的地面。

二、个人防护措施

参加泄漏处理的人员应对泄漏品的化学性质和反应特性有充分的了解，要于高处和上风处进行处理，并严禁单独行动，要有监护人。必要时，应用水枪、水炮掩护。要根据泄漏品的性质和毒物接触形式，选择适当的防护用品，加强应急处理个人安全防护，防止处理过程中发生伤亡、中毒事故。

(1)呼吸系统防护。为了防止有毒有害物质通过呼吸系统侵入人体，要根据不同场所选择不同的防护器具。

(2)眼睛防护。为了防止眼睛受到伤害，可以采用化学安全防护眼镜、安全面罩、安全护目镜、安全防护罩等。

(3)身体防护。为了避免皮肤受到操作，可以采用带面罩式胶布防毒衣、连衣式胶布防毒衣、橡胶工作服、防毒物渗透工作服、透气型防毒服等。

(4)手的防护。为了保护手不受损伤，可以采用橡胶手套、乳胶手套、耐酸碱手套、防化学品手套等。

三、危险货物火灾处理

1. 爆炸品灭火方法

爆炸品通常有效的灭火方法是用水冷却达到灭火目的，而不能采取窒息法或隔离法。禁止使用砂土覆盖燃烧的爆炸品，否则会引起由燃烧转化为爆炸。对有毒性的爆炸品，灭火人员应戴防毒面具。

2. 压缩气体和液化气体灭火方法

压缩气体和液化气体发生火情应迅速扑救。应将未着火的气瓶迅速移至安全地带；对着火的气瓶应用大量雾状水浇在气瓶上，使其降温冷却。在火势尚未扩大时，可用二氧化碳、干粉、泡沫等灭火器进行扑救。

3. 易燃液体灭火方法

易燃液体中大部分液体相对密度小于1，且不溶于水，一旦发生火情，用水扑救无效，因水会沉在燃烧着的液体下面，并能形成喷溅，漂流而扩大火灾，另外，易燃液体所产生的热量较大，而其燃点又较低，很难使温度降低到其燃点以下，因此，扑救易燃液体火灾的有效灭火剂是二氧化碳、泡沫灭火剂，大量的雾状水也能起到降温作用和隔离空气作用，也能扑灭易燃液体的火灾。易燃液体中部分能溶于水的(如乙醚、甲醇等)可以用大量水扑灭火灾。

4. 易燃固体、易自燃物品和遇湿易燃物品灭火方法

由于该类物品性质各异，因此采取的灭火手段也应有所区别。

(1)易燃固体灭火方法

根据易燃固体的不同性质，可用水、砂土、泡沫、二氧化碳、干粉等灭火剂灭火。但必须注意：

①粉状物品，例如闪光粉、铝粉等，不可用水灭火。因为闪光粉是镁粉和氯酸钾混合物，化学性质很活泼，能与水产生剧烈的反应，生成氢气能燃烧，被水冲散到空气中的闪光粉或铝粉末，在遇明火还有爆炸的危险。此类物品可用干燥的砂土、干粉等灭火剂进行扑救。

②遇水反应的易燃固体不得用水扑救，可用干燥的砂土、干粉等进行扑救。

③有爆炸危险的易燃固体禁止用砂土压盖。

④遇水或酸产生剧毒气体的易燃固体，严禁用酸碱泡沫灭火剂。磷的化合物及硝基化合物(包括硝化棉等)、硫黄等物品，燃烧时产生有毒和刺激性气体，消防人员须注意戴好防毒口罩或防毒面具。

⑤火场中抢救出来的赤磷要谨慎处理。因在火场高温下，赤磷会转化为黄磷而自燃。同时在火场中抢救出来的赤磷，往往被水淋过，赤磷受潮后，也会缓慢氧化自燃。

(2)易自燃物品灭火方法

①易自燃物品发生火灾时，一般可用干粉、砂土(干燥时有爆炸危险的易自燃物品除外)和二氧化碳等灭火。与水能发生作用的物品严禁用水灭火，如三乙基铝、铝铁熔剂燃烧时温度极高，能使水产生氢气，此类物品可用砂土、干粉等灭火剂。

②对黄磷火灾现象需谨慎处理，黄磷火灾被水扑灭后，火只是暂时熄灭了，而黄磷还残留着，一般不容易清洗干净，待水分挥发完毕，黄磷可能又会自燃，烧光为止。同时要注意，黄磷燃烧时会产生剧毒的五氧化二磷等气体，扑救时应注意穿戴防化服和防毒面具。

(3)遇湿易燃物品灭火方法

①本品发生火灾时，应迅速将邻近未燃物质从火场撤离或与燃烧物进行有效隔离。本品在灭火时绝对不能用水，只能用干砂、干粉扑救。并注意以下各点：a. 活泼金属及其他与水接触放出氢气的物质；b. 遇水产生碳氢化合物(气体)的物质；c. 过氧化物等易放出助燃气体的物质；d. 酸类等遇水产生高温的物质；e. 遇水产生有毒或腐蚀性气体的物质；f. 密度小于水的物质。

②遇水反应产生易燃或有毒气体的物质，不得使用泡沫灭火剂。

③与酸或氧化剂、氢化物等反应的物质，禁止使用酸碱式泡沫灭火剂。

④活泼金属禁止使用二氧化碳灭火剂。因钾、钠等具有极强的还原性，甚至能夺取二氧化碳中的氧。可见，二氧化碳不但起不了灭火作用反而助长燃烧，因此应用苏打、食盐、氮或石墨来扑救。锂的火灾不能用食盐和氮，而只能用氧化锂和石墨扑救。

⑤碳化物、磷化物遇水反应产生剧毒、腐蚀性气体的物质，灭火时，消防人员应穿戴防护用品和隔离式呼吸器。

5. 氧化剂和有机过氧化物灭火方法

(1)氧化剂和有机过氧化物一旦发生火灾时，对有机过氧化物、金属过氧化物、有机过氧酸及其衍生物不能用水扑救，因为这些氧化剂和水作用可以生成氧气，能帮助燃烧、扩大火

势,只能用砂土、干粉、二氧化碳灭火剂进行灭火。泡沫灭火剂中的药剂是水溶液,故亦禁止使用。

(2)其余大部分氧化剂都可以用水扑救。粉状物品应用雾状水扑救。

(3)在扑救时,要配备适当的防毒面具,以防中毒。在没有防毒面具的情况下,可将一般口罩用5%的小苏打水浸泡后使用,但其有效时间短,必须随时更换。

6. 毒害品和感染性物品灭火方法

毒害品因其品类繁多、性质各异,一旦发生火灾,其灭火方法必须注意以下几点:

(1)在无机毒害品中的硒化合物、磷化锌、磷化铝、氟化氢钠、氯化硫、二氯化硫等,因为氟、氯、硫、硒、磷等都是性质活泼的非金属,遇水后能和水中的氢生成有毒或有腐蚀性的气体。因此,这类物品起火后,不能用水扑救,而要用砂土或二氧化碳灭火剂扑救。

(2)毒害品中的氰化物、氰化钠、氰化钾及其他氰化物等,遇酸性物质能生成剧毒气体氢化氰。这类物品发生火灾后,不得用酸碱灭火剂扑救,可以用水及砂土扑救。

(3)大部分毒害品在着火、受热或与水、酸接触时,能产生有毒和刺激性气体及烟雾,灭火人员必须根据毒害品的性质采取不同的消防方法。在扑救火灾时,尽可能站在上风方向,并戴好防毒面具等。

7. 放射性物品灭火方法

放射性物品一旦发生火灾时,可用雾状水扑救,注意不要因水流扩散使污染面积过大而造成大面积污染。消防人员须穿戴防护用具,并站在上风处。

8. 腐蚀品灭火方法

腐蚀品的灭火方法可概括为大量用水、谨慎用水。无机腐蚀品卷入火场,或有机腐蚀品直接燃烧时,除具有与水反应的物品外,一般可用大量的水扑救。即使有些物品会与水反应,但这些物品量较少而大量的水迅速扑上,足以抑制反应时,也应用大量的水扑救。但用水时应谨慎,宜用雾状水,不要用高压水柱直接喷射物品,尤其是酸液,以防飞溅的水珠带上酸碱性,灼伤灭火人员。同时,要控制水的流向,以免带腐蚀性的水流损伤环境。

四、危险货物的洒漏处理

在整个运输过程中,危险货物经过多次搬运装卸,环境温度或压力的变化;重载、重卸及操作不当;包装容器多次回收利用,强度下降;桶盖垫圈失落没有拧紧、气瓶阀门开启、安全阀变形断裂等各种各样的原因,都可能造成气体泄漏扩散,液体滴漏渗逸,固体破漏散落等不同程度的危险货物洒漏。危险货物一旦洒漏很可能就是一场事故,所以做好危险货物的洒漏处理,对防止事故确保运输安全有重要的意义。

1. 危险货物洒漏的现场处理

洒漏如果发生在托运人交运货物时,承运人必须坚决拒绝,由托运人改换包装。洒漏如果发生在起运以后,承运人必须采取相应的措施,在确保安全的前提下,使运输继续进行。如果危及安全,则应将破漏包装另行处理直至丢弃销毁。丢弃销毁时要注意对环境的影响。

(1)气体泄漏的处理。发现气瓶漏气时,应根据气体的性质,做好相应的人身防护工作,动员无关人员迅速向上风方向撤离现场。设法关闭阀门,先向气瓶喷射二氧化碳灭火剂或倾泼冷水,降低气瓶温度。如仍不能制止气体泄漏,可将气瓶浸入水中。大型液化气体钢瓶渗漏，可滚动气瓶使渗漏处转动到上方，改液相渗漏为气相泄漏，因为液体漏出气化后会迅速扩大危害范围。可燃气体和剧毒气体泄漏，应即布置警戒区，在警戒区内熄灭明火，疏散人员，稀释、中和或驱散可燃、剧毒气体。稀释中和可因地制宜采用不同方法，投入惰性气体或水蒸气是一种有效方法，对光气、氟化氢气体还可用氨气中和。

(2)液体渗漏的处理。发现装有液体的包装容器渗漏时，首先要让汽车发动机熄灭，然后根据液体性质做好相应的人身防护。处理时先使容器渗漏处向上，不让液体继续渗漏，并设法用黏接剂、环氧树脂或油灰封堵裂口。小型容器破裂渗漏，可将小容器放置在大容器内，防止液体滴落。易燃液体渗漏应设法调换容器，在渗漏没有彻底消除的情况下，不能启动车辆，防止渗漏的易燃液体接触车辆启动时喷出的火花或赤热金属表面而引起火灾。

(3)固体撒漏的处理。固体物料撒漏在车上地上即成为垃圾废料。要对破漏包装进行处理，不使撒漏继续，并对撒漏物清除才可继续运输装卸作业。

(4)危险货物丢失的处理。危险货物在仓储保管和运输过程中丢失，要立即向运输管理部门和公安部门报案并积极寻找。切忌不寻找失物，不报告案情。

放射性货物的撒漏处理。放射性货物的撒漏就是事故。在向公安和运输管理部门报告的同时，要向卫生监督机构报告事故，由其派专业人员处理。在等候处理时，在事故地点要划出适当的安全区，设置警戒线，悬挂警告牌，禁止人畜通过。要用适当的材料覆盖污染区，以降低辐射强度，防止污染扩大。铁板、铝片、铅片、有机玻璃、塑料、混凝土、石块、土壤、砖瓦等都可用作覆盖材料。

2. 危险货物撒漏物的处理

就运输的某一环节而言，危险货物的运送作业已完成，而在作业现场如车厢、月台、仓库撒漏留有危险货物的残余物。要对这些撒漏物作妥善处理，清除污染才能保证今后的安全。有时要先清除这些撒漏物才能继续作业。

爆炸物品的撒漏物应及时用水润湿，再撒以锯末或棉絮等松软物品收集后并保持相当湿度，报请公安部门或消防人员处理，绝对不允许将收集的撒漏物重新装入原包装内。

易燃液体一旦撒漏，应及时以砂土覆盖或用松软材料(如木屑)吸附后，集中至空旷安全处处理，覆盖时特别要注意防止液体流入下水道、河道等地方，以防污染或火灾的隐患。无论是扑灭火灾或撒漏处理时必须充分考虑到燃烧产生的有毒烟雾或撒漏时挥发出来的有毒蒸汽对人体的危害，为此，必须穿戴好防毒面具。

易燃固体、遇湿易燃物品撒漏量大的要收集起来，另行包装，收集的残留物不能任意排放、抛弃，应作深埋处理。对与水反应的撒漏物收集清扫时不能用水，但收集清扫后的现场可用大量的水冲洗。

易自燃物品一旦撒漏就会自燃，即是火灾苗子，最妥善的办法是控制其范围，不使火警扩大蔓延，让撒漏物燃尽为止。不宜轻率地采取不适当的扑救措施。

较大量氧化剂撒漏，应轻轻扫起，另行包装。这些从地上扫起重新包装的氧化剂，因接触过空气，为防止发生变化，不得同车发运，须留在发货处适当地方，观察24h以后，才能重新入库堆存。对撒漏的少量氧化剂或残留物应清扫干净，进行深埋处理。

腐蚀品撒漏时，应用干砂、干土覆盖吸收，扫除干净后，再用水洗涮，若溢出量大，用干砂、干土不足以吸收腐蚀品时，可视该腐蚀品货物的酸碱性，分别用稀碱或稀酸中和，在中和处理时注意不要使反应太剧烈。用水扫刷撒漏现场时，不能直接喷射上去，而只能缓缓地浇洗，以防水珠飞溅伤人。

毒害品的撒漏物应视其具体情况作出处理：固体货物通常扫集后装入其他空容器中交货主单位处理；液体货物应以砂土、锯末等松软材料浸润、吸附后扫集，盛入容器中交货主单位处理；对毒害品的撒漏物不能任意乱丢或排放，以免扩大污染，甚至造成不可估量的危害。

放射性物品的撒漏对环境影响的程度区别很大，应针对不同的撒漏情况采取相应的处理方法。剂量率较小的放射性物品的外层辅助包装损坏时，应及时修复。不能修复的，应调换相同的外包装。调换后外包装的运输指数不得大于原来的运输指数，或者按新包装修改相应的运输文件和运输标志。放射性矿石、矿砂撒漏时，应将撒漏物收集，并调换破包。如果A、B型包装的内容器受到破坏，放射性物质扩散到外面，或者外层包装受到严重破坏时，运输人员不能擅自处理，而应立即向公安部门和卫生监督机构报告事故，并在事故地点划出适当的安全区，设置警戒线，悬挂警告牌。在划定安全区的同时，要用适当的材料进行屏蔽。对于粉末状物品，应该很快地将它覆盖，以防粉尘飞扬扩大污染区域。铁板、铝片、铅片、有机玻璃、混凝土、岩石、土壤、砖、石蜡等都可作为屏蔽材料。

现场的撒漏物虽被吸附收集清扫，撒漏现场或多或少总被撒漏物污染。清除污染的最有效的办法是用水冲洗。撒漏物黏附力极强，用水冲洗无效时，或直接用水冲洗不宜时，可用稀碱水、稀盐酸、硫代硫酸钠等浸润洗刷后再用水冲洗。还可采用高压水蒸气或空气冲熏。

复习思考题

1. 危险货物运输管理的特点是什么？我国危险货物运输管理的特殊要求及特别注意事项有哪些？

2. 安全评价方法有哪些？哪种方法更适合我国危险货物运输管理的安全评价？

3. 危险货物事故是如何进行分类的？现场应急处理的原则和方法有哪些？

4. 各类危险货物事故处理的具体方法有哪些？如何进行个人防护？

第十章　危险货物运输应急及管理机制

【本章教学要点】

知识要点	掌握程度	相关知识	应用方向
危险货物运输的应急管理	深度理解	危险货物运输应急管理的意义、我国危险货物运输应急管理现状及问题	国内危险货物运输监控体系和事故应急救援体系研究
危险货物运输应急管理机制	掌握	危货运输动态综合信息系统与应急管理机制、应急管理机制的系统及其功能	应对危险货物运输过程中的安全事故等各种突发事件
应急管理机制和应急能力评价	深度理解	应急机制和能力的评价方法、综合评判	提高危险货物运输突发事故的应急能力，为应急机制系统的优化提供重要的指导依据
危险货物的应急预案	理解	应急预案的结构和类型、危险货物预案的基本结构及功能、危险货物应急预案的设置	有效整合各方救援能力，有利于促进从业人员和管理者提高风险防范意识和能力
危险货物运输的应急功能整合	理解	应急救援管理过程、突发事件应急救援队伍	在突发事件发生时，按需要把分属于各条块、各层次实体的应急功能迅速集合到一起，带动资源整合，形成强大的合力

【引导案例】

运输保险粉货车燃烧致高速封道

2014年8月18日上午9时18分，浙江省内杭金衢高速公路上溪段突然拉起了警戒线，禁止无关人员靠近。原因是杭州金衢高速义乌段杭向278K处，一辆上海牌照的厢式货车违规运输危化品连二亚硫酸钠（俗称保险粉），泄漏发生自燃事故。

金华高速交警迅速启动应急预案。金华、义乌两地领导、有关部门负责人赶到现场组织救援。上午9时27分，高速交警关闭杭金衢高速往杭州方向的各个口子，往衢州方向的几个主要口子交替关闭，同时对金丽温和甬金高速金向入口临时关闭，滞留在事发路段的车流也都进行分流。清场之后，义乌消防大队投入救援当中。当地安监、环保、医疗、路政部门均到场，用于灭火的散装水泥车、挖掘机也调集到位。

考虑到保险粉遇水会产生有毒有害物质，会对附近下游水库造成污染，环保部门工作人员第一时间对流经下游水库的沟渠进行截流。考虑到风速，现场指挥员将警戒区域后撤到1km位置。

11时30分左右，受雨天影响，情况变得更糟。保险粉遇水产生化学反应后，导致厢式货车车体出现膨胀现象，这表明车厢内部燃烧越来越严重了。现场浓烟弥漫，火苗从车厢内冲出几米高。下午近5时，车厢内火苗开始减弱。现场指挥员决定用干粉灭火器喷，然后用水泥对集装箱进行浇灌。此次杭金衢高速因施救需要封闭了29个小时，是该公路开通以来封道时间最长的一次。

（来源：中国新闻网整理）

由引导案例可见，危险货物运输需要一定的规范操作，同时需要建立相应的应急机制。随着危险货物的运输量的增加，运输中突发事故频繁发生，对危险货物运输的监控和应急救援机制提出了更高的要求。首先，这就需要对危险货物的运输应急管理有一定的认识，运输管理机制怎么实施，管理机制和应急能力如何评价；其次，应重视建立危险货物的应急预案，在实施中，各个应急功能的整合也十分重要。

随着经济社会的快速发展，危险货物的运输量急剧增加、突发事故频繁发生，但是，危险货物运输应急机制的研究却处在起步阶段。目前国内危险货物运输监控体系和事故应急救援体系尚不完善，建立和完善危险货物运输应急管理机制，提高突发事故的应急能力成为当务之急。本章重点讨论危险货物应急管理机制的结构、内容、运行方法，应急能力评价和管理机制等。

第一节　危险货物运输突发事件集成管理

一、危货物流突发事件集成管理三阶段

危货物流突发事件集成管理涉及三个重要阶段：基于危货物流突发事件风险识别的预防管理、突发事件发生时的危机管理和突发事件发生后的应急管理。

（1）预防管理。重点是风险识别，做好风险管控。做好驾驶员资质培训、危货车辆理性检查管理、运行中运用北斗导航系统对危货物流全过程进行监控。把握环境温度、控制车辆时速、了解驾驶员状态是做好危货物流突发事件预防管理的重要环节。

（2）危机管理。重点是对突发事件的临危处置，处置得好，就有可能将危险转化。

案例10-1：驾驶员将起火的油罐车开出了加油站

2011年9月17日凌晨1时许，一辆油罐车头朝北横在航海路上，驾驶室部位燃起大火。罐车起火的位置在城东路与航海路交叉口向东约50m处，油罐车的尾部正对着一个中石化加油站，车尾字体显示内为汽柴油，罐体容积10m^3。罐车驾驶员冒着大火将油罐车从加油站开出，被烧成重伤。同时为避免罐车爆炸造成伤亡，附近两栋居民楼的上百户居民被紧急疏散。民警立即对事发地点的两个路口实施交通管制，禁止社会车辆和行人靠近。事发后，八九辆消防车先后赶到现场。在多支水枪的压制下，大火被

控制。明火扑灭后，消防队员又对车辆和罐体冲水降温。

采访时，记者注意到地上蹲着一名男子。该男子头发被烧光，衣服被火烧得粘在一起，腰带烧得只剩皮带扣。随后，该男子被送往郑州市第一人民医院。据围观群众和加油站员工介绍，他就是油罐车驾驶员。

(3)应急管理。危险货物运输应急管理是针对危险货物转运过程中所发生的具有破坏性质的意外事故，为了控制事态恶化、减轻事故后果，采取的一系列的综合紧急救援和处理措施，并对各种措施进行归纳、总结和进一步研究，用以预防和指导可能再次发生的危急情况。

二、危货物流应急管理综述

随着我国能源基地的快速建设和经济增长速度的不断增加，作为物流产业重要内容之一的危险物货物运输占据了越来越重要的地位。加强危险货物运输应急管理，建立和完善科学的应急管理机制迫在眉睫。

(1)危险货物运输本身具有应急管理的必要性。危险货物运输管理的必要性是由危险货物自身性质和特点决定的，它不同于一般货物，具有易燃、易爆、毒害、腐蚀、放射性等特性，在运输过程中易造成爆炸、火灾、污染、毒害、射线等危害，不但需要在运输过程中给予特别防护，而且需要随时应对突发事故的特殊的货物。

(2)危险货物运输应急管理的社会需求性。危险货物中有许多是重要的生产和生活资料、科研和国防需要的材料。危险货物运输及应急管理每时每刻都在起着保障运输安全、保证运输需求、维护运输秩序的作用，它满足了社会对危险货物运输的需求，又维护了良好的运输秩序。

(3)危险货物运输管理的环境需求性。有效的危险货物运输及应急管理，是保护环境，实现可持续发展的必要保证。危险货物是性质较为活泼并且易于污染环境的货物，大部分危险货物因泄漏而发生的燃烧、爆炸事故，都会不同程度地造成环境污染和破坏，对大气环境、生态环境、水环境等带来负面影响，即使是危险货物运输中的跑、冒、滴、漏，也会对环境产生不利影响。加强道路危险货物运输及应急管理，控制和减少危险货物运输中可能出现的污染源，对环境保护具有积极的作用。

三、我国危险货物运输应急管理现状

近年来，我国的化学工业迅速发展，危险货物的运输量迅速增大，运输种类亦日趋复杂。如何预防和阻止重特大危险货物事故的发生，积极实施有效的应急救援，尽可能地避免和减少损失已成为当务之急。我国政府和相关部门、企业在这方面不断探索总结，做了大量卓有成效的工作。

危险货物运输等各种重大突发事故的应急救援工作，在近几年受到广泛重视，新颁布了一系列与危险货物运输有关的法律和与应急救援有关的法律、法规，如《中华人民共和国道路运输条例》《汽车危险货物运输规则》(JT 617—2004)、《汽车运输、装卸危险货物作业规程》《中华人民共和国突发事件应对法》《道路危险货物运输管理规定》以及一些应急救援管理条例。尤其是2006年1月8日发布并实施的《国家突发公共事件总体应急预案》(以下简称《总体预案》),明确提出了应对各类突发公共事件的6条工作原则:以人为本,减少危害;居安思危,预防为主;统一领导,分级负责;依法规范,加强管理;快速反应,协同应对;依靠科技,提高素质。《总体预案》是全国应急预案体系的总纲,明确了各类突发公共事件分级分类和预案框架体系,规定了国务院应对特别重大突发公共事件的组织体系、工作机制等内容,是指导预防和处置各类突发公共事件的规范性文件。

四、我国危险货物运输应急管理中存在的问题

随着突发事故应急救援措施的应用和不断改善,以及各个相关主体对危险货物的受理、承运、运输、保管、交付等各个环节作业的重视,危险货物的运输应急管理体系正在逐步完善,但在当前实际运输应急管理工作中,仍有许多方面工作有待进一步加强、改进和完善,主要表现为:

(1)我国的危险货物运输应急管理机制正在逐步形成,尚不成熟。我国处在各种应急机制建立的初级阶段,运输管理的应急机制更是落后于其他行业。从微观上看,缺乏一套比较系统的危险货物运输应急管理机制,现有的危险货物运输应急救援措施,粗放、不规范,应急能力差。从宏观运行体制上看,同样未建立起危险货物运输应急管理的宏观机制。

(2)运输突发事件应急法律制度不健全,有待进一步完善。新建立的紧急状态法、紧急动员法和应急救援管理条例等与应急救援有关的法律,侧重于一个国家面临重大的灾难和威胁时或一个城市面对重大自然灾害等情况,对危险货物运输突发事故所引起的紧急状态针对性差,需进一步完善和健全与危险货物突发事件有关的法律制度。

(3)组织结构不健全,危险货物运输监管、救援不到位。近年来,虽然我国不断加强应急救援的建设,但组织结构依然不是非常完善和清晰,造成一些危险货物运输的主要监管部门监管不力,事故救援处理不及时。

(4)危险货物运输从业人员,缺乏必要的技术教育和救援能力培训,应急能力差。在我国,危险货物运输从业人员文化水平相对较低,即使是长期从事危险货物运输的现场人员,也不可能对所有承运货物的危险性逐一进行准确判别,加之没有经过救援演练训练,造成对事故救援机会的延误,甚至丧失。

(5)安全运输经济投入少,缺乏必要的保障体系。运用现代高科技手段,对危险货物运输车辆安装GPS,实行危险货物运输车载定位,逐步实现智能化运输。这是提高危险货物运输信息化程度,加强运输应急管理的重要措施之一,无论在安全监控上,还是应急管理上都具有十分重要的作用。但是,一部分危险货物运输车辆未配备GPS等必要的现代化设备。除此之外,其他的通信、物资和技术保障也难以满足应急救援的需求。

五、国外危险货物运输应急管理现状及启示

在危险货物管理方面,国外起步较早,尤其是美国和加拿大。美国危险货物运输应急及管理体系及法律法规体系的构建科学合理,利用高新技术和信息化系统实现了危险货物运输应急管理的网络化建设;加拿大有自己完善的危险货物运输法律体系、系统的危险货物运输应急管理机制体系和全国联网的危险货物运输及应急管理信息系统。

1. 美国危险货物运输应急管理研究

在美国,联邦政府运输部主管全国危险货物运输,下属的海岸警卫队、联邦航运局、联邦高速公路局、国家高速公路交通安全局、联邦转运局等各局按不同职责履行管理职权。美国在危险货物运输方面形成了开放、竞争、统一、有序和协调发展的市场环境,法规体系比较完善,政府、社会、企业之间规范管理,而且各方面都有良好的运作机制。

(1)危险货物运输应急及管理体系的构建科学合理。美国联邦政府运输部主管全国危险货物运输,各种运输方式按照经济基础与上层建筑关系原则和客观实际情况科学定位,最大可能地发挥和利用交通基础设施、市场与物流资源,高效协调运作,体现了系统工程的思维方式。

(2)危险货物运输应急及管理体系的法律法规完善。美国危险货物运输应急及管理法律法规严谨,层次高,规定的内容明确具体、程序清楚、操作性强。在立法宗旨、原则、目的、方式和执法主体等关键问题上,充分体现国际利益、主权和意志,起到了法制应有的集中、统一作用。

(3)系统的危险货物运输应急及管理机制。美国危险货物运输应急及管理严格规范,条理性强,科技含量高,在政府、企业、中介、执法和社会有关方面的各个层面及关系上,形成了组织严密、协调配合、秩序井然、运作可靠、低耗高效,既独特又完备的整体结构模式,充分体现了环境、资源、效率与管理的统一性和先进性。

(4)智能化的交通管理系统保证了危险货物运输应急及管理的高效率。美国是个行驶在车轮上的国家,拥有的汽车数量位居世界前列,却很少发生塞车堵车现象,这主要归功于智能化的交通管理系统。如北弗吉尼亚交通管理中心,负责监管 80mile❶ 以内的交通,拥有4 个电台、28 部电话机、5 个监控站,每个监控站都有完整的操作和指挥功能,全路段由 1 个系统实行计算机 24h 智能监控管理,确保了危险货物的畅通运输和应急反应机制的高效运行。

2. 加拿大危险货物运输及应急管理的研究

在加拿大,全国公路、铁路、水路、民航运输的主管部门隶属加拿大政府的运输部,其主要负责制定国家的运输政策、规划、目标。对危险货物运输及应急管理,同样按法律规定,分别由联邦政府和省政府负责。联邦政府除了负责制定危险货物运输政策、法规、标准外,还负责对海运、航空和国家危险货物铁路运输及应急的管理,省政府主要负责公路及省级危险货物铁路运输的管理。

(1)健全的危险货物运输及应急管理的相关法律体系。在危险货物运输及应急管理方面,加拿大形成了比较完善的法规体系,先后颁布了《加拿大危险货物运输法》和《加拿大危险货物运输规则》《散装危险货物规则》《危险化学品和有毒液体物质规则》《防止油类污染规则》《污染物倾倒报告规则》等规定。《加拿大危险货物运输法》除了规定危险货物运输的应急反应计划等内容外,还规定了安全要求、标准、标志、包装以及政府对危险货物管理的责任、义务和授权,规定了政府对危险货物生产、包装、储存和运输的公司和个人的责任和义务等。《加拿大危险货物运输规则》直接引入《联合国危险货物运输建议书》及《国际海运危险

---

❶ 1mile≈1 609.344m,下同。

货物规则》的主要内容，如危险货物的分类、包装、标志、标识等，使国内危险货物运输与国际危险货物运输及应急管理高度接轨。《加拿大危险货物运输规则》还对不同运输方式的危险货物运输要求进行了具体的规定。

(2)从事危险货物运输及应急管理的管理人员和从业人员持证上岗。《加拿大危险货物运输法》规定，所有危险货物运输及应急管理人员必须经过专门的危险货物知识与技能培训，合格后方可上岗。例如港口的危险货物管理人员分四个层次，即作业人员、检查人员、技术指导人员、决策指挥人员。这些人员主要由企业组织培训或委托专业培训机构进行培训，政府部门不参与培训和发证工作。持证人员每两年需要参加一些短暂专业培训，进行知识更新。运输部的危险货物检查人员，一般要求具有化工专业、船舶工程专业、航海专业、海岸警备专业等方面的知识和工作经验，经过危险货物运输及应急技能的专业培训合格后，持证上岗。并要求每两年需接受一次短期培训，进行知识的更新。

(3)全国联网的危险货物运输及应急管理信息统计系统。加拿大政府建立了全国危险货物运输及应急管理信息统计系统，并分为两个子系统：一个是检查员信息系统，另一个是事故应急管理系统。计算机信息系统在加拿大危险货物运输及应急管理中得到了广泛的应用，大大提高了危险货物管理水平。企业与相关的政府部门可以相互联网，实现信息资源共享，加强沟通联系。例如消防部门的危险货物应急消防车辆装配有计算机系统，能够与应急中心联网查询技术资料，还装配有地理信息系统和专家决策系统，可以及时查找事故现场的消防管道接口、地下排污管道去向、事故周围环境情况以及应急决策咨询，有利于及时控制和采取清除措施。

(4)设立加拿大危险货物运输应急中心。《加拿大危险货物运输法》要求从事危险货物生产、运输、储运的企业要制订危险品事故应急反应计划，由运输部部长或其指定人员批准，同时报加拿大运输应急反应中心备案。但没有指定全国性的危险品事故应急反应计划，发生危险货物事故时，按各自职责反应。运输部设立加拿大运输应急中心，负责全国危险货物运输事故反应的技术咨询、指导工作，应急中心还设有功能强大的数据库，收集超过50万种化工产品的理化性质、用途、应急措施等数据资料，方便用户查询。各省也设有应急中心。

从以上加拿大和美国的实际情况可以看出，危险货物运输法规和规章大都由国家立法及交通运输管理部门制定，而对危险货物运输实施监督管理的部门由另一机构或部门来负责，实践证明这种体制有着诸多好处，促进了危险货物运输业的正常发展，从我国目前危险货物运输应急及管理实际看，危险货物运输立法及管理监督体制有待进一步完善。

3. *危险货物运输应急及管理的启示及对策研究*

通过对美国和加拿大应急管理体系的对比分析，在应急管理对策方面思考如下：

(1)完善的法律制度和系统的应急机制是确保危险品运输安全的基本保证。危险货物运输应急管理是一项复杂的系统工程，政府部门的主要职责是对危险货物及应急管理进行研究、规划、决策，制定有关法规、技术标准等，促进危险货物运输应急及管理体系的尽快完善。

①国内立法与国际接轨。目前，我国的危险品运输及应急管理的规章制度还远远不能适应运输国际化的需要，一方面要理顺国内、国际两个危险货物运输及应急管理法规，使之逐步合一，实现国内运输与国际接轨；另一方面要求优先兼顾国际货物运输的相关规定，并

随着国际上相关规则的修改而及时做出相应的修改和补充。

②提高立法层次,统一法规。由于我国对危险货物运输及应急管理没有高层次立法,各运输系统管理部门各自制定法规,一方面法律效果较差,另一方面危险货物运输及应急管理法规不统一。因此,应加紧我国危险货物运输及应急管理的立法工作,提高立法层次,协调各系统管理部门,尽可能达成水路、公路、铁路、航空的危险货物运输及应急管理统一,促进国内危险货物的多式联运发展。

③立法和监督管理要分开。危险货物运输及应急管理的立法和监督管理适度分开,有利于运输管理部门的责任划分和彼此制衡。我国危险货物的监督管理实行的票票审核、事事申报的严格审批制度,虽有一定的积极作用,但手续繁杂,效率低下,责任不落实等,严重影响了危险货物运输及应急管理机制的健康有序发展。

④进一步完善应急管理机制。目前,我国的危险货物运输应急管理体系正在初步形成,发达国家科学、合理的应急及管理体系,值得我们借鉴。在逐步完善和健全危险货物运输及应急管理相关的法律、法规、制度的基础上,建立操作性强、高效率、具有整体结构和系统模式的危险货物运输及应急管理机制。

(2)危险货物运输从业及管理人员,必须经过专门危险货物运输及应急管理知识与技能培训。交通运输部门要根据法律、法规,制定规章制度和工作程序,对危险货物运输企业法定代表人、危险货物运输管理人员和从业人员进行职业道德、从业技能、应急技能及有关政策、法规方面的培训,确保每一个相关人员经过培训后能了解法规,熟悉业务,充分认识从事危险货物运输工作所担负的社会责任,强化危险货物运输应急及管理的意识,提高操作技能和应急技能。

(3)利用现代高新技术和信息化系统实现危险货物运输应急及管理的网络化建设。全球定位系统 GPS(Global Positioning System,简称 GPS),是近年来开发的最具有开创意义的高新技术之一,其全球性、全能性、全天候性的导航定位、定时、测速优势已在诸多领域中得到越来越广泛的应用。在逐步深入研究 GPS 技术的基础上,实现危险货物运输车辆卫星定位监控和网络化管理,使危险货物运输及应急管理更加及时、准确、科学、合理。

第二节　危险货物运输应急管理机制

应急机制(Emergency mechanism)是指针对突发事件的需要,建立的系统或组织相互之间的运作过程和方法。突发事件是指突然发生、对社会经济系统运行和人民的日常生活造成重大扰动的事件,通常伴随着重大的经济损失甚至危及人民生命财产的安全和社会的稳定。危险货物运输应急及管理机制,是指有关部门为了更好地应对危险货物运输过程中的安全事故等各种突发事件而建立起来的一套完整的、行之有效的防范、处置方法和制度体系等。

一、应急管理的作用和目的

应急管理是指为了应付危险货物、大件物流过程中,因处理不当等引发的突发事件,迫切需要进行的计划、组织、协调、控制和指挥等活动组织职能。它包括事故预防管理、应急救援管理、事后处置管理三大管理过程。其作用有以下三个方面。

1. 事故预防管理

通过危险辨识,采用新的现代科学技术和管理手段减少事故发生的可能性,且使可能发生的事故控制在局部,消除蔓延条件,防止突发性重大或连锁事故发生。

2. 应急救援管理

万一发生事故(或故障)利用应急处理程序和方法或采用预定现场抢险、抢救的方式,迅速有效控制和处理事故,尽可能将事故消除在萌芽状态,减轻事故对人和财产的影响。

3. 事后处置管理

一方面通过事故及后果分析,找出事故的发生原因,确定事故的性质,为事故的进一步处理提供依据。另一方面,总结经验教训,以提高和加强突发事故的应对和施救能力。

实行危险货物运输应急管理,建立危险货物运输应急管理机制,其主要目的是为了防止突发事件的发生,或在突发事件发生后,防止该事件的蔓延扩大;防止或最大限度地降低由突发事件带来的经济损失。在危险货物运输过程中,一旦发生突发事件,应用危险货物运输及应急管理机制,最大限度地降低由突发事件带来的人民生命和财产的损失;防止或最大限度地降低由突发事件给人民群众的安全带来的各种负面影响;建立全国统一的危险货物应对突发事件的协调机制,一旦突发事件出现,立即启动运作。

二、危货运输动态综合信息系统与应急管理机制

建立危货应急管理机制应将货物运输事故防范放在首位。因此,为了将可能产生的危货运输事故消灭在萌芽状态,将已经产生的危货运输事故损失降低到最低程度,就应当把握住危货运输事故源头,准确掌握危货性质、处理危货事故和救援方式。因此,危货源头信息化、危货运输经营主体和危货运输驾驶员信息化等一并进入危货运输过程实时化监控管理,构建危货运输动态综合信息系统是进行危货运输过程实时监控、应急救援的基本前提。

社会危货运输动态综合信息系统是与危货运输应急管理紧密结合在一起的。建立危货运输动态综合信息系统的思路是,对社会具有较大潜在危险的危货运输过程建立分级危货运输动态信息系统。根据危货对社会的危害程度进行分级,对潜在危害大的危货运输首先建立动态综合信息档案,带有挂靠经营性质的危货运输经营者应首先列入监控系统。建立全社会动态监控系统的宗旨是服务于社会安全,该系统的危货运输信息应当包括:危货运输起讫点,危货性质,事故防范与处理方式,危货运输主体,危货运输车辆、危货运输线路和驾驶人员等动态信息,并能通过 GIS 电子地图结合 GPS 展示出动态运输过程来。社会危货运输动态综合信息系统可以为政府及其消防等部门充分把握防范、预警、应急和救援的主动权提供信息基础,从而为进行事前控制(the control before accident)、事中控制(the control of accident)和事后控制 (the control after accident)奠定了前提和基础。

危货运输应急管理机制的建立是一项复杂而艰巨的系统工程,根据国内外危货运输应急管理机制的最新发展动态,在社会危货运输动态综合信息系统基础上构建危货运输应急管理机制,该机制控制系统由安全预警系统、应急救援系统和防范处置系统三大部分构成,各个系统又包含有不同的子系统。如图 10-1 中基于综合信息系统的危险货物运输应急机制系统模型所示,这部分的控制活动分别由预警及预案系统、应急救援系统和防范处置系统

构成,各个系统又包含有不同的子系统,所有系统都建立在综合信息系统的基础上。

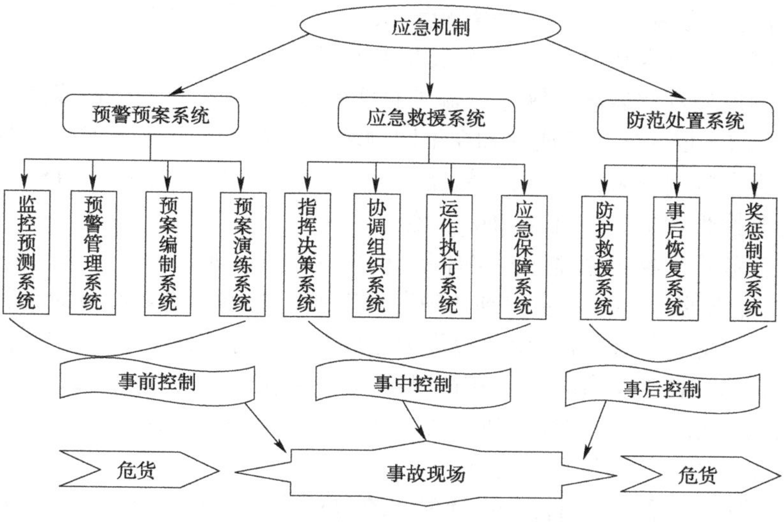

图 10-1　基于综合信息系统的危货应急机制系统模型

(1)预警及预案系统包括四个子系统:监控预测系统、预警管理系统、预案编制系统和预案演练系统,在应急机制中组成了事前控制活动。其功能是实现事故预防管理,即采用新的现代科学技术和管理手段,通过辨识动态危险源的重点对象、实行预案管理等活动,减少事故发生的可能性,使可能发生的事故控制在局部,消除蔓延条件,防止突发性重大或连锁事故发生。

(2)应急救援系统也包括四个子系统:指挥决策系统、协调组织系统、运作执行系统和应急保障系统,是事中控制活动的内容,以实现应急救援管理功能。即万一发生事故,指挥决策系统利用应急救援处理程序和方法,或启动预定的应急预案,对救援工作实施指挥,迅速有效控制和处理事故,尽可能将事故消除在萌芽状态,以减轻事故对人民财产的损害。

(3)防范处置系统是事后控制管理,包括三个子系统:防护救援系统、事后恢复系统和奖惩制度系统。其作用,一方面通过事故及后果分析,找出事故发生的原因,确定事故的性质,为事故的进一步处理提供依据;另一方面,总结经验教训,以提高和加强突发事故的应对和施救能力。

三、应急管理机制的系统及其功能

1. 预警及预案系统

预警及预案系统的主要作用是通过采取一系列的措施,尽可能防止事故的发生。预警,顾名思义是为了达到某种效果和目的,预先进行的一种警示活动。危险货物运输应急管理的预警预案系统,就是对重大危险源和重点危险对象进行监控预测管理、预警分级管理并制定相配套的应急预案和应对措施,尽可能地避免或减少事故的发生的组织体系。

(1)监控预测管理系统。主要是对危险源和危险对象进行监控预测管理。各危险货物运输监管部门及承运部门,确立危险源的分布和流动情况,绘制危险源分布图,预测可能发生的危险,尤其对于动态源事故要进行重点管理,随时掌握和控制危险货物运输事故的发生。动态源是指储装化学毒物的载体为运动着的目标。动态源事故所特有的发生突然性、扩散迅速性、危害途径多、作用范围广等特点，决定了安全预警必须及时、准确和彻底。

利用现代高科技技术和信息网络，尤其是 GPS 系统，对危险源和危险对象进行监控，对正在运输当中的危险货物运输车辆等运输工具实行跟踪定位，一旦事故发生，尽早、尽快处理。目前，随着 GPS 技术的不断成熟和在不同领域应用取得的成功，GPS 在危险货物运输领域内的相关研究和应用越来越广泛，大部分危险货物运输车辆已安装了 GPS 系统，这使得危险货物运输的监控管理更加及时、准确和到位。

建立和完善危险货物运输监测网络体系，重视建立点多面广的群测群防网络系统，进行有效的监测，一方面使从 GPS 系统得到的预警信息通过监测网络系统及时传输、执行，另一方面可以尽快整合应急救援功能，使危险货物运输事故及时得到就近的应急救援帮助；建立完善应急监测技术支持系统，切实掌握引发事故的危险化工品及其特性以及环境标准，建立快速监测方法、安全防护措施和处置技术，制定应急监测预案，汇编应急监测实际案例，为应急监测的实施和事故处理提供技术支持。

(2)预警分级管理系统。预警分级管理系统包括按部门分级预警管理和按预警的严重程度分级管理。危险货物运输预警分级管理系统可以设立省、市、区三级安全监管体系，实行三级预警管理并分别成立三级危险货物运输的特、重大安全事故应急救援指挥中心。应急救援工作应在辖区政府统一领导下，各有关职能部门分工合作，各司其职，密切配合，使救援工作迅速、高效、有序进行；按预警的严重程度分级管理，即按照发生事故的类型、需要采取的救援方法、危险程度、危害性、波及的范围、生命财产和经济损失的严重程度以及是否为危险货物运输的特大安全事故(参照国家规定的特大安全事故的具体标准)等，进行分级预警管理。

目前，国内对于危险货物运输的重特大、特大和重大事故的分类或分级没有统一的标准，但是，如果在省行政辖区范围内的危险货物运输管理过程中，由于某种不安全因素引发可能造成一次死亡 10 人以上(含 10 人)或经济损失巨大的火灾、爆炸、中毒或泄漏等危险货物运输事故，或者在市行政辖区范围内可能发生的造成一次死亡 10 人以上(含 10 人)或经济损失巨大以及其他性质特别严重，产生重大影响的事故均列为危险货物运输的特大安全事故。

重特大、特大和重大危货安全事故实行特级预警，由辖区政府统一领导，指挥救援；一级事故由主管部门或安全监督部门负责人领导实施救援，实行一级预警；二级事故由企业负责人实施现场救援指挥，实行二级预警。

(3)应急预案编制系统。危险货物的应急预案(Emergency predetermined planning)，又称危险货物应急反应计划(Emergency response planning)，是针对危险货物运输管理过程中可能发生的重大事故，为保证迅速、有序、有效地开展应急救援行动、降低事故损失而预先制定的有关计划或方案。它是在辨识和评估潜在的重大危险、事故类型、发生的可能性及发生过程、事故后果及影响严重程度的基础上，对应急机构职责、人员、技术、装备、设施(备)、物资、救援行动，及其指挥与协调等方面预先做出的具体安排。

关于应急预案的制定机构，根据国家的相关法律、法规和条例，经营单位、县(市、社区)、地区(市)人民政府是负责制定事故应急救援预案的机构。按照《中华人民共和国安全生产法》和《国务院关于特大安全事故行政责任追究的规定》等法律法规的要求，结合《危险化学品安全管理条例》和《道路危险货物运输管理规定》以及地方实际情况，制定关于危险货物运输特大事故的应急救援预案。制定原则遵循“预防为主，常备不懈，救人第一”的方针。启动安全事故应急预案时实行统一指挥、分级负责、冷静有序、团结协作，快速有效处置、防止事故扩大的原则。

编制危险货物重大事故应急预案是安全预警系统的核心任务，是救援准备工作和事故预先控制的主要内容，是及时、高效开展应急救援工作的重要保障。一旦监控管理活动出现任何疏漏，需要立即启动应急预案，达到尽早控制的目的。因此，它既是一种预先控制，又对事中控制和事后控制具有指导意义。鉴于它的重要意义，本书另外作专门介绍。

(4)应急预案演练系统。为了进一步明确危险货物事故应急救援预案实施过程，需设立专门的应急预案模拟演练系统，对应急救援预案进行演习训练。其目的有二：一方面，可以检验危险货物事故应急救援预案制定的有效性、合理性、可操作性及其企业与各级预案的衔接情况；另一方面，可以训练和检验各部门的应急响应能力。现将某市危险化学品事故应急救援预案演习计划实例进行编辑，用以说明应急预案系统的演练运作过程(见案例10-1)。从演练过程可以看出，发生事故的所属企业、各职能部门以及政府是构成演练系统的主体，按照事先制定的应急救援预案和演练计划进行模拟实战，既检验了各个预案的合理性和可操作性，也提高了演练主体的应急救援能力。

2. 应急救援系统

应急救援的运作是事中控制的核心内容。由不同职能部门组成的应急救援组织，按照应急预案或事先设计的应急救援运作方案，在法律制度和各种技术、物资等支持下，对危险货物转运过程中一些突发紧急情况、所采取的一系列的紧急救援措施，称为这个系统的应急救援工作。实现这一救援工作所涉及的指挥决策系统、协调组织系统、运作执行系统和应急保障体系，共同构成了应急救援系统。应急救援系统，实际上也是应急预案的执行运作系统。应急救援系统总的目标是：控制事态发展，保障生命财产安全，尽快恢复正常状态。

(1)应急救援的原则。救援实施原则主要由统一指挥、分级响应、属地为主和公众动员这四个基本原则组成。统一指挥，是应急活动的最基本原则。决策系统的应急指挥一般可分为集中指挥与现场指挥，或场外指挥与场内指挥几种形式，但无论采用哪一种指挥系统，都必须实行统一指挥的模式，无论应急救援活动涉及单位的行政级别高低和隶属关系如何，都必须在应急指挥决策系统的统一组织协调下行动，有令则行，有禁则止，统一号令，步调一致。分级响应，是指在初级响应到扩大应急的过程中实行的响应程序。扩大或提高应急级的主要依据是事故的危害程度、影响范围和蔓延程度，而后者是“升级”的最基本条件。扩大应急救援，主要是提高决策指挥级别、扩大应急范围等。属地为主，是强调“第一反应”的思想及以现场应急和现场指挥为主的原则。公众动员，是应急功能的充分整合，也是应急机制和整个应急体系的基础。

(2)指挥决策系统及标准化响应程序。应急指挥的决策系统，侧重反映危险货物运输应急救援工作的管理、指挥程序。标准化响应程序，是由决策系统在信息系统的支持下实现对执行系统的指挥过程(图10-2)。通过这个标准化响应程序，可以了解危险货物运输应急管理机制所涉决策过程及组织机构间的相互运作方法。

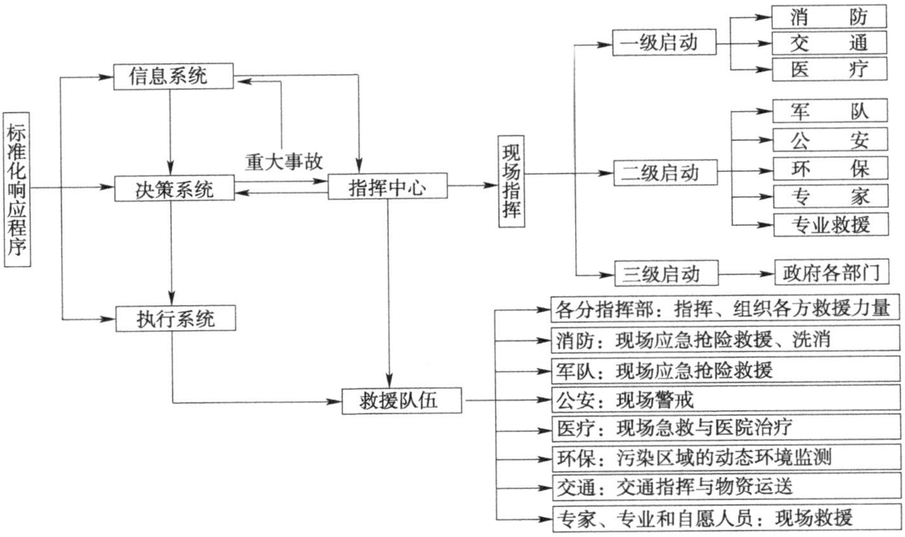

图 10-2　标准化应急响应程序

①应急救援信息系统是为了支持应急救援体系的有效运行和指挥部进行决策、管理，而进行信息收集、处理、储存和传递的相互关联的运作体系。它主要由危险货物车辆内部的 GPS 跟踪定位系统、监控中心和相关的通信系统组成。这个系统有两大主要任务，首先是要负责报警信息处理，报警得到初步认定后，迅速汇集到应急救援指挥中心，并立即传送到各分级指挥部；其次是提供危险货物运输过程中、特别是突发事故应急管理过程中的必要信息，帮助分析大量涌现的各种危险货物运输应急救援数据信息，以提供决策依据，并完成信息分配。

②应急救援决策系统是一种非程序化的决策，常常涉及的是例外的、偶发的、具有重大影响的问题。应急救援管理决策系统，是在信息系统的基础上，依照危险货物运输应急救援的相关政策、法令、决议、计划等，对可行性预案和分级响应程序进行决策，并将决策信息传递给指挥中心和执行系统。应急救援指挥中心接到决策信息后，应立即建立与事故现场地方应急机构的联系，根据事故报告的详细信息，救援指挥中心按决策系统所确定的响应级别启动应急程序。

③应急救援执行系统，是指由各分指挥部和功能部门组成的救援队伍，按照决策系统提供的应急救援预案和分级响应程序，在指挥部或现场指挥中心的指导下实行现场应急救援活动的系统。分级响应程序，按其过程可分为接警、初级响应、中级响应、扩大响应和关闭响应五个层次。初级、中级和扩大响应分别实行一、二、三级启动（图 10-2）。三级启动意味着，事态仍无法得到有效控制，需要向上级救援机构（场外决策系统）请求实施扩大应急响应。应急响应结束后，应由应急救援指挥中心按照规定程序宣布应急响应结束（关闭）。

（3）协调组织系统组织体系包括：管理机构、功能部门、应急指挥和救援队伍的建设。

①管理机构，是指各级政府和负责维持日常应急管理的机构。当发生危险货物运输重大事故后，政府主要负责从法规和制度上对事故性质进行界定，依据具体危险货物运输突发事故的危害性质和危害方式等，制定具体执行方式，启动相应的应急预案，并在事件处理中

负责场外指挥、协调和调度,以及随后事件的责任确定。政府职能发挥,分散在负责维持日常应急管理的各级政府部门中。

②功能部门,包括与应急活动有关的各类组织机构,如公安、医疗等单位。应急预案中的各种功能设计,主要针对各个功能部门。危险货物运输应急机构组成部门主要是:政府、公安、消防、医疗、交通、环保、军队等,各部门的职责分别如下。

政府:当发生危险货物运输重大事故后,政府只要负责从法规和制度上对事故性质进行界定,并在事件处理中负责指挥、协调和调度以及随后的事件的责任确定。政府职能发挥分散在各政府部门中,在实际中依据具体事件的危害方式,制定具体执行方式。

公安:在事故发生后,公安部门主要负责总体协调各部门的行动,以及事件现场的布控、保卫,如发生刑事案件时,须对其进行调查等。公安部门的职能发挥,在事件处理中起到保障的作用。

消防:直接处理事故现场,协助或抢救接触者、中毒者脱离现场,处理泄漏物。

医疗:进行人员的现场医疗抢救,中毒患者的救治及事件卫生学评价。

交通:疏通道路和交通,协助人员疏散、伤员转移,救援物品的运送,危险物的处理。

环保:对化学事故造成的环境影响作出评价,提出处理意见和措施。

军队:协助完成现场隔离、保卫、伤员抢救转运等任务,协助现场处理,同时,要配备专业、齐全、能全面处理重大灾害事件的有关保障。

③应急指挥,设立应急救援指挥中心,应急预案启动后,负责制定警戒保卫、医疗救护、物资保障服务等工作方案。协调场内、场外的指挥系统和指挥各分指挥部进行工作,如警戒保卫指挥部,负责组织事故现场的安全保卫、治安管理和交通疏导工作;医疗救护指挥部,负责协调事故发生后的医疗救护、尸体运输保管和检验工作;通信联络指挥部,负责通信设施建设、维护及通信联络工作,确保24h通信联络畅通;物资保障指挥部,负责应急救援物资的供应、人员运输、后勤保障和死伤人员家属及有关人员接待工作;善后处理指挥部,负责事故发生后的伤亡人员善后,及其家属的安抚工作;新闻报道指挥部,负责将事故的原因、责任及处理意见公布于众,收集整理事故动态信息和处置情况,编辑上报相应灾害事故应急救援指挥部参考。

④救援队伍,由所有功能部门的参与人员、专业人员和志愿人员组成。

(4)运作执行流程。危险货物由于其自身的种种危险特性,及其运输过程的特殊性,发生事故后将涉及较多的部门,救援过程较为复杂。应急救援运作流程及简图的设计,将应急救援过程和各主要职能部门的基本职责清楚地展现在出来,有助于危险货物运输应急救援机制的有效运作,以确保发生危险货物运输重大灾害事故时,能快速、及时、有效地调集救援力量,前往事故现场组织施救,最大限度地减少人员伤亡和财产损失。

从图10-3可以看出,卫星监测中心在监测到危险货物事故后,应立即通知接警中心;接警中心从各种不同的渠道得到事故信息后,对事故作出初步的判断,一方面汇报给上级部门,另一方面立即通知事故应急指挥中心;由事故应急指挥中心对公安、消防、医疗、军队等救援队伍实行统一指挥,对事故发生现场实行全面救援。

(5)通信技术及物资保障是应急救援系统的基础,也是这一系统有效运作必不可少的保证。其中包括:通信保障、物资保障、人员保障和技术保障。

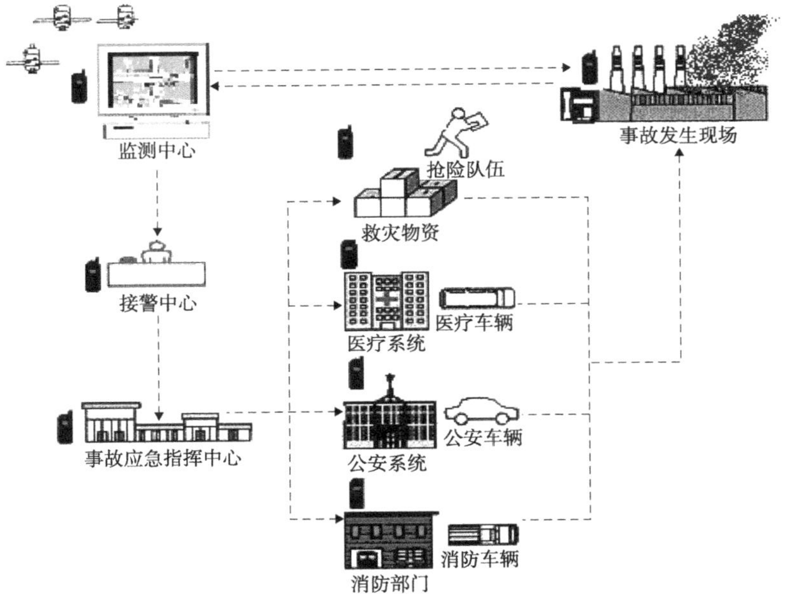

图 10-3　应急救援运作流程简图

①通信保障。处在应急保障系统第一位的是信息与通信系统，构筑集中管理的信息通信平台，是应急体系最重要的基础建设。应急信息通信系统要保证所有预警、报警、警报、报告等活动的信息交流快速、顺畅、准确，以及信息资源共享。

②物资保障。物资与装备不但要保证有足够的资源，而且还一定要实现快速、及时供应到位。应急财务保障，应建立专项应急科目，如应急基金等，以保障应急管理运行和应急反应中各项活动的开支。

③人员保障。人力资源保障包括：加强专业队伍和志愿人员以及其他有关人员的培训教育。

④技术保障。根据危险化学品安全事故应急救援和事故处理工作需要，建立专家咨询组，聘请公安、消防、环保、卫生等部门和有关企业的专业技术人员参加，对特、重大危险货物运输事故出现的重大疑难问题进行技术咨询，提出救援和处理方案。

3. 防范处置系统

设置防范处置系统的目的是通过制定相应的处置办法和措施，进一步地宣传教育、总结经验、吸取教训以杜绝同类事情的发生。其中包括，具体施救、处置措施体系，事后恢复体系和奖惩制度体系。

(1)具体的防护和救援措施。在危险化学品运输的防护和救援管理中，为了及时、正确、有效地应对危险化学品运输事故，确保人民生命财产的安全和社会稳定，必须对各种应急处理措施进行分析研究，以提高和加强突发事故的施救能力，减少对环境产生不利影响，将事故可能造成的损失降到最低。

(2)事后恢复体系。采取消毒措施，做好现场清消，减少危害。针对意外发生的动态危险源事故而外逸的有毒的化学有害物质和可能对人和环境继续造成危害的化学物质，应及时组织有关人员予以清除，消除其危害后果，防止对人的危害和对环境的污染。运输的危险货物若具有腐蚀性、毒害性，在处理事故过程中，一定要慎重，尽可能降低腐蚀性和毒害性物品对人的伤害。如是氨气泄漏，现场可用大量水对污染区进行喷洒，水中可加入苏打粉，在地上也可撒苏打粉，使空气中氨气的浓度下降；如果是氨气等碱性物料泄漏，可采用大量的喷雾水流冲淡、稀释，还可根据实际情况把泄漏的容器浸没在稀盐酸溶液中；如果是硫酸类腐蚀性物品发生泄漏，则不能用水稀释，可用干砂、干土等覆盖吸收；若是液溴泄漏，可用碳酸氢铵将流出的液溴覆盖，溴与碳酸氢铵反应，生成的溴化铵为白色结晶粉末，其毒性较液溴大大降低；如是氰化的泄漏，可用次氯酸钙消毒。动态源事故发生后，应及时地进行事故调查，找出事故的发生原因和事故的性质，估算出事故的危害涉及范围和危险程度，查明人员伤亡情况，为安全生产监督管理部门与公安等部门开展事故详细调查处理提供可靠有效依据。

(3)奖惩制度体系。贯彻《国务院关于特大安全事故行政责任追究的规定》，切实保护国家和人民群众的生命及财产安全，维护社会稳定，如有个人或单位因违反有关规定所造成的损失，应当对其进行相应的责任追究，规定处罚的形式和程度，确保一定的警示作用，并起到宣传教育、吸取教训的目的。对于在应急救援工作中有表现优秀的个人或单位，应当给予奖励，并且规定奖励的形式和标准。此外，在危货运输事故应急救援工作中，如有个人或单位违反有关规定，应当对其进行相应的责任追究。

第三节　应急管理机制和应急能力评价

对危险货物运输突发事故应急能力的分析、评价，不但有助于提高危险货物运输突发事故的应急能力，而且可以为应急机制系统的优化提供重要的指导依据。应急能力就是人们在以最大效益或最小消耗(成本)为目的的前提下，在处理应对突发事件的全过程中体现出的管理控制能力。这是一个非常宽泛、抽象的概念，为了能科学、准确地对应急能力进行评价，需要确定合理的应急能力评价方法，对各评价指标进行科学、准确的量化分析。

通常的事件可分为三类，不可能事件、必然事件和随机事件。需要应急处理的事件来源于必然事件和随机事件两类，由集合概念可以得出其来源的比例结构图。如图10-4所示(对于单体分析)。同时也可根据平面坐标系得出应急域概念，如图10-5(对于整体分析)。由必然事件而引起的应急响应多属于人为因素(管理上的懈怠)，由随机事件引起的应急响应多属于自然因素(不可抗力)，有时也有两个因素共同作用而引起的应急响应。根据应急事件来源以及来源结构不同，对于应急事件处理从管理上将有不同的侧重，从而使得对于应急能力的评价要有针对性。

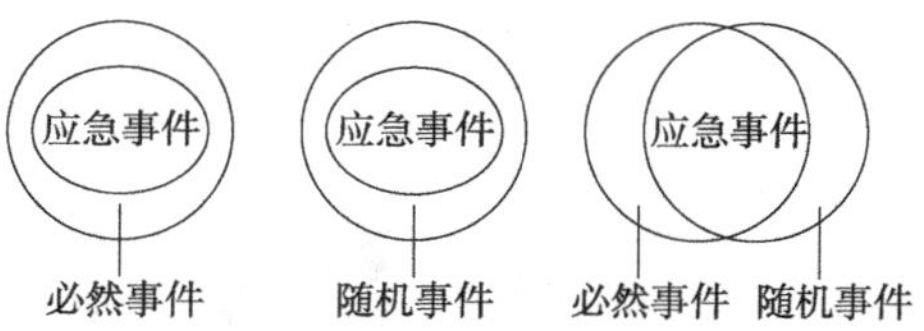

图10-4　应急事件分析图

根据以上分析可以得出应急能力就是人们在以最大效益或最小消耗(成本)为目的的前提下，在处理应对突发事件的全过程中体现出的管理控制能力。它包括事前的管控能力、事中的管控能力以及事后的管控能力。

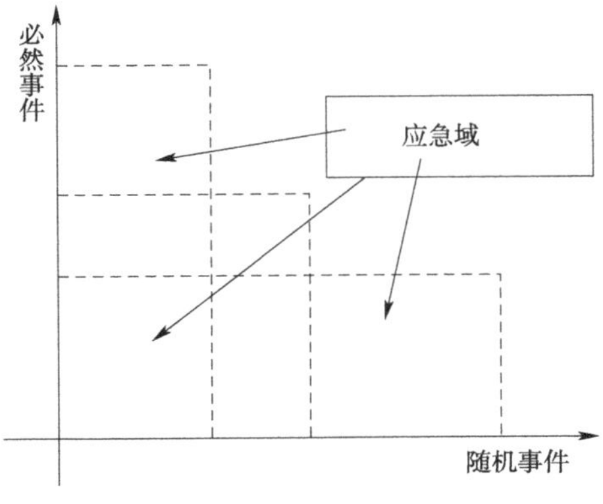

图 10-5　应急域分析图

一、应急机制和能力的评价方法

由于影响应急能力的因素很多，且大多数因素难以用经典数学方法量化描述，因此，需要采用模糊综合评价法，将模糊信息定量化后再进行分析与评价。该评价方法原理科学、逻辑合理、具有普遍适用性，尤其适合类似应急能力等定性指标的评价。评价方法的要点包括：建立应急能力指标体系，用层次分析法（AHP）确定各评价因素和评价指标权重；确定隶属度；进行模糊综合评判；评价结果总结。

应急能力指标体系的建立，是应急能力评价的基础。按照应急机制所包含的 3 大系统及 11 个子系统，应急能力评价指标可以确定为它所对应的 11 种能力，这 11 种应急能力分别构成不同的评价指标因素集。

1. 应急能力评价指标因素集

根据层次分析法，构建评价指标因素集，$\boldsymbol{U}$ 是影响应急能力的各因素的集合，可表示为 $\boldsymbol{U}=\{\boldsymbol{u}_1,\boldsymbol{u}_2,\cdots,\boldsymbol{u}_m\}$，其中元素 $\boldsymbol{u}_1,\boldsymbol{u}_2,\cdots,\boldsymbol{u}_m$ 分别表示某个影响因素。根据设立的应急机制结构模型图（图 10-6），确定影响应急能力的主要因素有三个：即第一层因素集 $\boldsymbol{U}=\{\boldsymbol{u}_1,\boldsymbol{u}_2,\boldsymbol{u}_3\}$ = {事前预测预警能力，事中应急救援能力，事后防范处置能力}。每个因素又包含不同的子因素，即第二层因素集 $\boldsymbol{U}_1=\{\boldsymbol{u}_{11},\boldsymbol{u}_{12},\boldsymbol{u}_{13},\boldsymbol{u}_{14}\}$ = {监控预测能力，预警管控能力，预案编制能力，预案演练能力}；$\boldsymbol{U}_2=\{\boldsymbol{u}_{21},\boldsymbol{u}_{22},\boldsymbol{u}_{23},\boldsymbol{u}_{24}\}$ = {指挥救援能力，协调组织能力，物资保障能力，运作执行能力}；$\boldsymbol{U}_3=\{\boldsymbol{u}_{31},\boldsymbol{u}_{32},\boldsymbol{u}_{33}\}$ = {防护救援能力，事后恢复能力，奖惩改进能力}。

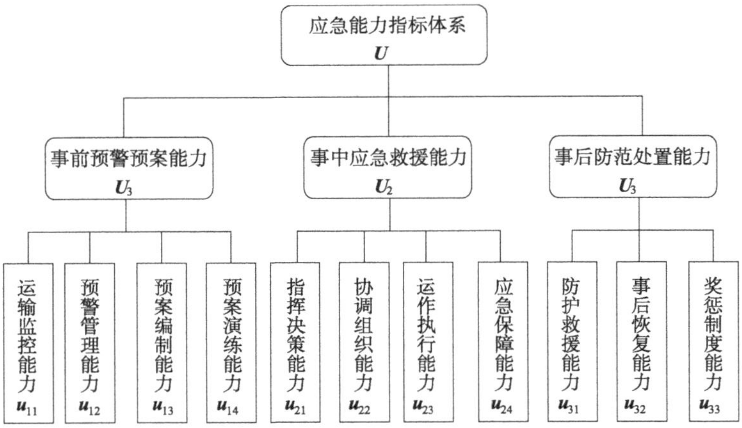

图 10-6　应急能力指标体系

2. 评价集及隶属度确定

应急能力评价集是对于评价对象可能作出的评价结果所组成的集合，一般用 $\boldsymbol{V}=\{\boldsymbol{v}_1,\boldsymbol{v}_2,\cdots,\boldsymbol{v}_m\}$ 表示，其中 $\boldsymbol{V}_k(k=1,2,\cdots,p)$ 是评价结果中的一种可能情况。对于应急能力评价集，一般可对评价等级 $\boldsymbol{V}$ 定义为 $k=1,2,3,4,5$ 五个等级。即 $\boldsymbol{V}=\{\boldsymbol{v}_1,\boldsymbol{v}_2,\boldsymbol{v}_3,\boldsymbol{v}_4,\boldsymbol{v}_5\}$ = {很强，中等，一般，欠缺，很差} = {≥90，≥80，≥60，<60，<50}。

对于评价集中 $\boldsymbol{V}_k$ 的隶属度确定有很多方法,如模糊统计法、专家打分法、例证法等。通常采用专家打分法可获得很好的评价结果。专家打分法就是根据不同专家对 $\boldsymbol{V}_k$ 的打分结果求和平均后代入式(10-1):

$$\boldsymbol{\mu}(x)=\mathrm{e}^{-0.000\,278(x-100)^2} \qquad (0\leqslant x\leqslant 100) \tag{10-1}$$

求得该评价指标的隶属度。

3. 应急能力评价指标的权重集

为了反映各个能力因素对应急能力的重要程度,通过 AHP 法,可得到各评价因素相应的权重集:即 $\boldsymbol{P}=\{\boldsymbol{P}_1,\boldsymbol{P}_2,\boldsymbol{P}_3\}$, $\boldsymbol{P}_1=\{\boldsymbol{P}_{11},\boldsymbol{P}_{12},\boldsymbol{P}_{13},\boldsymbol{P}_{14}\}$, $\boldsymbol{P}_2=\{\boldsymbol{P}_{21},\boldsymbol{P}_{22},\boldsymbol{P}_{23},\boldsymbol{P}_{24}\}$, $\boldsymbol{P}_3=\{\boldsymbol{P}_{31},\boldsymbol{P}_{32},\boldsymbol{P}_{33}\}$。各权重 $\boldsymbol{P}_i$ 要求满足归一性和非负条件,即

$$\boldsymbol{P}_i\geqslant 0,\ \boldsymbol{P}_{ij}\geqslant 0,$$

$$\sum_{i=1}^{3}\boldsymbol{P}_{\mathrm{i}}=1,\sum_{j=1}^{4}\boldsymbol{P}_{1\mathrm{j}}=1,\sum_{j=1}^{4}\boldsymbol{P}_{2\mathrm{j}}=1,\sum_{j=1}^{3}\boldsymbol{P}_{3\mathrm{j}}=1$$

$$(i=1,2,3;j=1,2,3,4)$$

二、应急机制和应急能力的综合评判

模糊综合评判,是解决涉及模糊现象、不清晰因素的主要方法。有了应急能力的层次分析,即建立了相应的评价指标体系,同时对相应评价指标里的定性指标作了相应模糊隶属度处理,使其可以量化度量,这样就可利用 AHP-F 隶属度合成法对应急能力作出量化评判了。事实上,采用模糊综合评判法,使模糊、不清晰的研究对象更近似定量指标分析。

根据应急能力隶属度分析,进行一级模糊综合评价,即按一类中各个因素进行综合评判。设按第 i 类中的第 j 个因素 $\boldsymbol{u}_{ij}$ 评判,评价对象属于评价集第 k 个元素的隶属度为 $\boldsymbol{r}_{ijk}$ $(i=1,2,\cdots,n;j=1,2,\cdots,m;k=1,2,\cdots,p)$。则一级模糊综合评价的单因素评判矩阵为:

$$\underset{\sim}{\boldsymbol{R}_1}=\begin{bmatrix}\boldsymbol{r}_{111} & \boldsymbol{r}_{112} & \boldsymbol{r}_{113} & \boldsymbol{r}_{114} & \boldsymbol{r}_{115}\\ \boldsymbol{r}_{121} & \boldsymbol{r}_{122} & \boldsymbol{r}_{123} & \boldsymbol{r}_{124} & \boldsymbol{r}_{125}\\ \boldsymbol{r}_{131} & \boldsymbol{r}_{132} & \boldsymbol{r}_{133} & \boldsymbol{r}_{134} & \boldsymbol{r}_{135}\\ \boldsymbol{r}_{141} & \boldsymbol{r}_{142} & \boldsymbol{r}_{143} & \boldsymbol{r}_{144} & \boldsymbol{r}_{145}\end{bmatrix}$$

$$\underset{\sim}{\boldsymbol{R}_2}=\begin{bmatrix}\boldsymbol{r}_{211} & \boldsymbol{r}_{212} & \boldsymbol{r}_{213} & \boldsymbol{r}_{214} & \boldsymbol{r}_{215}\\ \boldsymbol{r}_{221} & \boldsymbol{r}_{222} & \boldsymbol{r}_{223} & \boldsymbol{r}_{224} & \boldsymbol{r}_{225}\\ \boldsymbol{r}_{231} & \boldsymbol{r}_{232} & \boldsymbol{r}_{233} & \boldsymbol{r}_{234} & \boldsymbol{r}_{235}\\ \boldsymbol{r}_{241} & \boldsymbol{r}_{242} & \boldsymbol{r}_{243} & \boldsymbol{r}_{244} & \boldsymbol{r}_{245}\end{bmatrix}$$

$$\underset{\sim}{\boldsymbol{R}_3}=\begin{bmatrix}\boldsymbol{r}_{311} & \boldsymbol{r}_{312} & \boldsymbol{r}_{313} & \boldsymbol{r}_{314} & \boldsymbol{r}_{315}\\ \boldsymbol{r}_{321} & \boldsymbol{r}_{322} & \boldsymbol{r}_{323} & \boldsymbol{r}_{324} & \boldsymbol{r}_{325}\\ \boldsymbol{r}_{331} & \boldsymbol{r}_{332} & \boldsymbol{r}_{333} & \boldsymbol{r}_{334} & \boldsymbol{r}_{335}\end{bmatrix}$$

利用模糊数学合成算子“ ∘ ”进行合成,第 i 类因素的综合评价集 $\underset{\sim}{\boldsymbol{B}}_i$ 为:

$$\underset{\sim}{\boldsymbol{B}}_i=\underset{\sim}{\boldsymbol{P}}_i\circ\underset{\sim}{\boldsymbol{R}}_i=(\boldsymbol{p}_{i1},\boldsymbol{p}_{i2},\cdots,\boldsymbol{p}_{im})\circ\begin{pmatrix}\boldsymbol{r}_{i11} & \boldsymbol{r}_{i12} & \boldsymbol{k} & \boldsymbol{r}_{i1p}\\ \boldsymbol{r}_{i21} & \boldsymbol{r}_{i22} & \cdots & \boldsymbol{r}_{i2p}\\ \cdots & \cdots & \cdots & \cdots\\ \boldsymbol{r}_{im1} & \boldsymbol{r}_{im2} & \cdots & \boldsymbol{r}_{imp}\end{pmatrix}=(\boldsymbol{b}_{i1},\boldsymbol{b}_{i2},\cdots,\boldsymbol{b}_{ip})$$

一级模糊综合评判,只是对一类中的各个因素综合考虑,为了判断各类因素的综合影响,还必须在各类之间综合评判,这便是二级综合评判。显然,二级综合评判时的单因素评判,应为相应的一级模糊综合评判,因此,二级综合评判的单因素评判矩阵,应为一级模糊综合评判构成,由此得二级模糊综合评判集为:$\underset{\sim}{\boldsymbol{B}}=\ \underset{\sim}{\boldsymbol{B}}_1,\underset{\sim}{\boldsymbol{B}}_2,\underset{\sim}{\boldsymbol{B}}_3$,其中 $\underset{\sim}{\boldsymbol{B}}_1$、$\underset{\sim}{\boldsymbol{B}}_2$、$\underset{\sim}{\boldsymbol{B}}_3$ 分别为 $\underset{\sim}{\boldsymbol{B}}_1=\boldsymbol{P}_1\circ\underset{\sim}{\boldsymbol{R}}_1=(\boldsymbol{b}_{11},\boldsymbol{b}_{12},\boldsymbol{b}_{13},\boldsymbol{b}_{14},\boldsymbol{b}_{15})$,$\underset{\sim}{\boldsymbol{B}}_2=\boldsymbol{P}_2\circ\underset{\sim}{\boldsymbol{R}}_2=(\boldsymbol{b}_{21},\boldsymbol{b}_{22},\boldsymbol{b}_{23},\boldsymbol{b}_{24},\boldsymbol{b}_{25})$,$\underset{\sim}{\boldsymbol{B}}_3=\boldsymbol{P}_3\circ\underset{\sim}{\boldsymbol{R}}_3=(\boldsymbol{b}_{31},\boldsymbol{b}_{32},\boldsymbol{b}_{33},\boldsymbol{b}_{34},\boldsymbol{b}_{35})$。

根据上面的结果可得二级模糊综合评判集为:$\boldsymbol{B}=\boldsymbol{P}\circ\underset{\sim}{\boldsymbol{B}}=(\boldsymbol{b}_1,\boldsymbol{b}_2,\boldsymbol{b}_3,\boldsymbol{b}_4,\boldsymbol{b}_5)=\boldsymbol{b}_k(k=1,2,\cdots,5)$,对 $\boldsymbol{b}_k$ 利用式(10-2)进行归一化处理得出综合评价得分公式 $\boldsymbol{W}$。

$$\boldsymbol{b}_k=\left\{\frac{\boldsymbol{b}_k}{\sum_{k=1}^{5}\boldsymbol{b}_k}\right\}\qquad(k=1,2,\cdots,5)\tag{10-2}$$

$$\boldsymbol{W}=\boldsymbol{b}_k\circ\boldsymbol{V}^{\mathrm{T}}=[\boldsymbol{b}_1,\boldsymbol{b}_2,\boldsymbol{b}_3,\boldsymbol{b}_4,\boldsymbol{b}_5]\circ[\boldsymbol{V}_1,\boldsymbol{V}_2,\boldsymbol{V}_3,\boldsymbol{V}_4,\boldsymbol{V}_5]^{\mathrm{T}}\tag{10-3}$$

最后,利用式(10-3)计算综合评价得分。

通过以上的评价分析,可以得到以下结果:

(1)构成应急机制各系统相应的应急能力的重要度,即 $\boldsymbol{P}=\{\boldsymbol{P}_1,\boldsymbol{P}_2,\boldsymbol{P}_3\}$,$\boldsymbol{P}_1=\{\boldsymbol{P}_{11},\boldsymbol{P}_{12},\boldsymbol{P}_{13},\boldsymbol{P}_{14}\}$,$\boldsymbol{P}_2=\{\boldsymbol{P}_{21},\boldsymbol{P}_{22},\boldsymbol{P}_{23},\boldsymbol{P}_{24}\}$,$\boldsymbol{P}_3=\{\boldsymbol{P}_{31},\boldsymbol{P}_{32},\boldsymbol{P}_{33}\}$,由此确定在应急系统中影响应急能力的主要因素。

(2)构成应急机制各系统相应的应急能力重要度的排序结果,通过排序可以分析出,今后需要强化管理的内容,以及确定投入比例。

(3)通过应急能力综合评价得分与评价集 $\boldsymbol{V}=\{\boldsymbol{v}_1,\boldsymbol{v}_2,\boldsymbol{v}_3,\boldsymbol{v}_4,\boldsymbol{v}_5\}$ = {很强,中等,一般,欠缺,很差} = {≥90, ≥80, ≥60, <60 , <50}的比较,可以得出所要评价应急系统的状况是否能够满足应急要求。

第四节　危险货物的应急预案

应急预案的编制,实际上是辨识风险和防御决策的过程,因此,预案的编制、评审,有利于了解可能面临的重大风险及其相应的应急措施,有利于各方救援能力的有效整合,有利于促进从业人员和管理者提高风险防范意识和能力。编制事故应急救援预案,使承担危险、救援的人员和队伍分工明确,各项工作有程序、有步骤,使应急救援工作有条不紊地迅速展开,达到迅速控制危险源,抢救受害人员,及时指导群众防护和疏散的目的。

一、应急预案的重要作用和意义

编制危险货物重大事故应急预案是应急救援准备工作和事故应急预先控制的核心内

容，是及时、有序、有效地开展应急救援工作的重要保障。应急预案在应急救援中的重要作用和地位体现在：

(1)预案确定了应急救援的范围和体系，使应急准备和应急管理不再是无据可依、无章可循。尤其是培训和演习，它们依赖于应急预案。培训可以让应急响应人员熟悉自己的责任，具备完成指定任务所需的相应技能。预案演习可以检验预案和行动程序，并评估应急人员的技能和整体协调性。

(2)应急预案预先明确了应急各方的职责和响应程序，在应急力量和应急资源等方面做了大量准备，有利于作出及时的应急响应；有利于指导应急救援迅速、高效、有序地开展，使任何可能引起的紧急情况不扩大，有利于尽可能地排除险情，减少特大事故造成的人员伤亡和财产损失，以及对环境产生的不利影响。此外，如果预先制定了预案，对重大事故发生后必须快速解决的一些应急恢复问题，也就很容易解决。

(3)通过编制危险货物运输事故综合应急预案，强化和提高了风险防范意识，并可保证应急预案具有足够的灵活性，当发生超特大事故时，便于与省级、国家级应急部门的协调。

总之，编制事故应急救援预案，使承担危险、救援的人员和队伍分工明确，各项工作有程序、有步骤，使应急救援工作有条不紊地迅速展开，达到迅速控制危险源，抢救受害人员，及时指导群众防护和疏散的目的。

二、应急预案的结构和类型

应急预案的分类有多种方法，从功能与目标上可以划分为四种类型：综合预案、部门预案、专项预案和现场预案。由于各自所处的层次和适用范围不同，其内容在详略程度和侧重点上有所不同，但又相互关联（图10-7）。

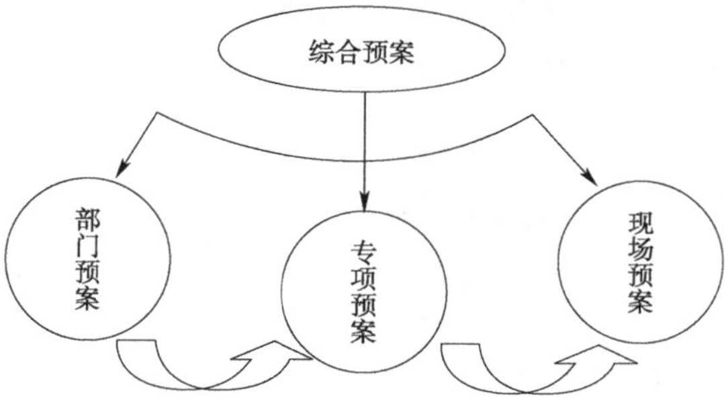

图10-7　应急预案分类示意图

(1)综合预案，是总体、全面的预案，它的内容涵盖了其他三种预案，但以场外指挥与集中指挥为主，侧重在应急救援活动的组织协调。

(2)部门预案，是对同类预案的综合，是针对一些同类性质的危险货物所发生的类似性质的突发事故而制定的，是多个同类专项预案的总的预案。

(3)专项预案，是针对某种具体的、特定类型的紧急情况，例如，为某一特定类型的危险货物运输过程中的泄漏、火灾等突发事故的应急而制定的预案。专项预案是充分考虑了某些特定危险的特点，对应急的形势、组织机构、应急活动和施救方法等进行更具体的阐述，具有较强的针对性。

(4)现场预案，是以现场设施或活动为具体目标而制定和实施的应急预案，它是其他几种预案的补充。现场应急预案的特点，是针对某一具体现场所存在的特殊危险，结合可能受其影响的周边环境情况，在详细分析的基础上，对应急救援中的各个方面做出具体、周密而细致的安排，因而，现场预案具有更强的针对性和对现场具体救援活动的指导性。

从行政层面上，预案可划分为国家级、省级、市级、区(县)和企业预案5个级别：

(1)国家预案总体是一种宏观管理，以场外应急指挥为主的综合性预案。

(2)省一级预案基本上类似于国家预案，除非出现涉及全国或性质严重的特别重大事故灾难的危急处置情况，一般由省一级预案作为宏观管理，进行场外应急指挥。

(3)市一级预案是整个预案体系中的核心部分，重大危险货物运输突发事故发生时，主要以市一级预案为主实施救援，应既有场外应急指挥，也有场内应急救援指挥，还包括应急响应程序和标准化操作程序。

(4)县和区级应急救援预案属场外应急计划，场外应急计划应以企业确定的影响到场外人员和环境事故为依据，反过来，它又为现场应急计划的制定提供依据，二者应互为补充，构成完整的重大事故应急救援预案。

(5)企业级预案大多是一种现场预案，以场内应急指挥为主，它强调了具体应急救援对象和应急活动的实践性。

此外，按时间特征还可划分为常备预案和临时预案。

三、危险货物预案的基本结构及功能

综合预案、部门预案和现场预案等，无论是哪一种预案，都可以采用相似的1+3的基本结构模式，即一个基本预案加上应急功能设置、应急标准化操作程序和保障支持附件三个分项，以保证各种类型预案之间的协调性和一致性(图10-8)。而危险货物应急预案则由常规预案加上特殊支持附件构成(图10-9)。

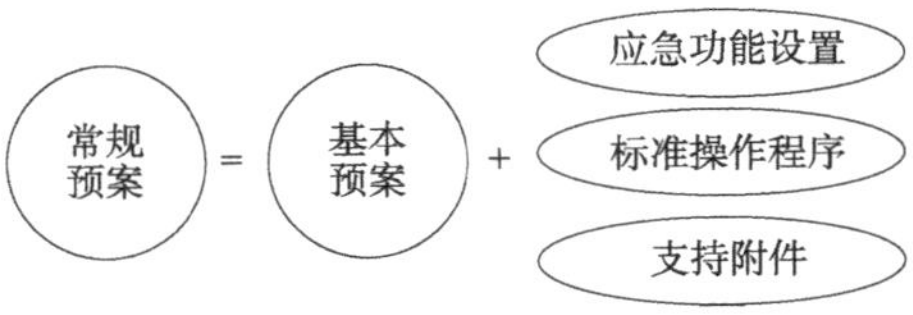

图10-8　普通预案的基本结构

图10-9　危险货物预案的基本结构

1. 基本预案

基本预案，是该应急预案的总体描述。主要阐述应急预案所要解决的紧急情况、应急的组织体系、方针、应急资源、应急的总体思路并明确各应急组织在应急准备和应急行动中的职责，以及应急预案的演练和管理等规定。

2. 应急功能设置

应急功能设置，是指针对各类危险货物运输重大事故，在应急救援中采取的一系列基本应急行动，以及根据行动措施而编写的任务计划，例如，通信保障、人群疏散、人群安置、医疗等。为直观地描述应急功能与相关应急机构的关系，可采用应急功能矩阵表(表10-1)，其中R为负责机构，S为支持机构。

应急功能矩阵 表10-1

应急功能＼应急机构	消防部门	公安部门	医疗部门	应急中心	交通部门	广播电视	……
警报	S	S		R		S	
疏散	S	R	S	S	S	S	
消防与抢险	R	S		S			
……							

3. 标准操作程序

由于在应急预案中没有给出每个任务的实施细节，各个应急部门必须制定相应的标准操作程序，为组织或个人提供履行应急预案中规定的职责和任务时所需的详细指导。标准操作程序应保证与应急预案的协调和一致性，其中重要的标准操作程序可附在应急预案之后或以适当的方式引用。

4. 支持附件与特殊支持附件

应对应急系统中有关的支持保障系统进行详细的描述，并提供有关附图表，人员通信、联络一览表，消防队等应急力量一览表，医院、急救中心一览表等。危险货物的特殊支持附件包括：危险货物事故灾害影响范围预测图，危险货物分布图及流动走向登记表，重要的危险货物分类名称及处置方法表和相关技术参考手册，积载和配载规则表，危险货物专业咨询专家名录等。

5. 危险货物预案

危险货物预案，是基于危货运输中潜在的重大事故危险，在安全评价和分析的基础上，针对每一种可能发生的重大事故危险性进行基本的描述，明确其相应的主要负责部门、有关支持部门及其相应的职责，并为该类专项预案的制定提出有关的特殊要求和指导。它是由有针对性的常规预案加特殊支持附件构成。

四、危险货物应急预案的设置

关于应急预案的设置，根据国家的相关法律、法规和条例，经营单位、县(市、社区)、地区(市)人民政府，是负责制定事故应急救援预案的机构。编写应急预案应包含以下几方面的具体内容。

(1)预案确定应急救援的范围和体系，使应急准备和应急管理不再是无据可依、无章可循。如：以市级辖区为例，需规定该“预案”适用的市级辖区范围，发生事故的危险程度，以及它的危害性，是否为危险货物运输的特大安全事故。

(2)应急预案预先明确应急各方的职责和响应程序，有利于在应急力量和应急资源等方面做准备，使任何可能引起的紧急情况不扩大，减少特大事故造成的人员伤亡和财产损失，以及对环境产生的不利影响。

(3)设立危险货物运输的特大安全事故应急救援指挥中心。例如，市级辖区内的特大事故应急救援工作，应设立市一级应急救援总指挥部。应急救援工作，应在市政府统一领导下，各有关职能部门分工合作，各司其职，密切配合，使救援工作迅速、高效、有序进行。

(4)规定危险货物运输特大安全事故应急救援指挥部及各有关职能部门或成员单位的基本职责,并要求定期组织预案的演练,及时对预案进行调整、修订和补充。相关部门包括公安局、安监局、卫生局、环保局、交通局、质监局、民政局、财政局以及驻地部队、武警部队等。

(5)事故应急救援措施的设立。不同的职能部门或成员单位,采取不同的应急救援措施,分工协作,积极施救。

(6)要求各有关职能部门或成员单位制定相应的应急救援预案。作为一个完整的系统,子系统要有与母系统相适应的配套预案体系。对危险货物运输特大安全事故的报告内容和现场保护作明确的规定。

除此之外,须规定相应的演练措施,通过演练进一步检验应急预案的配套性和适应性。

案例10-2:典型案例分析　危险化学品事故救援预案演习计划

为了进一步明确危险货物事故应急救援预案实施过程,需设立专门的应急预案模拟演练系统,对应急救援预案进行演习训练,其目的,一方面,可以检验危险货物事故应急救援预案制定的有效性、合理性、可操作性及其相关企业与各级预案的衔接情况;另一方面,可以训练和检验各部门的应急响应能力。下面,将某市危险化学品事故应急救援预案演习计划实例进行编辑,用以说明应急预案系统的演练运作过程。

为了检验市级《危险化学品事故应急救援预案》的适用性,进一步提高各部门、各单位的响应能力,促进全市应急救援体系的建设,根据市政府常务会议关于在全市开展一次应急救援演练的要求,特制订该应急救援预案演习计划。

1.演练的目的及内容

(1)演练的目的:

①检验该市制定的《危险化学品事故应急救援预案》的适用性。

②检验该市的《危险化学品事故应急救援预案》与《企业各类预案》的衔接情况。

③检验各部门的应急响应能力。

(2)演练的内容:

①该市制定的《危险化学品事故应急救援预案》。

②《天然气化工厂各类事故应急救援预案》。

2.演练的参加单位

市一级危险化学品应急救援总指挥部、市政府办公室、市安监局、石化局、公安局、卫生局、交通局、环保局、气象局、技术监督局、市交警支队、消防支队、区政府、天然气化工厂、市医院、市环保监测站、市气象台、区公安局、区办事处、化工厂界周边500m范围内群众。

3.演练时间及地点

(1)演练时间:2016年12月2日下午14:30~16:00。

(2)演练地点:

①主要演习地:化工厂及其周边1000m范围内。

②已限定的交通管制区:210国道至热电厂路口段。

4. 演练的情景设置

本次演练设置为化工厂甲醇库发生甲醇泄露、引起抢险工人中毒事故，后又发生火灾假想事件。

5. 演习过程

2016年12月2日下午甲醇罐区5 000m^3的E号甲醇罐出口阀门发生渗漏。甲醇库管理员向公司调度做了汇报，并安排2名检修工检修出口阀门。

由于气防器材准备不充分，加之被检修的E罐出口阀门裂纹忽然加大，导致2名维修工吸入甲醇蒸汽中毒倒地。公司接到报告后，立即决定启动化工厂事故应急救援预案。同时，根据现场甲醇浓度较高，可能发生火灾爆炸危险导致事故蔓延的情况，公司向市政府报告了甲醇泄漏情况。市政府接到报告后，决定启动全市危险化学品事故应急救援预案。现场当时气温为12℃，风速为3～4级，风向为西北风。

市政府办公室接到报告后，立即向主管副市长做了汇报，根据报告情况，副市长决定启动全市危险化学品事故应急救援预案，命令办公室通知预案的成员单位办公室，安监局、石化局、公安局、消防支队、交警支队、交通局、卫生局、环保局、技术监督局、气象局、区政府的负责人务必在12分钟内赶赴现场；同时，命令市环保局通知市环保监测站，市卫生局通知市医院组成医疗急救队，市气象局通知气象台，区政府通知办事处赶赴现场进行救援。

化工厂指挥部此时制定了堵漏方案，并开始组织工具和材料。这时新的情况又出现了，消防人员发现泄漏出的甲醇漏入下水道，指挥部安排人员用沙袋封堵下水道。堵漏人员进入现场再次实施堵漏作业。

市各应急单位到达现场，市应急救援总指挥部成立。由主管副市长任总指挥，市长助理、政府办副主任、市安监局局长、市公安局局长任副总指挥，成员为市消防、石化、交通、卫生、环保、技术监督、市气象部门、县区政府负责人和化工厂总指挥总经理，化工厂指挥部并入前线指挥部，前线指挥部（危险源控制组）总指挥由消防支队政委担任，化工厂前线指挥部经理任副指挥，负责现场灭火抢救工作。按预案规定成立危险源控制、伤员抢救、安全警戒、交通管制、环境检测、气象检测、专家咨询、人员疏散组8个专业救援组，分别由消防、卫生、公安、交警、环保、气象、安监部门和区政府负责。同时，总指挥部命令市交警支队，立即对210国道至热电厂路口段实施交通管制，清理在这一段路内行驶的车辆；命令市公安局调集干警设立两道警戒线，外围警戒线是化工厂家属院至附近的一路汽车终点站，内线警戒为临近的氮肥厂至氮肥厂综合分厂。要求前线指挥部严密监视现场事态发展情况。

在堵漏过程中，由于工具打火，引燃泄漏出的甲醇，两名作业人员被困火海。前线指挥部紧急安排救人和灭火，并将情况向总指挥部报告。在消防水枪的掩护下，被困人员救出，随即交医疗救护组抢救。此时接到化工厂报告，泡沫泵出现故障不能启动，已安排抢修。由于消防车泡沫液有限，失去了最佳灭火时间，火势扩大。

偏在此时，现场风向发生变化，由西北风变为南风，且风力加大。总指挥要求前线指挥部调整部署，实施有效灭火，同时安排人员疏散。泡沫泵及时修复，泡沫液投入灭火,由于泡沫的覆盖,火势达到有效控制。经一段时间后,火被扑灭。

化工厂抢修人员再次进入现场抢修阀门,阀门抢修完毕,甲醇停止泄漏。指挥部安排回收甲醇,甲醇回收完毕后,环境监测部门对现场环境进行了测量,符合环境质量标准要求。

指挥部宣布恢复现场,关闭预案,演练结束。

6. 演练的评价

演练结束后,由市安监局根据现场记录情况对各单位响应能力进行通报,对反应慢、协作能力差的单位提出批评。

7. 演练现场示意图(图 10-10)

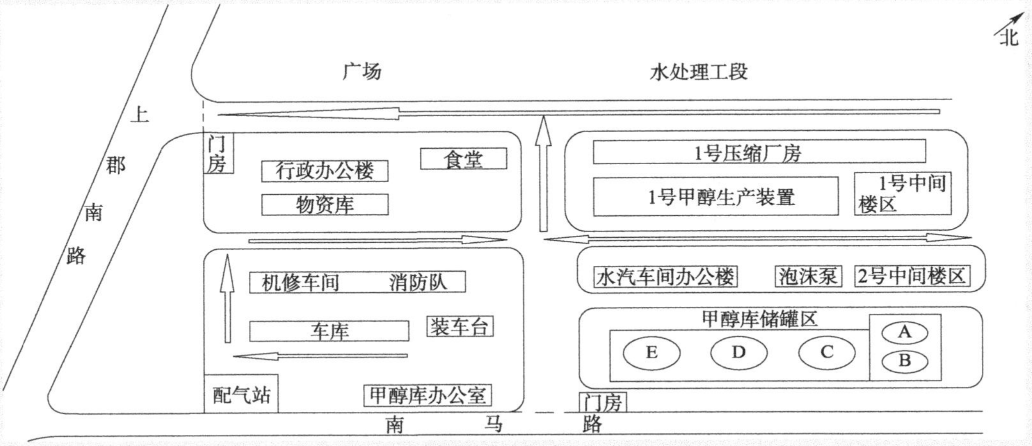

图 10-10 事故应急演练现场分布图

从以上的演练过程可以看出,发生事故的所属企业、各职能部门以及政府是构成演练系统的主体,按照事先制定的应急救援预案和演练计划进行模拟实战,既检验了各个预案的合理性和可操作性,又提高了演练主体的应急救援能力。

第五节 危险货物运输的应急功能整合

危险货物运输的应急功能整合,就是在突发事件发生时,按需要把分属于各条块、各层次实体的应急功能迅速集合到一起,带动资源整合,形成强大的合力。在危险货物运输应急管理中,应急功能整合,是应对突发事件重要且有效的途径。

(1)由于危险货物的特殊理化性质,它的应急救援管理过程是一项涉及面广、专业性强的工作,靠某一个部门或单位是很难独立完成的,必须把各方面的救援力量整合起来,密切配合、协同作战,才能迅速、有效地组织和实施应急救援。

(2)危险货物运输应急管理是一项复杂的系统工程,同时也是安全运输的必要保证。但是,鉴于我国目前应急管理状况,借助于应急功能整合的强大作用力,是更好地完成和实现应急救援管理的重要途径。当然,如果希望在较高层次和较大范围应对各种突发事件,可以组建各种高机动性的装备精良的专业化部队，并储备足够的资源。

(3)基于功能整合，在建立突发事件应急救援队伍时，可以大大缩减专业队伍和专门机构，将其职能寓于诸如交通、通信、医疗卫生、信息与情报、国民经济动员等系统中有关实体的应急功能之中。

实现应急功能整合，完善应急管理机制，不仅要做到信息共享，指挥联络畅通，而且要从法律上明确社会各部分实体乃至公民个人的权利和义务，开展教育培训，提高管理决策人员乃至全体公民的悟性和素质。

复习思考题

1. 危货物流突发事件集成管理由哪几个阶段构成？各阶段的特点是什么？

2. 危险货物运输应急及管理的意义由哪些？国内外的现状如何？国外应急管理给我们哪些启示？

3. 危险货物运输应急及管理机制由哪些系统构成？它们的具体功能是什么？

4. 应急能力评价涉及的几个关键问题是什么？通过应急能力评价可以得到什么结论？它的重要意义是什么？

5. 应急预案的结构和类型有什么特点？具体功能有哪些？

第十一章　长大货物运输组织与管理

【本章教学要点】

知识要点	掌握程度	相关知识	应用方向
长大货物运输概述	理解	长大货物运输特点、基本要求、发展趋势	电力、化工、石油、冶金、建材等大型、重型工业设备的运输
长大货物运输的工程技术和运输组织措施	掌握	长大货物运输过程中道路的准备、空中障碍的排除、加固材料的选择、加固装置、加固方法、吊装搬卸	组织协调长大货物运输过程中特殊的要求和措施
长大货物运输的超限等级核定	理解	长大货物宽度计算中的主要因素、货物偏差量、附加偏差量，长大货物超限等级的计算和确定	请示装运办法、确定运输条件及核算运输费用
长大货物的运输组织	掌握	长大货物运输的业务流程、线路运输组织工作、相关要求及技术问题	合理设计组织长大货物运输的作业过程

【引导案例】

"十二五"期间，浙江特高压电网规划新增特高压交流变电站3座，直流换流站2座，特高压变电站中的交流变压器、换流变压器、电抗器等设备单件运输重达200～400t，设备本体高达4.8～5.0m，这些巨型设备都需要经过长距离运输才能从制造厂到达各变电站。受各种运输条件限制，特高压电力大件运输牵涉面广、过程复杂、作业风险高、运作难度大，是特高压电网建设工程中极为关键的环节。

（来源：陈耀标《浙江省特高压电力大件运输条件和运输方式研究》）

由引导案例可见，特高压变电站中的交流变压器、换流变压器、电抗器等巨型设备的运输应考虑我国公路、铁路、水路等客观运输条件及各种运输装备、运输工艺与运作方式，设计出符合实际情况的特高压电力大件设备的运输模式，这就需要掌握长大货物运输组织与管理的相关方法。

长大货物运输涉及公铁水联运等计划、组织和监控技术问题。它的特点是承运对象较为固定，操作技术难度大，运输周期长，运输风险系数高，运输成本投入大，相对回报也可观。在特种货物运输中，大件运输的难度是最大的。本章讨论的重点内容是长大货物运输的工程技术和运输组织措施、超限等级核定和运输组织等内容。

第一节　长大货物运输概述

一、长大货物运输的重要意义

当今世界各国科学技术的发展趋势为，工业品逐步向小型化、轻型化和微型化发展，而工业设备则逐步向大型、重型和超重型发展。电力、化工、石油、冶金、建材等工业设备的单套机组或单套设备的容量、生产能力越来越大，单件设备质量往往达数百吨、长度达几十米、宽度与高度也远远超出一般公路通行界限。20世纪80年代工业发达国家兴起一种称作模件或模块的建厂新工艺（见图11-1国外大件运输中模块组合的典型范例），把一个工厂的车间和成套设备在制造工厂预先加工组装好，分成几个整体（即“模件”）运到建设工地定位组合，接通水电，工程即告完成，一交钥匙机器即可运转投产。这种模件的外形尺寸，长、宽、高大多都在10m以上，单件质量从几百吨到上千吨不等，都涉及长大货物的运输问题。

图11-1　国外大件运输中模块组合的典型范例

长大货物运输所承运的对象很大一部分为国家电力、化工、石油、军工、机械、冶金等行业建设的项目物流中超长、超宽、超高、超重设备，对国家基础能源等关系国计民生的行业发展建设有着重大影响。

案例链接11-1

2013年11月29日8时，全球最大且仅两架的梦幻运输机安-225，从乌克兰基辅迪纳摩飞抵我国石家庄机场，装运由中国北车唐车公司研制的100%低地板“祥龙号”现代有轨电车，启运飞往万里之遥、连接亚欧大陆的土耳其。整列有轨电车为4辆编组，长度近40m，宽约2.65m，高约3.5m，重约60t，一次性全部装上飞机启运飞往欧洲，这不仅是我国首次使用飞机出口发运大型轨道车辆，也是世界上第一次用安－225大型货运飞机运载轨道车辆。

安－225机身全长84m，是史上最长的飞机，比现时最长的商用客机A340-600型更要长9m。而它的主翼翼展为88.74m，是目前世界上翼展最宽的飞机。整个货舱全长43.51m，最大宽度6.68m，货舱底板宽度6.40m，最大高度4.39m，形状非常平整。为了方便巨大货物进出，安-225采用机首可以上掀打开的“掀罩式”机首，货舱内可装载16个集装箱。

像有轨电车、城际列车这类大件货物价值昂贵，运输过程受交通工具、路径情况、中转节点等多方面因素的影响，一旦运输过程中出现疏漏，会对其造成极大的损坏，严重影响工程项目的顺利进行。如何选择最优的运输路径以确保大件货物运输的顺利完成，是大件货物经营人要考虑的首要问题。航空大件运输主要用于设备价值特别高、军事化程度较大的运输,运输成本巨大,运输大件设备受限,主要用于国家高机密运输。

随着我国大件货物运输市场向世界全方位开放,国内大件运输市场竞争将呈现国际化趋势,国外同行将进入我国市场,并凭借其先进的经营理念、先进的运输方式和先进的技术优势,拓展其在我国的市场份额。在如此严峻的竞争环境下,我国大件运输业必须坚持科技创新,加快技术进步的步伐,研制具有国际先进水平的大件货物决策支持系统来辅助拟定运输方案,将大大提高我国大件货物运输的技术水平,增强我国运输企业参与国际大件货物运输的市场竞争力。

(来源:根据新华网新闻提炼)

二、长大货物运输特点与基本要求

货物运输最基本的要求就是要保证所运货物能够安全可靠、准确经济地到达目的地。由于长大货物运输对象的特殊性,在这一点上更需要精益求精。必须保证将货物“完整无损、万无一失”地由装车地运到卸车点。而且,由于长大货物所具有的特点,同时决定了长大货物运输有以下特点:

1. 超限运输

基于长大货物的特点,其运输组织与一般货物运输有所不同,它的超限运输的特点对装载、运输条件和安全保证有三方面特殊的要求。

(1)特殊装载要求。长大货物运输对装载也有特殊要求,一般情况下超重货物装载在超重型挂车上,用超重型牵引车牵引,而这种起重型车组是非常规的特种车组,车组装上超限货物后,往往质量和外形尺寸大大超过普通汽车、列车,因此,超重型挂车和牵引车都是用价格昂贵的高强度钢材和大负荷轮胎制成。

(2)特殊运输条件。长大货物运输条件有特殊要求,其途经道路和空中设施必须满足所运货物的车载限制和储存要求,以确保其顺利通行。道路要有足够的宽度、净空以及良好的曲度。桥涵要有足够的承载能力。这些要求在一般道路上往往难以满足,必须事先进行勘测,运前要对道路相关设施进行改造,如排除地空障碍、加固桥涵等,运输中采取一定的组织技术措施,采取分段封闭交通,大件车组才能顺利通行。

(3)特殊安全保证。长大货物一般均为国家重点工程的关键设备,因此长大货物运输必须确保安全,万无一失。其运输可说是一项系统工程,要根据有关运输企业的申请报告,组织有关部门、单位对运输路线进行勘察筛选;对地空障碍进行排除;对超过设计荷载的桥涵进行加固;指定运输护送方案;在运输中,进行现场的调度,搞好全程护送,协调处理发生的问题;所运大件价值高、运输难度大,牵涉面广,所以受到各级政府和领导、有关部门、有关单位和企业的高度重视。

2. 高风险运输

长大货物运输的高风险,首先是来自价格特别昂贵的货物本身。这些货物制造周期特别长,而且往往是投资几亿,甚至上百亿元的重大工程的配套设备,例如大型燃煤发电站配套所必需的发电机定子或变压器,缺了它们,工程就不能按时发挥投资效益,从而对国民经济的发展造成不可估量的影响。所以长大货物运输最主要的就是要保证所运货物绝对安全地到达目的地。但是长大货物运输安全的保证,是由长大货物车的设计性能、特定的长大货物装载加固设计的可靠性及线路条件等综合因素所决定的。而长大货物的规格、形状、质量及重心距轨面高度又各不相同。每次运输，即使所承运车辆相同，但是货物的装载加固方式、重车重心距轨面高度、装载后的超限程度、运输线路及桥梁状况也不尽相同或完全不同，甚至是同样的货物，同样的装载加固方式，同样的运行线路，第一次运输成功,第二次运输仍可能出现不安全因素，这就需要为每一件长大货物设计相应的专用装运方案。因此，每次运输都具有风险性。

3. 高成本运输

由于长大货物运输是超机车车辆限界的运输，特别是对某些特大货物还是超界限运输,再加上货物特重,因此,对某些承载等级低的老式桥梁及某些线路区段,需要进行加固改造,而这种线、桥加固改造的费用有时是很高的。而且,由于长大货物运行速度低,经常会影响道路的正常通过能力,干扰道路正常的运输秩序,从而对道路尤其是高等级公路的运营产生影响。另外,对长大货物运输沿途经过的某些障碍物,例如信号机等需要扳倒或拆除等,这需要通过收取运输干扰费来做部分补偿。总之，长大货物运输对工务和运输部门的要求是极高的,而为此所需的费用也是巨大的。

三、我国长大货物运输的现状

随着我国基础行业(特别是电力、化工等行业)建设步伐的加快及国家相关政策的引导,各地大件运输企业纷纷抓住契机,如雨后春笋般迅速发展壮大。

目前,我国大型的大件运输企业在硬性条件与行业管理方面已初具规模。尤其是我国加入 WTO 后,国内大件运输行业更是加快了与国际市场并轨的步伐,纷纷与国外著名企业建立了战略合作关系。如国内的几个实力雄厚的大件运输企业与荷兰玛姆特公司(MAMMOET)的合作就是其中之一。MAMMOET 是目前全球最大、最具实力的大件及超大件起重吊装、运输的跨国工程公司。国际著名企业的引进,不仅为我们带来了新的设备,更重要的是,同时也为我们带来了新的技术、新的理念和新的管理体系。在现有的货源市场发展方面,大件运输货物类型比较固定,主要有发电机定子、转子、锅炉汽包、水冷壁、除氧水箱、大板梁等,上下机架、主轴、座环、导水机构、闸门启闭机、主变压器、化工反应器及一些常用军工设备如战斗机部件等。在运输项目管理方面,目前我国大件运输企业主要采取两种方式,第一,对国家电力、化工、石油等行业的大型建设项目物流进行投标、竞标,中标之后负责部分或全部的物资承运,即总承包;第二,与设备制造厂建立合作关系,长期负责该厂的各类设备运输业务。

总的来说,目前我国大件运输业机遇大于竞争,正是发展的大好时机,应打破地域性限制,将眼光放远,积极开拓全国市场,同时走出国门,进一步拓展国际市场。

四、长大货物运输的发展趋势

大件运输市场竞争日趋激烈,也对大件、重件、非标准件(几何中心或重心偏离)的运输提出了严峻挑战,大件运输的未来的发展趋势将会呈现出以下特点。

1. 多种运输方式并存的多元化发展形式

首先,基于以下原因,公路大件运输将在未来的大件运输行业中逐渐呈上升趋势:

(1)随着重型牵引汽车及板车技术的不断进步,在动力、性能及舒适性方面较以前都有了大幅度提升。

(2)随着国家公路建设步伐日益加快,公路(特别是高速公路)网络将逐渐完善,公路大件的运输盲区越来越少。

(3)基于公路运输快速、灵活、门到门的特点,越来越多的原本以铁路承运的大型设备现今已改为公路承运。

其次,铁路大件运输由于它的运输量大的特点,在今后的发展中仍然有着不可取代的地位。而海上船舶大件货物的运输也将逐渐发展起来。值得一提的是,在不断优化运输方案的指导思想下,公路、铁路和水路三种大件运输方式联运也将成为一种选择。

2. 承运对象继续大型化的发展形式

鉴于各国科学技术发展趋势,工业设备逐步向大型化、重型和超重型发展,所以,承运对象的继续大型化是未来发展的趋势之一。

五、我国长大货物运输的问题及发展对策

当然,大件运输在我国尚属起步阶段,不管是车辆装备、技术水平还是行业管理与国外相比都比较落后,严重制约了我国基础性建设快速推进的步伐,因此,做好大件运输的理论研究工作,提出合理的对策建议,对国民经济的发展有着很重要的作用。

国内大件运输企业要想获得快速发展,首先,尽快完善项目运输机制,在人力资源、协调组织、质量安全等方面要加大力度,积极引进公路、铁路、水路联运的专职管理人员和桥梁、起重、机械工程、装载加固、安全运行方面的工程技术人员,建立专业的道路勘查、装卸和运输队伍。其次,国产牵引车、板车等在性能、动力、舒适性等方面已远远不能满足大型设备运输需求,造成运输效率低下、事故频率及车辆设备维修频率高的情况极为普遍。因此,在车辆装备方面,要积极改善现有的装备,尽早购置先进的进口车辆装备。第三,目前的大件运输企业在大型项目物流总体方案设计和特殊超限设备运输的操作过程中,都是以长期积累的经验为指导,这样大大制约了技术创新。所以,应加强行业理论研究,加速技术水平的提升。第四,引进新的科学技术,积极探索创新。GPS 全球定位系统等计算机信息系统在大件货物运输中的研究和应用,对实现承运车辆在线追踪,进一步提高运输管理水平有着不可估量的作用。

第二节　长大货物运输的工程技术和运输组织措施

由于长大货物的自身所具有的超长、超宽、超重和超高的特点,决定了构成长大货物运输的基础,除了前文所述的长大货物运输的专用车辆外,还包括对道路准备、加固材料和加固装置等有特殊的要求和措施。

一、长大货物运输过程中道路的准备

1. 对运输道路的要求

(1)路基应坚实,路面要平坦,其宽度和路面抗压强度等应能满足大件设备运输的要求,路面受压部分距路边不得小于1.5m。

(2)运输道路要尽量直,弯道半径必须大于运输车辆的最小转弯半径。

(3)路面最大纵坡不应超过5%。

(4)弯道的路面宽度和横坡应能满足大件设备运输车辆转弯行驶的要求。

2. 临时运输道路的修建

大件设备的陆地运输有时也要修建一些临时性道路,以作为厂区或其他无路处所的临时道路。修建时可根据大件设备的运输量、车辆类型、行驶速度、通车期限、路基土壤、气候水文条件及地材供应等因素确定路基、路面的形式、尺寸和使用材料。此外,还应避开地下暗藏的洞穴、沟渠、管道和文物等(一般用毕即予拆除,恢复原貌)。路基填方应按重型压实标准,分层填筑压实。当路基填筑在原公路边坡或桥头护坡时,应按规定挖台阶,以保证路基稳定。路面面层采用5%水泥稳定碎石,厚12cm;基层用天然沙砾,厚30cm。

3. 地基承载力的鉴别

修建临时运输道路的关键是路面及路基应有足够的承载力,黏质土、粉质土或较潮湿土壤的路基要特别注意,必要时可适当提高路面等级或增加路面厚度。路基承载力可用土壤含水率测定仪、土壤密度仪等进行鉴定。

二、长大货物运输过程中空中障碍的排除

1. 空中障碍的种类

大件设备运输中遇到的空中障碍主要有各种电压等级的架空电力线、架空通信线、电缆或光缆、架空索道或缆车、各种架空管道、渠道、隧洞、立交桥、公路收费站顶棚、各种牌楼或其他建筑物、构筑物等。这些障碍物中,有的可以临时拆卸,有的则无法拆卸。比如,公路立交桥现行标准规定的上部净空高度,汽车专用公路(高速公路)和一般一、二级公路为5.0m,四级公路仅为4.5m,难以满足大件设备运输的特殊要求。

2. 空中障碍的临时处置办法

对于影响大件设备运输的所有空中障碍,应尽量采用降低车辆的货台高度来排除,若此法仍无法将障碍排除时,则必须采取如下措施:

(1)拆除法。对横跨运输道路上空且目前已停止用的各种障碍,可彻底排除之。

(2)移(顶)高法。若柔性空中障碍(如较为松弛的低压架空电力线或通信线),对路面的净空高度与大件设备运输车辆通过的净空要求相差不多时,则可用移高法或顶高法临时将其移(顶)高让运载大件设备的车辆通过后,再移(放)低恢复原状。电力线的移(顶)高,应停电或采取绝缘保护措施(如在大件设备上铺盖绝缘橡胶或塑料布等予以可靠隔离)。用以移(顶)高的撑杆或其他工具,应采用具有良好绝缘性能的干燥竹竿或木杆,以防触电或静电感应。

(3)落地法。对于净高相差较大又难以移(顶)高的电力线,可在临时停电或中断通信后进行落地处置。落在地上的电力线或通信线应采取可靠的保护措施,以免其遭受外力(如车轮辗压)损伤。

(4)搬迁法。对于无法移(顶)高法、落地法处理,或原路不合理、已计划拆迁改建的各种管线,可结合改建进行搬迁处理。

(5)挖地法。对于无法采用以上各种处置的空中障碍(如隧道、立交桥等),可采用破路挖地法,以降低运输道路路面高程,待运送大型设备的车辆通过后,再重新修复。

(6)扩弯法。对于狭窄或过小的弯道应增添路面宽度,扩大拐弯半径。

(7)地面拖运法。对于采取上述几种措施有困难或难以奏效的空中障碍,则可将运输中的大型设备从车上临时卸下,用地面滚(滑)动法穿越障碍物后,再重新装车继续进行正常运输。此法虽无破路之弊,但装卸车的拖运都比较麻烦,况且还需配置一套拖运用的工器具,又需耗费较多的人力、物力和财力,因此,应与挖地法进行技术经济比较后择优确定。

值得注意的是,用地面滚动或滑动法进行大型设备拖动时,还应认真地做好反向制动,以免因牵引机械的突然启动或其他原因对设备产生冲击而发生倾覆,特别是沿斜坡拖动时更应注意。

三、长大货物运输加固材料的选择

对货物进行加固,只有根据货物情况选择合适的加固材料,正确确定出合理的加固方案,才能达到经济、合理地加固货物的目的。

1. 加固材料的分类及作用

加固材料一般按材质可分为三类。

(1)木质类:主要用来垫或挡住货物,如支柱、垫木、挡木。

(2)钢铁制品类:主要用来拉牵、捆绑、焊接加固货物,如铁线、钢丝绳、型钢。

(3)其他材质类:主要用来防滑,如橡胶垫、草支垫。

常用的加固材料适用范围见表11-1。不同的加固材料如支柱、垫木、三角挡、凹木、铁线、钢丝绳等,适用于防止不同形状货物在运输过程中的各种方向的位移。

加固材料及适用范围 表11-1

货物种类	防止货物移动的种类	可使用的加固材料
有平支承面的货物	纵向或横向倾覆	拉牵铁线、绞棍、钢丝绳、紧固器、拉杆
	纵向或横向位移	挡木、拉牵铁线、绞棍、钢丝绳、紧固器、钉子或扒锔钉
圆柱形货物	纵向或横向滚动	凹形垫木、掩木、三角挡、钉子或扒饲钉
	顺装时纵向位移	拉牵铁线、钢丝绳、横腰箍、绞棍、紧固器
	横装时横向位移	拉牵铁线、钢丝绳、绞棍、紧固器、挡木、钉子或扒锔钉
带轮货物	纵向或横向滚动	三角挡、掩木、拉牵铁线、钢丝绳、绞棍、紧固器、钉子或扒锔钉、轮挡
	纵向或横向位移	挡木、拉牵铁线、钢丝绳、绞棍、紧固器、钉子或扒锔钉

2. 加固材料的规格及要求

(1)支柱。支柱是用来拦护货物的加固材料,各种支柱的长度均为3 000mm。若是内插支柱和装运重质货物或轻浮货物所用支柱,可根据货物实际装载高度确定支柱的长度,但是最长不得超过货物的装载限界。加固货物常用支柱包括:木支柱、钢管支柱和竹支柱。

木支柱:一般用来加固原木、木材制品及轻浮货物。应直接使用原木,不允许有腐朽、死节和虫眼(表皮虫沟除外),活节不超过两个。支柱必须选用坚实圆直的木材,并将其大头加工成四方形,紧插于支柱槽内,并适当露出支柱槽下,露出长度不超过200mm,也可以内插,但不得倒插(内插时除外)。

钢管支柱:一般用来加固钢管。要求其直径不小于65mm,钢管壁厚不小于4mm,钢管的下部应有焊接处,可用铁线将其与支柱槽捆绑;顶部应有孔,可用来穿封项线。

竹支柱:只限用于装运竹子及轻浮货物。其直径不小于80mm。

(2)垫木、隔木。装运超长、集重和超限货物时,为增大货物支重面的长度和宽度、降低超限等级或避免超长货物突出部分底部与游车车地板接触,必要时需使用纵、横垫木;在分层装载货物时,特别是金属制品,为防止层间货物滑动,必须使用隔木。

一车负重装载超长货物时横垫木的最小高度,可根据货物突出车辆端梁最长一端底面距游车地板所需的高度来确定,见表11-2。垫木的宽度应大于高度,可按高度的1.2倍掌握。

一车负重货物突出端梁最长一端底面距游车车地板最小高度 表11-2

突出端梁长度(mm)	0.5	1.0	1.5	2.0	2.5	3.0	3.5	4.0	4.5	5.0
最小高度(mm)	140	150	160	180	200	220	240	250	260	270

(3)挡木、三角挡、掩木、凹木。这些加固材料主要用来加固圆柱形货物和轮式走行机械的。它们通常和铁钉、扒锯钉配合使用,以增强货物在车地板上的稳定性。其规格可根据货物的质量、体积、与车地板的接触面的大小确定。

挡木主要用来加固平支重面货物,防止货物移动或倾覆。挡木的规格应为400mm×100mm×100mm。三角挡、掩木的高度和凹木的凹口深度一般不得小于被掩垫货物直径的15%,若计算下来高度低于100mm,应取100mm,三角挡的底宽不得小于高度的1.5倍。凹木的宽度按凹木底面至凹部最低点高度的1.2倍掌握。凹木也可用坚实的横垫木与掩木配合制作。

(4)镀锌铁线、固定捆绑铁索、钢丝绳。铁线是一种适应性比较强,应用广泛的加固材料。它主要用于拉牵加固捆绑货物,可防止货物产生倾覆、水平移动和滚动。捆绑货物常用的镀锌铁线有8、9、10号三种。使用时,一般应数股拧成一根,禁止使用受过损伤的或已捆绑加固过货物的或直径小于2.6mm(12号)的镀锌铁线。

在计算镀锌铁线加固强度时,其许用拉力值应取其破断拉力值的50%。当数股铁线拧成一根使用时,由于每股受力不均匀,所以,每股铁线的拉力值应取其许用拉力的90%。国产镀锌铁线破断拉力值见表11-3。

国产镀锌铁线破断拉力 表11-3

线号	6	7	8	9	10	11	盘条	
直径(mm)	5.0	4.5	4.0	3.5	3.2	2.9	6.0	6.5
破断拉力(kN)	6.70	5.40	4.30	3.29	2.75	2.26	9.70	11.39

注:许用拉力可取破断拉力的1/2。

固定捆绑铁索是配合支柱拦护货物，可以重复使用的加固材料，其长度为2 600mm，其材质、规格见表11-4。

固定捆绑铁索材质、规格 表11-4

镀锌铁线的直径(mm)	组成的股数	镀锌铁线的直径(mm)	组成的股数
4.0(8号线)	3	3.2(10号线)	4
3.5(9号线)	3		

捆绑加固货物用的钢丝绳应选用柔性较好的起重、提升和牵引用钢丝绳。《铁路货物装载加固规则》(以下简称《加规》)推荐公称抗拉强度1 670MPa(N/mm^2)的6×19(1+6+12)型钢丝绳，其规格及破断拉力见表11-5。坚固捆绑钢丝绳的装置为紧线器和钢丝绳夹头。

公称抗拉强度1 670MPa规格6×19钢丝绳的破断拉力 表11-5

钢丝绳直径(mm)	7.7	9.3	11.0	12.5	14.0	15.5	17.1	18.5	20.0	21.5	23.0
钢丝直径(mm)	0.5	0.6	0.7	0.8	0.9	1.0	1.1	1.2	1.3	1.4	1.5
《加规》采用的破断拉力(kN)	31.68	45.57	62.03	81.04	102.41	126.61	153.27	182.37	214.03	248.23	284.88

注：许用拉力可取破断拉力的1/2。

(5)腰箍。所谓腰箍，是指将货物捆绑(箍)在车辆上的加固材料。腰箍可用钢丝绳制成，也可用扁钢带制成。腰箍加固主要是通过下压捆绑增大货物与车底板或垫木间的摩擦力，以达到防止货物滚动或移动的目的。

(6)钉子、扒锯钉。这两种加固材料是配合挡木、三角挡、掩木等加固材料使用的，主要是利用它与车地板之间的剪切应力和与木材之间的握裹力来加固货物的，钉子的规格及数量应根据货物所受到外力的大小而确定。

四、长大货物运输的加固装置

常用的加固装置有：货物转向架、活动式滑枕或滑台，货物支架、座架、车钩缓冲停止器等。

(1)货物转向架。货物跨装运输时，必须使用货物转向架。货物转向架每副两个，每个由上架体、下架体组成。其中一个下架体为死心盘，另一个下架体为活心盘。货物转向架分为普通型和专用型。普通型指通用的货物转向架，专用型指为某种超长货物专门制备的货物转向架。

各类货物转向架又依其活心盘孔长度和能否加挂中间游车分为：跨装货物不能加挂中间游车和三车一组跨装货物可以加挂中间游车两种。

(2)活动式滑枕或滑台。用于装载钢轨等挠度大的货物时起支撑作用。

(3)货物支架、座架。货物支架、座架用钢、木制作，用于支撑球形、卧装圆柱形及支重面需使用支架、座架的货物。应根据货物形状、质量、使用车辆等条件制作，其强度、规格、防滑等指标应能满足安全运输的要求。

(4)车钩缓冲停止器。跨装货物应使用车钩缓冲停止器。车钩缓冲停止器由钢板、木板和螺杆等部件组成,安装在车辆端梁的冲击座和车辆的钩头背之间,用以限制在列车运行,车组边挂过程中车辆间相互距离的急剧变化。

五、货物装载加固方法及注意事项

货物装载后,若检验出货物有发生倾覆、水平移动或滚动的可能,则必须对其进行加固,以保证货物在运输过程中的稳定性、安全性。下面介绍实际工作中常用的几种加固材料对长大货物装载、加固的方法和注意事项。

1. 铁线、钢丝绳加固

铁线、钢丝绳常用于对货物进行拉牵加固,用以防止其产生移动、滚动或倾覆。

使用铁线、钢丝绳加固货物,拉牵线与车地板形成一个夹角 α,拉牵线形成垂直分力、纵向水平分力和横向水平分力,这三个分力分别承受纵向惯性力和横向惯性力,起着使货物不发生、倾覆、滚动和水平移动的稳定作用。使用镀锌铁线、钢丝绳加固货物的注意事项如下:

(1)使用镀锌铁线、钢丝绳加固货物,应依据所加固货物的拴点结点情况,尽量考虑对称拉牵。

(2)弹性变形较大,抗拉能力较小的镀锌铁线,不宜作为质量较大货物捆绑加固用,一般当计算所需的单道拉牵镀锌铁线在 14 股以上时,应改用钢丝绳加固。

(3)拉牵绳与车地板的夹角一般应接近 45°。若捆绑加固主要用于防止货物水平移动时,拉牵绳与车地板的夹角可小于 45°;若主要用于防止货物倾覆,拉牵绳与车地板的夹角应适当大于 45°。

(4)多股镀锌铁线拉牵加固时,需用绞棍绞紧,绞棍应置于拉牵铁线的中部,绞紧适度,不得过紧过松。绞棍留用时须固定;不留用时须采取措施防止铁线回松。

(5)使用钢丝绳捆绑加固货物时,所用紧固装置的强度和规格需与之匹配。

(6)多股小直径钢丝绳捆绑加固货物时,两端绳头用钢丝绳夹头正反扣紧固定后,应用铁质绞棍绞紧,在此种情况下,绞棍必须留用并予以固定。

2. 腰箍加固

当箱形货物无拴结点时,可采用腰箍加固,防止箱形货物发生倾覆和移动。使用腰箍加固货物的注意事项如下:

(1)货物必须能够承受腰箍的压力。

(2)腰箍在整个运输过程中,必须处于紧固状态,如松动将失去加固作用,且紧固部件的强度必须与腰箍的强度相匹配。

(3)货物与腰箍间应加防磨衬垫。

3. 挡木加固

挡木主要用于防止货物发生移动,其强度取决于挡木的根数和挡木上的钉子数量。

4. 焊接加固

当用铁地板长大货物车装运的货物,可以采用在货物周围加焊钢挡的方法防止货物移动。在货物同一端或同一侧加焊钢挡的数量取决于需要钢挡承受的力 ΔT 或 ΔN,在同一端(或同一侧)可以焊一个、两个或三个、四个钢挡。钢挡的加固强度取决于钢挡与车地板间的焊缝长度。

六、长大货物运输的吊装搬卸

大件运输的搬卸装运包括三个环节,即吊装、加固和卸车就位。由于大件货物一般为电力、化工、机械、军工、石油、冶金等行业的大型仪器设备,有着精密、笨重、非标准、高价值的特点,在装卸、运输过程中,对于操作技术要求特别严格,稍有不慎,造成设备损坏,重新返厂加工,损失巨大。因此,做好吊装、加固和卸车就位的操作工作非常重要。

1. 吊装

吊装是用专门的吊用机械设备将大件货物装上运输车辆的过程。具体操作步骤如下:

(1)将车辆停放在制造车间内支撑设备的基座旁的准确位置,用角木将车辆的前后轮封死,使之不能前后移动,并检查平板车前后左右是否在同一水平面,否则重新升降调整。

(2)利用横吊、汽车吊或履带吊将设备缓缓吊起并平移至液压平板车上方,保持设备中心线与平板车中心线一致,若设备超重且集重,必须使重心与板车中心一致。

(3)将设备缓缓下降,当设备低面与平板车接触的瞬间,停止下降,检查轮胎受压情况,暂停少顷,在保证无异常状况之后,继续下降。如此重复操作,直到平板车彻底吃压为止。

(4)对于一些超级集中设备,在平板车彻底吃压之后,吊钩仍然不能脱离设备,观察几个小时,确认无误后,吊钩方可脱离。

2. 加固

加固是将已装入运输车辆的大件货物用专用的固定工具、材料进行固定处理。

(1)大件运输中,倒链是常用的加固工具,在每个吊点用倒链将设备与平板车紧固在一起,缺点是操作繁杂。

(2)在一些先进的进口板车上,附有专门用于加固的卡位装置,可直接将设备底部与板车面卡死,既牢固又方便。

3. 卸车就位

卸车就位主要有水平滑移、直接吊卸等方式。因水平滑移法操作复杂,在此作详细介绍,具体操作步骤如下:

(1)装载设备的车辆停放在基座旁边的准确位置,用角木将车辆前后轮封死,使之不能前后移动。将平板车落至最低点,用80~90cm短枕木平板车垫实,以防止设备移动时板车倾斜。

(2)搭枕木垛,枕木垛高度与平板车一致,解除设备捆扎封车设施。

(3)为用千斤顶顶起设备,将钢轨抽去并撤离液压平板车,用千斤顶采取交叉收缩法抽去枕木,使设备底部高度同基座平面相一致。

(4)再次用千斤顶顶起设备,穿钢轨,用推力器将设备水平移动至基座平面上。

(5)调整设备使其中心线与基座中心线一致,就位完毕。卸车就位过程中,要保障设备的边缘与枕木垛边缘的距离大于枕木垛上平面与地面的垂直距离。

第三节　长大货物运输的超限等级核定

长大货物运输涉及的技术主要是计算和确定长大货物超限等级的问题,而长大货物超限等级是请示装运办法、确定运输条件及核算运输费用的依据。

一、长大货物计算点和检定断面的概念

超限等级是以计算点所在检定断面的计算宽度(或实宽)和相对应的计算高度查超限等级表《超限货物运输规则》确定。

(1)计算点系指超限货物任意一个部位,需要计算超限等级的点。此点是以计算点至线路中心线垂直的宽度和钢轨平面的高度而确定的。

(2)检定断面系指计算点所在的与线路中心线垂直的横断面。它是确定超限等级的横断面。当超限货物车行经在平直线路上时,确定超限等级的宽度是实测宽度;当超限货物车行经在曲线线路上时,确定超限等级的宽度是计算宽度。

二、长大货物宽度计算的主要因素

计算长大货物的宽度涉及的主要因素有:货物检定断面的实测宽度、货物偏差量、附加偏差量、曲线线路建筑接近限界内外侧水平距离的加宽值。

(1)货物检定断面的实测宽度。货物检定断面的实测宽度系指计算点至负重车纵中心线垂直面的水平距离。通常用米尺测量而定,用符号“B”表示。

(2)货物偏差量。当超限车行经在平直线路上时,两转向架中心销的垂直投影落在线路中心线上,货车纵中心线与线路中心线相重合。当超限车行经在曲线线路上时,两转向架中心销的垂直投影落在线路中心线上,而货车纵中心线在两销间偏向内方,称为内偏差;在两销之外偏向外方,称为外偏差,用符号“C”表示。此值可计算确定。

(3)附加偏差量。附加偏差量是当车辆走行部分游间和曲线处轨距加宽所产生的附加偏差量。此值仅在计算外偏差量时才计算,用符号“K”表示。

(4)曲线线路建筑接近限界内外侧水平距离的加宽值。《超限货物运输规则》所采用的曲线内、外侧水平距离加宽值为36mm,它是以车长为13.2m,销距为9.35m的平车,行经半径为300m的曲线线路时,所产生的内、外偏差量(均为36mm)作为曲线线路建筑接近限界内外侧水平距离的加宽值。在确定曲线线路建筑接近限界的实际宽度时,已考虑了该值,所以确定计算宽度时,须减去36mm。

计算宽度 X 的计算公式可表达为:

$$X = B + C + K - 36 \tag{11-1}$$

三、长大货物宽度计算中的货物偏差量

1. 偏差量的命名

图11-2中,圆弧为半径300m曲线的线路中心线,AB 直线为货车纵中心线,MN 为货车辆转身架销在线路中心上的投影。

当货物的检定断面位于装载车辆转向架中心销之间任何部位时,会产生内偏差,以“$C_{内}$”表示,包括 C_1 和 C_3。当货物的检定断面位于装载车辆转向架中心销之间的中央部位时称为 C_1,其他部位称为 C_3。

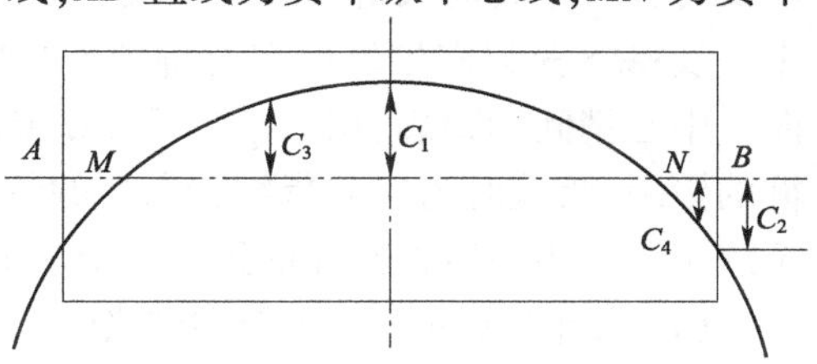

图11-2 货物偏差量的命名

当货物的检定断面位于装载车辆转身架中心销外方货物的任何部位时，会产生外偏差，以“$C_外$”表示，包括 C_2 和 C_4。当货物的检定断面位于装载车辆转向架中心销外方的端部时称为 C_2，其他部位称为 C_4。

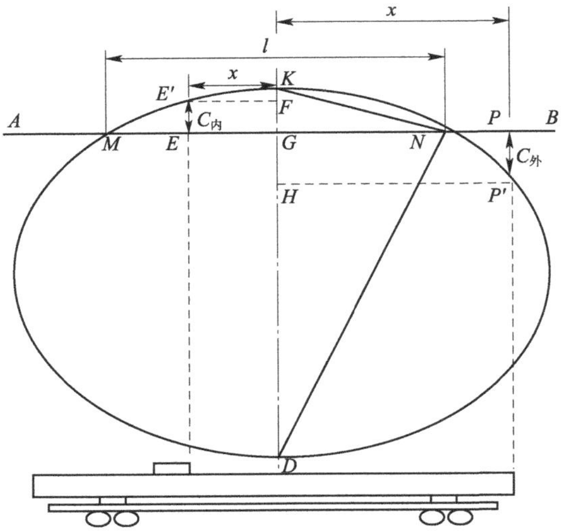

图 11-3　货物偏差量计算

AB-车辆纵中心线；*KD*-曲线直径；*M*、*N*-车辆转向架中心销；*l*-两转向架中心销间距

2. 一车负重时偏差量的计算

如图 11-3 所示，在直角△KGN 和直角△NGD 中 GN 为 KG 和 DG 的比例中项，所以有：

由于 $2R >> KG$，将 $2R - KG$ 中的 KG 忽略不计，得：

$$KG = \frac{GN^2}{GD} = \frac{GN^2}{KD - KG} = \frac{\left(\frac{l}{2}\right)^2}{2R - KG}$$

$$KG = \frac{l^2}{8R}$$

设 x 为计算点所在检定断面至车辆横中心线所在断面的距离，同理可得：

$$KF = \frac{(2x)^2}{8R}, KH = \frac{(2x)^2}{8R}$$

由图 11-3 可知，当 AB 上移至 $E'F$ 时，内偏差量 $C_内 = EE' = FG = KG - KF$，即

$$C_内 = \frac{l^2}{8R} - \frac{(2x)^2}{8R} \tag{11-2}$$

当 x 等于 0 时，内偏差量的最大值为：

$$C_1 = \frac{l^2}{8R} \tag{11-3}$$

又由图 11-3 可知，外偏差量 $C_外 = PP' = GH = KH - KG$，即

$$C_外 = \frac{(2x)^2}{8R} - \frac{l^2}{8R} \tag{11-4}$$

3. 多车负重时偏差量的计算

使用多层转向架的特等平车装载或使用两辆以上平车跨装运送超限货物，当超限车行经在曲线线路上时，由于跨装负重车上货物转向架中心销或由于特种平车转向架群的中心销向曲线内方位移，货物在曲线内侧的偏差量将有所增大。其数值取决于负重车销距的长度及特种平车转向架群的支距长度，如图 11-4 跨装货物偏差量图计算所示。AB 为车辆纵中心线；MN 是以多层转向架的特种平车装载时，车辆主梁中心销间的距离，跨装时为货物转向架中心销间的距离，用“$L_支$”表示；M_1M_2、N_1N_2是以多层转向架的特种平车装载时，转向架群的销距，跨装时为安装货物转向架的负重车的销距，用“l”表示；x 为计算点所在检定断面至跨装支距中心所在断面的距离；FM 为负重车内偏差 C'，可近似取 $FM \approx DM$。

（1）当计算点位于两货物转向架支距内任何部位时，其内偏差用“$C_{跨内}$”表示。将 AB 平移至 $A'B'$，使 M_1、M_2 落在线路中心线的 D、E 上：

$$KG = \frac{DE^2}{8R} = \frac{L_{支}^2}{8R}, GH = DM \approx FM = C' = \frac{l^2}{8R}$$

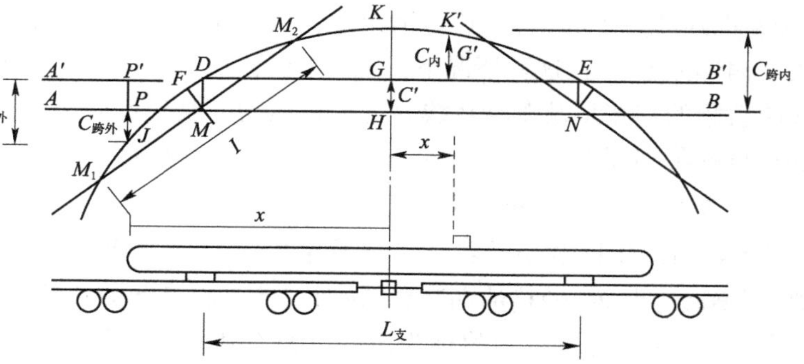

图 11-4 跨装货物偏差量图

(2)当计算点位于两货物转向架支距外任何部位时,其外偏差用"$C_{跨外}$"表示。同理可得:

$$C_{跨内} = KH = K'G' + GH = \frac{L_{支}^2}{8R} - \frac{(2x)^2}{8R} + \frac{l^2}{8R} = C_{内} + C'$$

$$C_{跨外} = PJ = P'J - PP' = \frac{(2x)^2}{8R} - \frac{L_{支}^2}{8R} - \frac{l^2}{8R} = C_{外} - C' \tag{11-5}$$

偏差量的数值速算见表 11-6。

偏差量的数值速算表 表 11-6

L或l (m)	$\frac{L^2}{8R}$或$\frac{l^2}{8R}$ (mm)	L或l (m)	$\frac{L^2}{8R}$或$\frac{l^2}{8R}$ (mm)	L或l (m)	$\frac{L^2}{8R}$或$\frac{l^2}{8R}$ (mm)	L或l (m)	$\frac{L^2}{8R}$或$\frac{l^2}{8R}$ (mm)	L或l (m)	$\frac{L^2}{8R}$或$\frac{l^2}{8R}$ (mm)
1	—	8	27	17	120	29	350	47	920
2	2	8.3	29	17.8	132	30	375	48	960
2.75	3	9	34	18	135	31	400	49	1 000
2.96	4	9.1	35	19	150	32	427	50	1 042
3	4	9.3	36	20	167	33	357	51	1 084
3.25	4	9.35	36	20.6	177	34	482	52	1 127
4	7	9.42	37	20.7	179	35	510	53	1 170
4.7	9	9.72	39	21	184	36	540	54	1 215
5	10	10	42	21.76	197	37	570	55	1 260
6	15	11	50	22	202	38	602	56	1 307
6.35	17	12	60	23	220	39	634	57	1 354
6.5	18	12.7	67	24	240	40	667	58	1 402
7	20	13	70	24.6	252	41	700	59	1 450
7.11	21	14	82	25	260	42	735	60	1 500
7.2	22	15	94	26	282	43	700		
7.28	22	15.5	100	26.7	297	44	807		
7.32	22	15.64	102	27	304	45	844		
7.55	24	16	107	28	327	46	882		

注:表内"L"系指货物长度(即计算长度 $2x$),"l"系指车辆的转向架中心销间距离或跨装时,两货物中心销间的距离(即跨装支距)。

四、长大货物宽度计算中的附加偏差量

超限车行经在曲线线路上时，若货长与销距之比大于 1.4 时，即 $2x/l > 1.4$，则货物的外偏差量 $C_{外}$ 大于内偏差 C_1。在这种情况下，还必须考虑 $2x/l \leqslant 1.4$。由于车辆走行部分间的游间、曲线线路轨距的加宽量及车辆在线路上蛇行运动的摆动量而产生的偏差量，称为附加偏差量。此时，货物附加偏差量 $K=0$。同一件货物，计算点不同时，K 值不同。

1. 影响附加值偏差量 K 的主要因素

(1) 车辆走行部分的游间，用"S_1"表示。现行车辆走行部分均采用转向架装置。转向架由摇枕、侧梁、弹簧减振装置、轴箱油润装置、轮对以及下心盘和旁承等各部件组成。各部件之间，都存在着一定的间隙，这些间隙称为游间。当车辆行经曲线线路时，由于游间的影响，将产生外偏差的增大值。

(2) 曲线线路轨距的加宽量，用"S_2"表示。

为了使机车车辆能顺利通过曲线，防止外轨侧面磨耗和抵压外轨，曲线线路轨距应适当加宽。

①在最不利条件下曲线最大轨距：

最大轨距 = 车辆最小内侧距 + 最小轮缘厚度 + 车辆内侧至踏面变坡点最小距离 − 轨头圆角半径 = 1 350 + 22 + 97 − 13 = 1 456(mm)

②轮对轮缘外侧的最小距离为 1 350 + 22 × 2 = 1 394mm。

车辆由中央向一侧移动的最大距离：

$$S_2 = \frac{1\ 456 - 1\ 394}{2} = 31(\mathrm{mm})$$

$$S_{销} = S_1 + S_2 = 44 + 31 = (75\mathrm{mm})$$

(3) 车辆在曲线线路上蛇行运动的摆动量。

如图 11-5 所示，因为 $\triangle OMM' \backsim \triangle OEE'$，所以，车辆两端的摆动量 $S_{车}$ 为：

$$\frac{S_{车}}{S_{销}} = \frac{\frac{L_{车}}{2}}{\frac{l}{2}} \Rightarrow S_{车} = \frac{L_{车}\ S_{销}}{l}$$

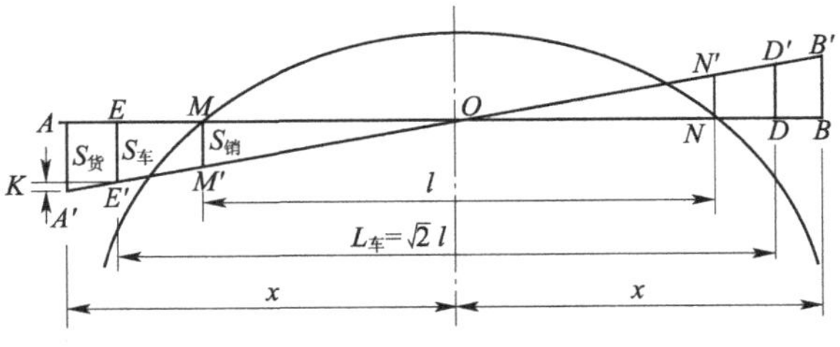

图 11-5 货物偏差量的计算

$S_{销}$-车辆中心销的摆动量；$S_{车}$-车辆两端的摆动量；$S_{货}$-货物两端的摆动量；x-货物计算点至车辆横中心线的距离

又因为 $\frac{l_{车}}{l} = \sqrt{2}$，所以 $S_{车} = \sqrt{2} S_{销}$。

货物两端的摆动量 $S_{货}$，由 $\frac{S_{货}}{S_{销}} = \frac{x}{\frac{l}{2}}$，有 $S_{货} = \frac{2xS_{销}}{l}$。

2. 货物附加偏差量 K 的计算

在确定曲线线路的加宽值时，已经考虑了 $S_{车}$，因而在确定 K 值时，应将 $S_{车}$ 扣除。货物附加偏差量代入 $S_{销}$，$K = S_{货} - S_{车} = \frac{2xS_{销}}{l} - \sqrt{2}S_{销}$，即

$$K = 75\left(\frac{2x}{l} - \sqrt{2}\right) \tag{11-6}$$

五、长大货物超限等级的计算和确定

超限等级是以计算点所在检定断面的计算点宽度及相对应的计算点高度的数值，查《超限货物运输规则》附件四"机车车辆限界、各级超限限界与直线建筑接近限界距离线路中心线尺寸表"而确定。

1. 超限等级的计算方法

(1)标出需要计算的点。在端视图上标出不同高度、不同宽度的点。在等宽条件下，计算点在 1 250mm 以上时，标高不标低；计算点在 1 250mm 以下时，标低不标高。

(2)同时，应选偏差量大的检定断面。在两转向架中心销之间，应选近(靠近货车横中心线)，不选远；在两转向架中心销外方，应选远(距转向架中心销)，不选近。

(3)确定计算点高度、宽度。①计算点高度指由轨面起至计算点的高度。一般包括货车地板高度、垫木高度和计算点至货物支重面的高度。②计算点宽度指由线路中心线的垂直面至计算点的宽度。在直线线路上为货物的实宽；在曲线线路上为货物的计算宽度。

(4)查表。根据计算点高度和计算点宽度查《超限货物运输规则》附件四，确定超限等级。

2. 计算点的选择

(1) $C_1 \leqslant 36$mm，按实测宽度确定超限等级。

(2)当货物为等断面体时，只需计算 C_1 或 C_2。若 $2x/l \leqslant \sqrt{2}$ 时，计算 C_1；若 $2x/l > \sqrt{2}$ 时，计算 C_2。货物长度较小时，计算 C_1，选用销距较小的车辆可以降低超限程度；货物长度较长时，计算 C_2，选用销距较大的车辆可以降低超限程度。

(3)当使用一辆普通平车装运超限货物时，其检定断面位于两转向架中心销之间(中央部位除外)任何部位时，一般不需计算 C_3 和 X_3，可直接按货物的实测宽度确定超限等级和运送条件。

(4)当使用平车装运超限货物时，只有在下列条件下，方需计算 C_3：

①货物转向架中心销(或车辆主梁中心销)间(车辆中央部位除外)有突出部分。

②货物突出部分的实测宽度大于其在车辆横中心线处的实测宽度。

③有数个突出部分，其突出部分相近，应计算确定计算宽度。

④有数个突出部分，其高度、宽度相等时，应以距车辆横中心线最近的突出点作为计算点。

(5)当使用平车装运超限货物时，只有在下列条件下，方需计算 C_4：

①货物在两转向架中心销(或车辆主梁中心销)外方任何部位(货物端部除外)有突出

部分。

②货物突出部分的实测宽度大于货物端部的实测宽度。

③若货物有数个突出部分，其高度不同、实测宽度相等时，应以高度最高，距车辆横中心线最远的突出点作为计算点。

(6)当货物外形较为复杂时，应自上而下分别计算 X_1、X_2、X_3、X_4后进行比较，确定超限等级。

3. 超限等级计算举例

【例11-1】 长方形塔式起重机座一件，重45t，长9 000mm，宽3 800mm，高1 400mm，使用N_{17}型60t平车装运，货物底部运用高度为140mm的横垫木两根。装载方法如图11-6所示。N17型平车数据：l=9 000mm，$h_{车地板}$=1 209mm。

试计算超限等级。

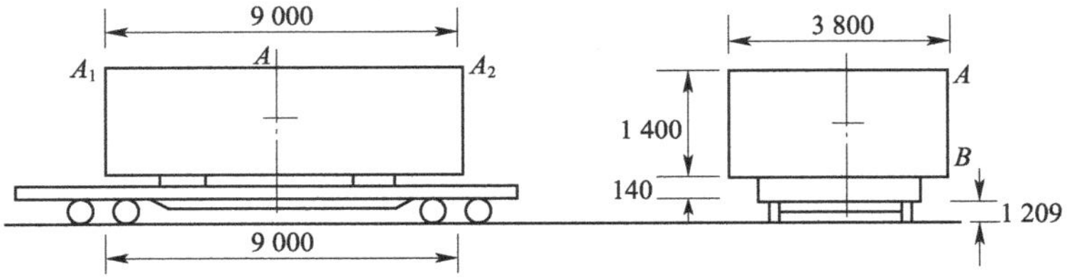

图11-6 塔式起重机座装载示意图(尺寸单位：mm)

解：(1)标出计算点。

在端视图上 A、B 两点均在1 250mm以上，应标上不标下，计算点应标在 A 点。

(2)选择检定断面。

A 点在侧视图上相对应的点为 A_1、A_2直线，高度相同、宽度相同，均在两销间，应选近不选远，检定断面应在两销间中央部位 A 处。

(3)确定计算点的高度和宽度。

A 点应计算 X_1：

$$H = h_{车} + h_{垫} + h_{货} = 1\,209 + 140 + 1\,400 = 2\,749(\text{mm})$$

$$X_1 = B_1 + C_1 - 36 = B_1 + \frac{l^2}{8R} - 36 = 1\,900 + \frac{9\,000^2}{8 \times 300\,000} - 36 = 1\,898(\text{mm})$$

计算宽度小于实测宽度时，按实测宽度 X_3 取1 900mm。

$$H = h_{车} + h_{垫} + h_{货} = 1\,209 + 140 + 1\,400 = 2\,749(\text{mm})$$

(4)根据计算点的宽度和高度：X_1=1 900mm，H=2 749mm，查《超限货物运输规则》附件四，该货物属于中部一级超限。

第四节 长大货物的运输组织

一、长大货物运输的业务流程

依据长大货物运输的特殊性，其组织工作环节主要包括托运与承运、理货、验道、制订运输方案、签订运输合同、装车组织、超限车的运行以及运输结算等环节。

1. 托运与承运

由大型物件托运人(单位)向已取得大型物件运输经营资格的运输业户或其代理人办理托运,托运人必须在(托)运单上如实填写大型物件的名称、规格、件数、件重、起运日期、收发货人详细地址及运输过程中的注意事项。凡未按上述要求办理托运或运单填写不明确,由此发生运输事故的,由托运人承担全部责任。

货物承运,是指承运方对托运的货物进行审核、检查、登记等受理运输业务的工作过程。在与托运人签订运输要约后,大件运输企业必须对货物进行理化作业,即对货物的几何形状、质量和重心位置事先进行了解,取得可靠数据和图样资料的工作过程。通过理货工作分析,为确定长大货物超限级别及运输形式、查验道路以及制订运输方案提供依据。

2. 理货作业

理货工作的主要内容包括:调查大型物件的几何形状和质量、调查大型物件的重心位置和质量分布情况、查明货物承载位置及装卸方式、查看特殊大型物件的有关技术经济资料,以及完成书面形式的理货报告。

3. 验道

验道工作的主要内容包括:查验运输沿线全部道路的路面、路基、纵向坡度、横向坡度及弯道超高处的横坡坡度、道路的竖曲线半径、通道宽度及弯道半径,查验沿线桥梁涵洞、高空障碍,查看装卸货现场、倒载转运现场,了解沿线地理环境及气候情况。根据上述查验结果预测作业时间,编制运行路线图,完成验道报告。

4. 制订运输方案

在充分研究、分析理货报告及验道报告基础上,制订安全可靠、可行的运输方案。其主要内容包括:配备牵引车、挂车组及附件,配备动力机组及压载块,确定限定最高车速,制订运行技术措施,配备辅助车辆,制订货物装卸与捆扎加固方案,制订和验算运输技术方案,完成运输方案书面文件。

5. 签订运输合同

根据托运方填写的委托运输文件及承运方进行理货分析、验道、制订运输方案的结果,承托双方签订书面形式的运输合同,其主要内容包括:明确托运与承运甲乙方、大型物件数据及运输车辆数据、运输起讫地点、运距与运输时间,明确合同生效时间、承托双方应负责任、有关法律手续及运费结算方式、付款方式等。

6. 线路运输工作组织

线路运输工作组织包括:建立临时性的大件运输工作领导小组负责实施运输方案,执行运输合同和相应对外联系。领导小组下设行车、机务、安全、后勤生活、材料供应等工作小组及工作岗位,并组织相关工作岗位责任制,组织大型物件运输工作所需牵引车驾驶员、挂车操作员、修理工、装卸工、工具材料员、技术人员及安全员等,依照运输工作岗位责任及整体要求认真操作、协调工作,保证大件运输工作全面、准确完成。

7. 装车组织

运输业户对托运人所托运的货物进行装车前的测量。根据测量数据合理选择计划装车方案。根据货物的外形、质量和结构特点,结合装运车辆的技术条件,综合考虑装车方案。

(1)选择装车方案。根据货物外形情况研究顺装、横装或立装等方案,以确定最有利的装载方法。

(2)对货物采取措施。必要时应采取改变货物包装、解体货物或某个部件的措施,以降低超限等级。

8. 长大车的运行组织

运行作业主要包括重车运行、途中货载的检查及异常事故的处理。异常情况的处理主要指重车继续运行或继续货物运送有碍运输安全时须作出的处理,如货物装载移位、运输阻碍的处理等。

9. 运输统计与结算

运输统计指完成大型物件运输工作各项技术经济指标统计,运输结算即完成运输工作后按运输合同有关规定结算运费及相关费用。

二、线路运输组织工作

大型超限设备的运输是特种运输,涉及面广,牵扯到沿途的公路、桥梁、公安、交通、通信、电力、行政等多家部门,是一项复杂的系统工程。为保证车辆的出行安全,设备顺利运至施工现场,应做到如下要求:

(1)运行中挂车及设备的四周要放置明显的标志,白天悬挂三角旗,夜间车辆不允许在道路上停放。

(2)车组通过交叉口、铁道口和繁华路段,安全人员要配合当地交通民警进行疏导车辆工作,维护交通以便车组安全通过。

(3)为保证设备在途中的运输安全,在大型运载车组前面要设一部模拟车兼架线车,模拟车两侧腰装有探测杆,杆的顶端设有接触触发信号装置,一旦碰到高空障碍,模拟杆的高度调整到行驶时设备的运行高度,车上还应配有架线杆和架线托架,沿途线缆高度不够时,随时进行托架。

(4)穿越大城市应夜间进行,经过无轨电车线路的路段,要选择在23点至凌晨5点电车停运的时间通过。

(5)沿途更换轮胎等需要停车时,特别是在高速公路上停车,应在车尾放置安全标志(大型停车牌),并派安全人员在车后疏导过往车辆。

(6)由于大型运载车组行驶速度较慢,在高速公路上行驶时,车组后方护卫车要打开警告灯,提示后面车辆注意,防止追尾事件发生。

(7)为保证设备的绝对安全,大型运输车时速为平坦道路30km,车辆交会时,时速限制在8km,普通行驶时速20km,整个运输过程中严禁急制动、急加速。通过桥梁时,时速限制为5km,配有开道联络车随进监测道路情况,山路不允许停车,监护人员做好前后的防护。

(8)为了保证车辆、设备、桥梁的安全,大型车组通过跨度较大的桥梁时,要断路通过,使桥上只行驶大型车辆,不准其他车辆同时在桥上行驶,车组在桥上时速5km,居中、匀速慢行,不准加速,不准换挡,不准停车,以减少对桥梁的冲击荷载。

(9)通过上下坡及弯道前,运行车辆必须进行全面的检查,尤其要保证制动系统良好,其他随车人员必须随车跟进,随时做好掩车准备,此外,开道安全人员必须做好封闭道路工作,以防止意外事件发生或造成中途停车。

(10)沿途每隔50km,安全技术人员须对行驶车辆进行检查,发现问题及时处理。

(11)为保证运输车辆不出意外,运输过程中要请当地公安交通部门和路政部门派警车护送,特别是在上、下高速公路前后,经过人口密集地区时派警车开道,以保证交通顺畅。

(12)为保证运输车辆及货物的安全,必须为设备办理足额货物运输安全险;必须在运输前将货物用防水篷布完全包住,以防止在路上遇到大雨、下雪天气,对货物造成损坏;需在设备尾部安装三维冲击记录仪,因车辆后部振动最大,冲击仪装在此处记录的数据最准确,可以监测运输途中设备垂直、水平和侧向的速度。

三、对重心的要求

大件设备运输时,被运设备和整车的重心往往较高,为此要求:

(1)大件设备的重心位置要有明显标志(一般由设备制造厂家提供)。

(2)用起重机吊装大型设备时,起吊绳的合力延长线应通过被吊物件的重心,以保证吊钩钢丝绳处于垂直状态。

(3)装车时被运设备的重心应与承运车辆货台的承重中心保持一致,若重心过高或偏移过多时,则应予以调整或加以配重。

(4)对于重心较高的高耸式细长形设备,应尽量采用横卧运输,若不能采用此法,则应采取牢靠的固定措施和防倾倒措施,以保证运输安全。

四、长大货物运输的其他要求

(1)在办理托运手续时,除按一般规定外,托运人必须提交货物说明书,以及装卸、加固等具体要求,在特殊情况下,还须向有关部门办理准运证。承运人应根据托运人提供的有关资料进行审核,掌握货物的具体特征,选择适合的车辆,在具备安全运输条件和能力的情况下,再办理承运手续。

(2)承运人应根据大件货物的外形尺寸和车货质量,在起运前会同托运人勘察作业现场和运行路线,了解沿途道路线形和桥涵通过能力,并制订运输组织方案。涉及其他部门的应事先向有关部门申报并征得同意,方可起运。

(3)制订货物装卸、加固等技术方案和操作规程,并严格执行,确保合理装载、加固牢靠、安全装卸。装卸作业由承运人负责的,应根据托运人的要求、货物的特点和装卸操作规程进行作业。由托运人负责的,承运人应按约定的时间将车开到装卸地点,并监装、监卸。

(4)运输长大货物,属于超限运输的,应按规定向公路管理机构申请办理"超限运输车辆通行证",按照核定的路线行车。在市区运送大件货物时,要经公安机关和市政工程部门审查并发给准运证,方可运送。

(5)按指定的线路和时间运行,并在货物最长、最宽、最高部位悬挂明显的安全标志,白天行车时悬挂标志旗;夜间行车和停车休息时装设标志灯,以警示来往车辆。特殊的货物,要有专门车辆引路,及时排除障碍。

(6)运输费用由承、托双方协商确定。因运输大型特型笨重物件发生的道路改造、桥涵加固、清障、护送、装卸等费用,由托运人负担。

五、长大货物运输组织的技术问题

1. 运输过程中的受力分析

长大货物装载在车辆上运送时，比普通货物受到的各种外力作用更为明显，它成为长大货物运输重要的运输条件。

(1)纵向惯性力。指车辆在起动、加速或制动等工况下，沿道路轴线方向的惯性力。

(2)横向离心力。指车辆在做圆周运动时，沿汽车横向(垂直于速度方向)的离心力。

(3)铅重冲击力。指车辆在运行过程中，因道路表面不平、颠簸振动所引起的力。

(4)其他作用力。长大货物承受的坡道阻力、迎风阻力、倒风阻力等通常也较大。

以上各力对长大、笨重货物运输组织影响很大。

2. 长大货物的装运计算

(1)超长均重货物最大装载量的确定。如图 11-7 所示，设平板车核定吨位为 q，前后轴间距为 l，货物超出车底板后端部长度为 y，最大货物质量为 Q_{max}，那么有关系式：

$$Q_{max} \cdot \frac{y+l}{2} - \frac{1}{2}ql = 0 \Rightarrow Q_{max} = \frac{ql}{y+l} \quad (\text{t})$$

(2)超长非均重货物最大装载量的确定。使用平板车装运超长非均重货物时，只要先计算出装载货物重心垂线至底板横中心线的距离 S，就可以按装运均重货物同样的方法，计算出最大装载量。其公式为：

$$Q_{max} = \frac{ql}{2S+l} \quad (\text{t})$$

(3)平板车底板支重面最小长度的确定。在平板车上装载集重货物，因其质量集中于车底板上某一部分，故货物质量应受平板车底架最大容许弯曲力矩的限制。平板车横向中心线所在截面的弯曲力矩是平板车的最大弯曲力矩。为了使集重货物装车后，作用于平板车横向中心线的弯曲力矩不超过规定的容许值，必须符合以下两个条件：

①应根据平板车构造的特点，将货物均衡地装在平板车上，使货物重心位于平板车中心，如图 11-8 所示。

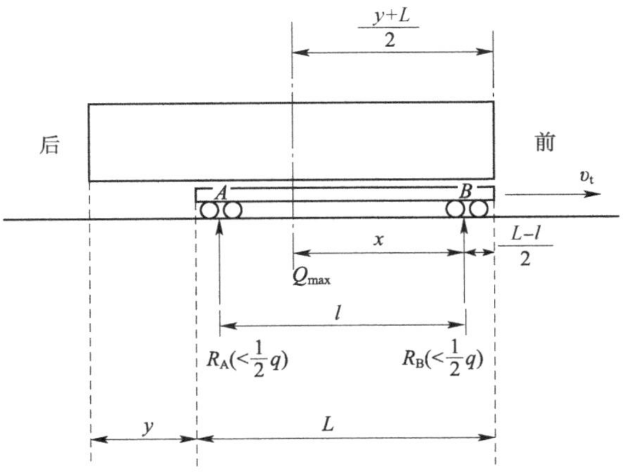

图 11-7 装载超长均重货物示意图

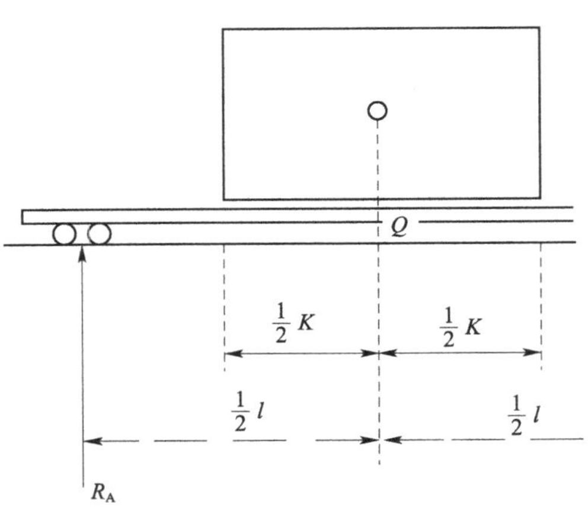

图 11-8 合理装载集重货物示意图

②装载一定质量的货物,平板车底板支重面应有相应的长度,不能过小。其支重面的最小长度 K,可根据弯曲力矩方程式求解,即

$$K = 2\left(l - \frac{4M}{Q}\right) \quad (\text{m})$$

式中:M——平板车底板最大容许弯曲力矩,kg·m;

Q——货物质量,kg;

l——平板车轴(组)距离,m。

当货物质量不能均匀分布于平板车底板上,或货物支重面长度小于 K 时,则货物必须放置于两根横垫木上,使货物质量均匀地分布于平板车的所有纵梁上。横垫木中心间的距离不能小于:

$$l - \frac{4M}{Q} \tag{11-7}$$

当集重货物支重面长度小于两横垫木中心线间的最小距离式(11-7)时,应在横垫木上铺垫纵垫木,在纵垫木上放置货物,并将 Q 加上纵垫木质量后,再计算横垫木的最小中心间距。

(4)重车重心高度的确定。重车重心高度不应过高,过高易造成货物或车辆的倾翻,不利于行车安全。长大、笨重货物的重车重心高度一般距地面不超过 1.8m。重车重心高度的计算方法如下:

①装载一件货物时,重车重心高度如图 11-9 所示。

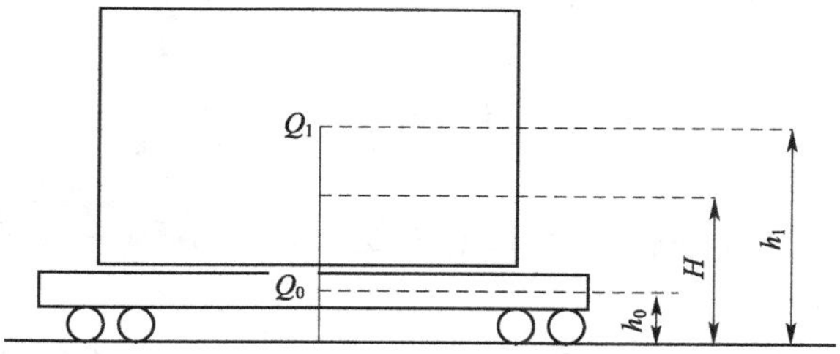

图 11-9 装载一件货物的重车重心高度

其计算公式为:

$$H = \frac{h_0 Q_0 + h_1 Q_1}{Q_0 + Q_1}$$

式中:H——重车重心高度,mm;

h_0——空车重心高度,mm;

h_1——装车后货物重心距地高度,mm;

Q_0、Q_1——分别为空车自重和货物质量,kg。

②装载多件货物时,重车重心高度的计算公式为:

$$H = \frac{\sum_{i=0}^{n} h_i Q_i}{\sum_{i=0}^{n} Q_i} \quad (\text{mm})$$

式中：h_i——装车后各件货物重心距地高度（其中 h_0 为空车重心高度），mm；

Q_i——各件货物质量（其中 Q_0 为空车自重），kg。

如重车重心偏高，可以采取配重措施以降低其高度，但装载总质量（包括配重）不得超过车辆最大允许载质量。设配重为 Q_x，其重心距地面高度为 y，那么存在：

$$Q_x = \frac{\sum_{i=0}^{n} h_i Q_i - 1.8\sum_{i=1}^{n} Q_i}{1.8 - y} \quad (\text{t})$$

案例 11-1：典型的大件运输过程组图案例

时间：某年元月；行程：由西安至上海丙烯酸厂，全程 1 600km 的公路汽车运输。

承运货物：直径 6 400mm × 高 4 120mm，重 290t，目前我国最大直径反应器。

承运车辆：此次运输采用 3 纵列 12 轴线液压平板车，该平板车宽 5 000mm，长 19 600mm，载质量 400t，高度 1 000mm ± 200mm。由公路运输的“巨无霸”德国曼（MAN）重型牵引车实施牵引。

承运单位：陕西大件汽车运输有限责任公司。

案例分析：这是一组成功的大件货物运输组织管理图片案例，承运单位通过采取空中障碍拆除法和临时道路修建等措施，应用道路专用平板车，结合使用牵引车形成汽车列车（是指一辆货车或牵引车与一辆或一辆以上挂车的组合），最终将目前我国最大直径反应器送达目的地，安全吊卸。

（1）某年元月，直径 6.4m 的反应器在西安顺利装车启程（图 11-10）。

图 11-10

（2）途经渭南，拆除部分收费站，大件承运车谨慎通过（图 11-11）。

（3）无路铺路，有障排除，大件承运车不畏险阻，继续前进（图 11-12）。

图 11-11

图 11-12

（4）前拉后推的汽车列车安全行驶在高速公路上（图 11-13）。

（5）顺利到达上海丙烯酸厂，目前我国最大的、超宽、超重的直径 6.4m 反应器安全吊卸（图 11-14）。

图 11-13

图 11-14

复习思考题

1. 简述长大货物运输组织的特点及基本要求。
2. 如何确定长大货物的超限等级。
3. 简要阐述长大货物运输的业务流程。

第十二章　鲜活货物运输组织与管理

【本章教学要点】

知识要点	掌握程度	相关知识	应用方向
鲜活货物分类	理解	鲜活货物分类和特点、运输特点	载运工具的选择、包装技术要求
检验和检疫	深度理解	鲜活易腐货物的报检、检验和检疫、制证	物流服务质量控制、组织方案设计
储运新技术	掌握	保水运输、新型瓦楞纸箱的采用、活鱼的安眠运输、照明保鲜	运输设备准备、运输成本管理
运输方式	重点掌握	现状及问题、相关要求、组织与调度	运输组织方案设计、装卸搬运设备的选择
鲜活货物运输组织	理解	苗木运输、鲜花运输、果蔬运输、水产品运输	运输方式的选择、装运前的预处理、储存管理

【引导案例】

金秋是吃蟹的最佳时节，各个城市的专卖店，除了把大闸蟹礼券卖的不亦乐乎，同时也要为拿着礼券提货的客户忙忙碌碌，那么大闸蟹是如何打包和运输的呢？

苏州阳澄湖大闸蟹空运或汽运到全国乃至世界各地，正确掌握阳澄湖大闸蟹的运输方式方法，将直接关系到阳澄湖大闸蟹的成活率。一般专卖店都有暂养大闸蟹的蟹缸，待其鳃部排清，肠道排空后，就可扎好螃蟹给客户。包装之前，一定要保证每只螃蟹有蟹草捆扎好，蟹腹部朝下整齐排列，防止大闸蟹在袋内爬动，然后装入泡沫箱。气温高时，要在泡沫箱中放入冰块降温、保温。包装材料应卫生、洁净，最后将泡沫箱密封好，加上自己品牌的礼盒包装即可。

那么打包好的大闸蟹如何送到客户手里呢？有的商家选用快递，有的是由自己的工作人员派送。自家工作人员派送像骑车或者公交都是不受限制的，那么对于北京、上海这些大城市中的地铁轨道交通可行吗？北京地铁服务热线客服人员介绍，一般动物过安检时，屏幕会呈现黄色，即便被捆绑也可轻易辨别。按照相关规定，大闸蟹属于动物，不应带入站内。但如乘客携带数量较小，且做了捆绑或打包等处理，可与安检员协调，由其判断可否带入站内。

（来源：互联网整理）

由引导案例可见，像大闸蟹等鲜活货物的运输具有特殊性，鲜活货物在运输过程涉及检验、检疫环节，需采取快捷运输方式、运用储运新技术及其他特殊措施，需要以快捷、有效、卫生的作业保证其价值和质量。本章介绍鲜活货物分类及特点、鲜活货物运输的特点及组织方法。

第一节 鲜活货物分类及特点

一、鲜活货物分类

鲜活货物分为易腐货物和活动物两大类。第一类易腐货物，是指货物的价值与时间密切相关的货物。这一类货物主要有两种：一种是物品本身容易腐烂变质，对运输时间要求严格。如鲜花、海鲜、应时水果、肉、蛋、奶、鲜蔬菜、冰、鲜活植物等，按其热状态又分为冻结货物、冷却货物和未冷却货物，常见品名见“易腐货物运输条件表”；另一种是物品价值与时间密切相关，对进入市场的时间要求快，如某些商品，进入市场时间越早，越能够抢占市场，或希望在市场需求处于最佳时机投放市场，可以取得最佳经济效益。第二类活动物，包括禽、畜、兽、蜜蜂、活鱼以及鱼苗等。

二、鲜活货物运输的特点

(1)时效性强，必须在最短的时间内运达，才能防止死亡和腐烂变质，或者通过时间获得市场价值，以取得更多利润。

(2)运输过程中要进行各种特殊处理，如换水、降温、通风等。

(3)在运输过程中一般要求低温，甚至冷冻；冷藏运输中要注意著名的 TTT 理论，时间(Time)、温度(Temperature)和食品的允许变质量(或耐藏性)(Tolerance)之间的紧密关系。

(4)季节性强，特别是水果、蔬菜类，受季节变化影响，货源波动性大。

(5)这一类货物运输的货主对运输价格比较敏感，远远高于急快件运输。因此，运输企业必须合理定价，以扩大和发展这一运输市场。

第二节 鲜活易腐货物的检验和检疫

托运人托运鲜活易腐货物时，应在货物运单“货物名称”栏内填记货物名称，并注明其序号及热状态，同时在“托运人记载事项”栏内注明易腐货物容许运输期限。托运需检疫运输的易腐货物时，应按国家有关规定提出检疫证明。出入境鲜活货物检验检疫流程包括报检、在 ciq2000 系统(国家检验检疫系统为配合电子通关使用的出入境检验检疫综合计算机管理系统)中计费及制作通关单、检验检疫和制证。

一、报检

(1)报检单必须填写清晰、正确，无漏项，公章有效。代理报检应有委托书。

(2)报检单位应提供报关单、发票、装箱单、合同等。

(3)入境动物产品应提供中国检验检疫机构批发的许可证,出口国官方机构的卫生检疫证书;入境植物切枝应提供出口国官方机构的检疫证书。

(4)自检的出口鲜活水产品,应提供当地管辖且已登记备案的编号及加工企业产品的检验检疫合格单。

(5)异地出境的鲜活货应提供属地检验检疫机构出具的换证凭单或电子转单凭证。

(6)出境鲜活货物报检范围,包括有关国际条约规定须经检验检疫机构检验检疫的货物;装运出境易腐易变食品、冷冻品的船舱、集装箱等运载工具的适载检验;装载动植物、动植物产品和其他检疫物的装载容器、包装物的检疫。

(7)出境货物最迟应于报关或出境装运前10d向检验检疫机构申请报检;出境动物应在出境前60d预报,隔离前7d报检;出入境的运输工具应在出境前向口岸检验检疫机关报检或申报。

(8)出境货物应在货物所在地检验检疫机构办理报检。对由内地运往口岸分批、并批的货物,应在产地办理预检,合格后,方可运往口岸办理出境货物的查验换证手续。对由内地运往口岸后,由于改变国别或地区有不同检疫要求的、超过检验检疫有效期的、批次混乱货证不符的或经口岸查验不合格的,须在口岸重新报检。

二、在ciq2000系统中计费及制作通关单

(1)审核已输入的报检内容与上述报检材料是否相符。

(2)一般情况下按ciq2000自动生成的收费标准计费。

(3)核对收据的流水号,打印收据。

(4)在"检验检疫业务及收费情况表"中填写收费总值,在相应的栏目中签名,钩取应检项目。

(5)入境鲜活货可在航空公司正本运单上加盖待检章操作。

三、检验和检疫

检验和检疫应包括以下内容:

(1)出口自检货物感官检验、检疫。

(2)出口异地货物口岸查验。

(3)出口货物现场感官检验、检疫,按相关规定抽样。

(4)在出口货物厂检合格单或换证凭单上批注意见,签名核销。

(5)在ciq2000系统中操作检验、检疫登记至提交段。

(6)送实验室检测样品,应按有关文件要求填写检测项目。实验室结果返回后再作ciq2000系统中检验、检疫登记出证工作。

(7)现场检验、检疫不合格,出口货物不得出口,进口货物不合格,先封存在合适场所,然后作退货或销毁处理,不合格产品出具不合格通知单。

(8)送实验室检测进口货物检测结果未出来之前货物原则上不得销售或使用。合格的出具合格证书,不合格的出具不合格通知单,并监督销毁本批货物。

四、制证

若需出具“品质证”“卫生证”“检疫证”或其他证书的，报检人应在报检时填明要求。

（1）实验室检测结果返回后，合格的可制作相关证书，不合格的制作“不合格通知书”。

（2）证稿制毕后必须由另一人复核，再经科长审核后方可送达综合科制证。

第三节　鲜活易腐货物储运新技术

鲜活货物保鲜技术非常关键。目前许多货物通常用低温来保鲜，大大增加了运输成本。由此许多新的技术被开发出来以提高鲜活货物的耐藏性（指在适宜的储藏条件下，抗衰老和抵抗储藏期病害的总能力）和保鲜程度，使之能够提高货物运输的品质，或者是在常温条件下被储存和运输，或者减少包装，从而节约成本。

一、鲜花保水运输

以往鲜花只是随意堆放在纸箱里运输，若运程较长，一些鲜花到目的地后便脱水萎蔫。采用保水运输方式运输鲜花，避免了运输途中花苞受挤、花瓣变形的现象。保水运输方式是将被运输的花卉一束束包装好，竖立在一个梯形的塑料方桶中，桶中蓄有特制的保鲜液，然后分层装满大型冷藏车。从出基地到运抵客户手中，鲜花自始至终不脱水，并且保持着自然生长的状态。“保水运输”是运输方式的升级换代。鲜花损耗降低，不再需二次包装即可出售，虽然运输时载重有所增加，但是总成本仍比原来减少40%。与空运相比，公路保水运输虽然运输时间较长，但它可以使鲜花花型舒展，减少花瓣损伤，而且花的外观保存完好，花期有数天的延长。由于一辆冷藏车可以运载近一万扎鲜花，每支鲜花的运费估算下来都比空运费稍低。

二、新型瓦楞纸箱的采用

新型瓦楞纸箱附加了保鲜、防潮、保冷功能，主要用于蔬菜、水果或鲜花的包装。纸箱表面、里纸涂有特殊涂料，或者可以抑制果蔬或鲜花的呼吸或水分蒸发，或者具有保冷、保湿或密封功效，用于蔬菜水果的保鲜，水产加工品、肉类加工品、酒类的保冷运输。再者，可以使用由适应蔬菜水果的生理特性的保鲜剂和特殊的薄膜或特殊的瓦楞纸箱组合而成的保鲜包装，通过除去乙烯类气体，保持蔬菜水果的颜色、光泽和新鲜感，防止枯萎和异味。新型瓦楞纸箱的出现取代了原来大量使用的泡沫箱，除了以上效果外，还有易搬运、成本低、货物不易折损等好处，可降低运输中冰瓶的使用和载重，同时如果与预冷、保冷、冷藏等一起使用，可以取得更好的效果。

这些新型纸箱是可以回收再利用的，不必使用难以回收再利用的带有薄膜的瓦楞纸箱或塑料袋就能保持新鲜，而且也可以用于必须防潮产品的防潮包装。这类纸箱在国外的应用已经十分广泛了，尤其是鲜花水果保鲜纸箱的使用普及率很高，随着我国与国外贸易程度的加大，保鲜纸箱的使用普及率将会提高。

三、活鱼的安眠运输

把鱼放入注有二氧化碳和氧气各50%混合气体的水中,活鱼将会处于安眠状态。然后,将“醉鱼”从水中捞出并装入塑料袋或箱、盒中进行运输,可使鱼安眠近40h。待到达目的后,再放入清水中,只需几分钟便地清醒。这种运输不仅适用于公路,还用于包括观赏鱼在内的航空运输。

四、乙烯气体抑制剂(1-MCP)的使用

农产品使用1-MCP后延迟了成熟过程,减少了损耗。经1-MCP处理后,减轻农产品对低温的苛刻要求,使农产品即使在稍高于最适储藏的低温环境中也可运输,降低了运输成本。该方法尤其适于农产品外销储运。

五、鲜花的照明保鲜

2006年9月28日,日本松下电器有限公司联合大阪鹤见花卉集团和东京都岩谷产业株式会社,发布了一种经济实惠的鲜花运送系统。该系统利用照明设备,在25℃的室温下,能使鲜花在运送过程中保鲜。由于该系统对鲜花包装要求更少且不需要容器,所以它进一步提高了鲜花运送的效益。

第四节　鲜活货物的航空运输

一、航空鲜活货物运输的现状及问题

鲜活货物时效性强,因此多采用航空运输,其现状及存在问题如下:

(1)我国航空鲜活货物运输产业发展快。到目前为止,世界上主要航空大国已基本完成航空运输产业结构调整,达到规模经济,实现航空公司的联盟化、大型化和集团化。

(2)航空企业开始重视市场化经营。几年前,国家对包括民航三大企业集团(国航、东航、南航)在内的120家国有重点企业,进行现代企业制度改革试点。通过改革,强化企业的竞争意识,加强营销管理,为鲜活货物的航空运输发展提供了良好的契机。

(3)产业结构失衡。同国外航空货运相比,我国专业的货机很少,因此对于鲜活、易腐货物运输的时效性要求有时难以满足,航空客运和货运不能严格分离,对旅客和鲜活、易腐货物运输有时都会产生一定的影响。

(4)航空运输产业在运输鲜活货物方面成本过高,经济效益差。

二、航空鲜活货物运输的特点

鲜活、易腐货物对时间的要求极为敏感,如果运输时间过长,则可能使商品变为废品,无法供应市场;季节性强的商品和应急物品的运送必须抢行就市,争取时间,否则变为滞销商品,滞存仓库,积压资金,同时还要负担仓储费。采用了航空运输,可保鲜成活,又有利于开辟远距离的市场,这是其他运输方式无法相比的。

(1)速度快。速度快是航空货物运输的主要特点,这一特点使航空运输的各种货物能够应付变化万千的市场行情。

(2)运输路程短,不受地面条件限制。由于两点间的航空运输不受地面条件的限制,因此航线比与其对应的地面运输线路短,特别是在地面迂回曲折的地区,这一特点就更加明显。

(3)基本建设周期短,投资较少。除购置飞机外,只需修建机场和必要的导航站,不像地面运输那样在线路建设上需要大量投资,而且筹备开航所需的准备时间也较短。

(4)灵活性大,不像地面运输要受到线路的严格制约。飞机一般做直线飞行,在现有的机场基础上,按照不同的连接方法,根据需要组成若干条航线。

(5)安全性好。由于飞机发生事故的概率远远低于地面运输,可降低货物的破损率和差错率,同时也可减少货物包装等费用。

(6)成本高,运价高。这一特点也是与其他运输方式相比最不利的特点。由于飞机的机舱容积和载质量有限,而且在一定程度上会受到气候条件的限制,因此造成成本和运价较高。

三、航空鲜活货物运输过程的注意问题

(1)运输过程中,鲜活货物和普通货物是有区别的。比如在运价上,鲜活货物可以当天交货运输,海关还可以先放再报关,俗称"先放后报"。当然,从国外进口鲜活货物,当货物到达机场也可以先提货后报关,从而保障鲜活货物不出现问题。这里还有一个需注意的问题是,当外商发货时,不要让外商在国内指定运输代理,否则货物会被先存在国内运输代理的海关监管库中,报关后才能提货。

(2)货物的数量和运价有直接的关系,一般航空公司的运价根据货物的质量而定。

(3)同样航线,空运价格有所差别,但差别不是很大,这时就需要看哪家航空公司的服务好。在国外的机场,一般大的航空公司所得到的服务较好。

(4)在选择货运代理时应选择最大的代理商,一般大的代理商和航空公司的关系密切,在运力紧张时舱位比较有保障,并且可以得到航空公司大幅的折扣价。

(5)在不同的季节,运价也有较大的差别。货运高峰期,运费较高,如果有货物要运输,应提前一周到两周订舱。

(6)进口应提前办理好相关的文件,比如合同、发票、箱单、植检证书、通关单、濒危植物进出口许可证等。在打印运单时应加入运输的特殊要求,如温度,并向航空公司或货运代理询问要求是否可以满足。

四、航空鲜活货物运输的组织原则与要求

1. 航空运输的吨位控制与配载

航空货物运输需要通过吨位控制来提高载运率。换言之,货运既要考虑货物的体积,还要考虑货物的质量。因此,吨位控制的任务是通过舱位预定与分配来提高货舱的载运率,避免吨位浪费、超售或者载运过载。由于航空货运可以采用全货机或客货混装型飞机运输,因此吨位配置和配载管理的原理不完全相同。

(1)全货机方式运输。采用全货机方式运输时,吨位控制和配载过程比较单一。主要控制货物体积(不能超高、超长)、形状(易于固定),不能超重。

(2)客货混装方式运输。客货混装方式运输,由于必须首先考虑运送旅客,因此货运吨位控制和配载要在保证客运的前提下进行。必须根据乘客的座位分布情况,按照飞机的配载要求,进行货物的质量和位置控制,在保证飞机飞行平稳、安全的前提下充分提高飞机载运率。

2. 鲜活易腐货物的运输组织

鲜活货物运输组织主要涉及收运、装载、运输、到达与交付,其中各个过程的运行组织具体如下。

(1)收运。有必要的国家检验合格证明和卫生检疫证明,符合有关国家的进出口和过境规定。托运人托运鲜活易腐货物前,应当书面提出在运输中需要注意的事项以及允许的最长的运输时间,如果承运人认为无法满足其要求可以拒绝收运。必须有适合这种货物特性的包装,除加贴识别标签外,货物的外包装上还应该挂上"鲜活易腐烂"的标签和向上标签。凡对人体、动植物有害的菌种、带菌培养基等微生物制品,非经民航总局特殊批准不得承运。植物和植物产品运输须凭托运人所在地县级(含)以上的植物检疫部门出具的有效"植物检疫证书"。

未经承运人同意,托运人不得在货运单上填写超过承运人储运能力的指示和要求,如"始终在冷藏状态下存放"、"保持5摄氏度以下"等。经承运人同意的,应当在货运单上注明托运人的指示和要求,并在货物包装上粘贴温度限制标签。除另有约定外,鲜活易腐货物运输不办理运费到付。

托运人托运货物前应当定妥全程航班、舱位,如果运输的航班在国家法定节假日期间,托运人应当通知收货人在目的地机场等候提取货物,避免因延误提取时间造成货物腐烂变质。为了减少鲜活易腐货物在地面停留的时间,托运人或者收货人可以直接到机场办理托运或提取手续。

需要的文件:货运单(注明易腐和已订妥的各航班航段班号和日期,注明其他文件的名称和注意事项),并将装有各种卫生检验检疫的信件附在货运单的后面,随货运单寄出。

(2)装载。鲜活易腐货物的装机应,当尽可能接近航班的起飞时间。鲜活易腐货物应当装载货舱内通风、温度状况最适意且易于卸机的位置上,并应当遵守隔离原则:种蛋不能与干冰相邻放置;鲜花、蔬菜不能与水果相邻放置;食品不能与毒性物质、传染性物质、灵柩、生物及有害生物制品或者活体动物相邻放置。鲜活易腐货物装机后,装机站应当拍发特种货物装载电报通知卸机站。凡经人工制造、提炼,进行无菌处理的疫苗、菌苗、抗生素、血清等生物制品,如托运人提供无菌、无毒证明可按普货承运。使用干冰时要有供气体排出的孔。

(3)运输。必须尽量使用直达航班,需要订妥航班,应由航空公司或其代理人立即通知收货人来机场收货,而且必须优先安排带有调控温功能的飞机。班机延误或衔接脱班时,应及时通知收货人或者托运人征求处理意见并尽可能按照对方的意见处理,对货物进行妥善保管。

(4)到达与交付。鲜活易腐货物到达目的站后,目的站应当在2h内通知收货人。货物在运输过程中发生腐烂变质,或者收货人未能及时提取发生货物腐烂变质,应当如实填写货物运输事故记录，视具体情况将货物毁弃或者移交海关和检疫部门处理，同时编写运输事故记录，并将处理结果通知托运人或者收货人。除承运人原因造成的以外，处理腐烂变质货物所发生的费用应当由托运人或者收货人承担。

3. 活体动物的运输组织

国际航空运输协会（IATA）所颁布的动物装运条例，是根据濒危物种贸易公约的具体要求而制定的。所以每个托运人运输动物时，都应熟悉这些要求。

（1）活体动物的收运。托运人应当预先与承运人联系，说明活体动物的种类、数量、运输路线以及在运输过程中的特殊要求，经承运人同意后方可办理托运。托运人每托运一票活体动物，应当自行填写“托运动物证明书”，接收动物时，须填制“收运动物检查单”。

动物运输应符合国际航空运输协会《活动物规则》（Live Animal Regulations，以下简称LAR）和国家有关规定，托运人托运属于检疫范围的动物，应当出具当地县级（含）以上检疫部门的免疫注射证明和检疫证明书；托运属于国家保护的动物，还需出具有关部门准运证明，如托运人交运野生动物或其产品时，必须持有国务院濒危物种进出口管理办公室签发的“进出口许可证”方可办理托运；托运属于市场管理范围的动物要有市场管理部门的证明。托运人必须办妥海关手续，按照国家的有关规定办理进出口许可证。

国际航空运输协会 LAR 规定收运活体动物应以 LAR 为依据，运输的动物必须健康，无传染病，妊娠期的动物，除托运人出示有效的官方兽医证明，说明活体动物在运输过程中无分娩可能外，一般不予收运；尚在哺乳期内的幼畜，一般不予收运；在飞机起飞前 48h 以内刚刚分娩过的动物，一般不予收运。动物应无不良气味。包装要防动物破坏、逃走，同时要注意通气。运输过程中所需动物饲料和饲养工具，由托运人自备并保证数量。照料动物的特殊设备，装卸大型动物的人力和设备，凡承运人不具备的都应当由托运人提供。托运人应当按与承运人约定的时间、地点办理托运手续。办理托运手续时，须填写活体动物运输托运申明书。托运人应当在机场托运活体动物，并负责活体动物在运输前的保管。

（2）装载。装机前，货运出港必须通知货运调度有关装载动物的情况及特殊装机要求。货运调度接到通知后应派专人负责装机，并及时通知商务调度。遇到航班延误、换机、取消时，商务调度应及时通知货运调度，以便采取相应措施。装载动物时，要按《国际航协活体动物运输规则》和飞机的货舱情况计算动物的装载密度，确定可装舱位；装卸人员在货物包装下要加垫塑料薄膜或可吸收性薄膜，以防污染集装设备、航空器和其他货物。

在活体动物运输过程中，应当重视和组织好装载工作，想方设法保证动物运输的成活率。动物的外包装上必须贴有活体动物标签，并应当标明照料和运输的注意事项。

装机时，需填写“特种货物装载通知单”，通知机长关于动物的装载情况。承运人应当将动物装在适合载运动物的飞机舱内，必要时，应事先要求机长调节货舱温度，以保证动物的安全运输。有特殊要求的动物装舱，托运人应当向承运人说明注意事项或在现场进行指导。根据我国《进出口动物检疫条例》的有关规定，始发于不同国家的活体动物不得存入同一仓库内或装在同一架航空器上，以防疾病的传染。国家检疫人员有权对载过动物的航空器、地面载运工具（托盘、集装设备等）、铺垫材料、饲养工具以及存放动物的场地进行检疫消毒，以防动物流行病（包括人畜共患病）的传播。禁止使用未消毒过的地面载运工具和铺垫材料。

（3）运输。托运人不得将任何活体动物混装于其他货物中托运。动物运输必须由托运人订妥全程航班、舱位之后方可收运,动物运输不办理运费到付。随着社会进步,要求承运人在动物运输过程中要满足动物福利。需专门护理和喂养或者批量大的动物,应当派人押运。动物运输应尽量利用直达航班,应注意动物到达目的站的日期,尽量避开周末和节假日,以免动物运达后延误交付,造成动物死亡。要考虑部分机型的运输条件。动物在运输过程中或者在到达目的站后,由于自然原因而发生的病、伤或者死亡的,承运人不负责任,除非证明是由于承运人造成的责任。由于托运人的过失或违反承运人的运输规定,致使动物在运输过程中造成对承运人或者第三者的伤害或损失时,托运人应负全部责任。动物在运输过程中到达目的地后死亡所产生的一切费用,应由托运人或收货人承担。在国际运输动物时,动物的重要文件——濒危物种允许出口证明书和检疫证明书必须作为随机文件交运。航班离港后,必须给有关站(经停站、目的站的驻外办事处和地面服务代理)拍发特种货物装载电报,通知有关动物的装载情况及特殊服务要求。中途站、目的站应按始发站的电报要求采取相应措施,确保动物的安全运输。

(4)到达及交付。飞机落地后,卸机人员要检查包装是否完好,是否有粪便和尿液渗漏到飞机货舱内。如果有粪便或者尿液渗漏,应当及时清理,防止腐蚀飞机或者设备。动物到达目的站后,承运人应当立即通知收货人前往目的站机场等候,在机场交运和提取动物,并负责动物在运输前和到达后的保管。交付活体动物时,如果发现动物死亡等不正常情况,应当按规定填写货物运输事故记录,并通知动物检疫部门做出检验、检疫证明,并根据动物检疫部门的要求采取相应的措施。

(5)卫生要求。装卸人员在装卸过程中应尽可能减少接触装有动物的包装,避免与动物直接接触或被动物抓伤,防止疾病传染。操作人员要戴防护手套。工作结束后,应按检疫要求进行消毒和清洗。经常用于存放动物的地方,应经常清洁、消毒。装载过动物的货舱、集装设备、防护材料、工具等,应要求检疫部门进行消毒处理后方可继续使用。发现动物生病或死亡,应立即移开,以免影响健康动物。在运输过程中,如有操作人员被动物抓伤、咬伤应立即就医。

第五节　铁路鲜活货物运输

一、铁路鲜活货物运输的相关要求

为了适应鲜活货物对运输的特殊要求,安全、迅速、经济、便利地运输鲜活货物,以国家制定的有关方针、政策、法令及《中华人民共和国铁路法》《铁路货物运输规程》的基本原则为依据,特制定了《铁路鲜活货物运输规则》。

二、我国铁路鲜活货运的现状分析

1. 铁路易腐货物运输现状

副食品、易腐货物的运量仅仅占铁路运量的1%左右,但对市场供给、平稳物价乃至社会稳定影响极大。改革开放二十年,我国铁路冷藏车的保有量增长迅速,铁路易腐货物运量1991年达到1 252万吨,1992年后开始下降,截至2010年,运输总量已经降为299万吨,目前下降的趋势还在继续。公路的冷藏运输后来居上，占据了易腐货物运量的很大份额。

据铁路部门预计，2001～2010年，我国易腐食品的年运量将从1 900万吨增长到7 500万吨，而我国目前现有铁路冷藏车约8 000辆，其中一半左右为机械式冷藏车。新型铁路冷藏制冷机的自动控制、运行显示、故障预报及安全报警等系统已日臻完善。铁路冷藏运输市场虽面临危机，但前景仍然很好。

2. 铁路冷藏运输存在的问题

（1）组织方式不适应市场竞争的需要。长期以来，铁路对冷藏货物基本是依照普通货物运输的组织方式进行的。货主向铁路申请要车，手续繁杂、审批环节多、配车时间长，运到期限难以保证，回空车无法控制，加之制冷加冰不到位，货损索赔时有发生，严重阻碍了铁路冷藏运输的发展。

（2）运输装备不适应运输市场的需求。目前，60%以上的铁路冷藏车为加冰冷藏车，修程短、修理费用高、使用率低。这种加冰冷藏车无配属段，运输上没有专职调度掌握，车辆动态不明，要车、配车难，损坏失修严重，完好率不足60%。而机械冷藏车均为5节以上的成组车型，载重吨位大，难以适应小批量、多品种的市场需求。

（3）运输时间过长。铁路冷藏运输主要采用加冰冷藏车，由于运输的大部分为冻结货物，运输距离长（易腐货物平均运程为2 300km），沿途需要加冰，延长了运输周期，降低了运输效率。按照现行规定，运输途中每加冰1次，运到期限需增加1天，因此，难以满足市场对运输速度的要求。

（4）易腐货物尚未形成较为完整的冷藏链。发达国家为保证鲜活易腐货物的运输质量，采取了铁路、公路、水路多式联运的组织方式，建立了包括生产、加工、储藏、运输、销售等在内的鲜活易腐货物冷藏链，运输过程中全部采用冷藏车或冷藏箱，配以EDI系统等先进的信息技术，使易腐货物的冷藏运输率达到了100%，冷藏运输质量完好率接近100%。但我国目前尚未形成完整的冷藏链，铁路冷藏运输仍然坐等货主上门，没有参与到鲜活易腐货物的生产、运输、销售过程中，与其他运输方式密切衔接，为鲜活易腐货物的运输提供全方位的服务，有效地开发市场，因而影响了铁路冷藏运输的发展。

3. 发展冷藏运输应采取的措施

（1）提高认识。必须提高对冷藏运输的认识，培养冷藏运输的专门人才，围绕冷藏运输质量，研究完成冷藏货物运输全程控制的技术问题。有冷藏运输业务的车站，不仅要配备懂得冷藏运输技术的货运人员，还应修订完善提高冷藏运输质量的制度，将其纳入站场和货运管理当中。

（2）采用信息技术改革冷藏运输组织方式。采用先进的信息技术，对冷藏运输实施全过程控制。真正做到对冷藏货物运输优先组织；简化冷藏运输的计划审批手续和空车调配环节，针对市场需求推出定点、定线、定车次、定时、定价的鲜活易腐货物的"五定班列"，建立"绿色通道"；积极建立与公路、水路以及海关、代理、堆场等相关部门配套的，有统一标准数据的计算机管理信息系统和电子数据交换系统。

（3）发展先进的冷藏运输设备，逐步淘汰冰冷车和机冷车。目前，一种选用了环保型制冷剂的新型铁路冷藏车已在上海铁路局江湾保温车段试用。推广使用冷藏集装箱；目前已采用机冷式冷藏集装箱，并有通风、气调、液氨、保温、冷板等多种类的冷藏箱。积极发展适应小批量、多品种的单节和具有单辆与多辆连挂运用技术条件的小编组机冷车，满足市场对多品种小批量货源运送的需要。

（4）建立冷藏运输服务体系。可仿照集装箱公司的模式，成立冷藏运输公司，实行投入产出一体化的集约经营体制，经济上独立核算。冷藏运输公司应当深入市场进行调查研究，充分发挥其连接生产、销售的功能，根据市场需求，积极发展冷冻、短途运输等相关服务，促进易腐货物冷藏链的形成，适应多式联运的发展，在冷藏运输公司的基础上建立综合性的冷藏运输中心，提供多元化的服务。

（5）开展易腐货物多式联运。贸易的发展对冷藏运输的多式联运的要求日益增强，而冷藏集装箱及相关信息技术的采用又为多式联运的发展提供了有力的支持。积极发展铁路、公路、水路的联合运输网，形成多式联运体系。同时发展铁路易腐货物的运输代理。

（6）缩短冷藏运输的运到期限。冷藏运输的运到期限过长，极易发生货损事故。因此，加大对装卸冷藏运输车辆的停时、中时的考核力度，严格冷藏运输车辆在途时间的考核标准，都不失为加大对冷藏运输管理的力度。

三、铁路鲜活货物运输组织

1.铁路鲜活货物运输基本条件

（1）托运人托运易腐货物，应在货物运单“货物名称”栏内填写货物名称，并注明其品类顺序号及热状态，同时在“托运人记载事项”栏内注明易腐货物容许运输期限（日数）。易腐货物的容许运输期限至少须大于铁路规定的运到期限三日，发站方可承运。未经原铁道部批准的车站，不准办理使用加冰冷藏车装运鲜活易腐货物业务。

托运人托运需检疫运输的易腐货物时，应按国家有关规定提出检疫证明，在货物运单“托运人记载事项”栏内注明检疫证明的名称和号码，并将随货同行联牢固地粘贴在运单背面。车站凭此办理运输。承运的易腐货物应在运单、货票上分别填记红色标记 K，车站应将 K 符号转记在“列车编组顺序表”内。核算人员应准确计算运到期限，检查受理人员在运单上加盖戳记情况，并将运单上有关“注明事项”转记在货票上。

（2）易腐货物与非易腐货物不得按一批运输，不同热状态的易腐货物也不得按一批托运。按一批托运的整车易腐货物，一般限运同一品名。但不同品名的易腐货物，如在冷藏车内保持或要求的温度的上限（或下限）差别不超过3℃时，允许拼装在同一冷藏车内按一批托运。此时托运人应在货物运单“托运人记载事项”栏内记明：“车内保持温度（或途中加冰掺盐）按××品名规定的条件办理。”

（3）托运人托运易腐货物时，货物的质量、温度、包装和选用的车辆，均须符合“易腐货物运输条件表”和“易腐货物包装表”的规定。承运货物的质量、包装及安全防护用品是否符合规定，发站应认真抽查。凡腐坏、变质或病残的货物，严禁承运。使用机械冷藏车装运时，发站应会同机械冷藏车乘务员对承运货物的温度和质量进行抽查；托运人要求不按规定的条件运输易腐货物时，在托运人确认货物不致腐烂变质的条件下，应事先与车站另行商定运输条件。商定的条件应在货物运单“托运人记载事项”栏内注明；托运人托运“易腐货物运输条件表”表内未列名的易腐货物时，应事先与车站商定运输条件（格式由各铁路局规定），一式六份（托运人、发站、发送分局、路局到站、铁道部各一份），报铁路局审批后方可办理试运。商定的运输条件应在货物运单“托运人记载事项”栏内注明；不按规定条件运输和组织试运的易腐货物，车站与托运人应签订运输协议，货物质量由托运人负责；使用机械冷藏车时，要通知乘务组，并在“乘务报单”和“机械冷藏车作业单”内注明。

(4)托运人托运冻结状态或冷却状态的易腐货物应使用冷藏车运输。使用冷藏车运输易腐货物时，托运人应按“易腐货物运输条件表”规定的条件或按运输协议的条件，在货物运单“托运人记载事项栏”内注明“途中加冰”“途中制冷”“途中加温”“途中通风”“途中不加冰”“途中不制冷”“途中不加温”“不加冰运输”等字样。对需要在途中加冰的冷藏车发站应在货物运单的“经由”栏内按加冰所分工依次填记应加冰的各加冰所站名；如最短径路上未设加冰所，不能确保易腐货物质量时，托运人可要求铁路绕路运输。此时发站应在货物运单的“经由”栏内依次填记绕路运输经由的各加冰所站名。

2. 装车与卸车

(1)装运易腐货物必须使用冷藏车，确因冷藏车不足时，使用棚敞车应按《使用棚敞车运输易腐货物的措施》的规定办理。冷藏车应用于装运易腐货物，但无包装的水果、蔬菜、卤鱼和能损坏车内设备的易腐货物不得用冷藏车装运(西瓜、哈密瓜、南瓜、冬瓜除外)。冷藏车严禁用于装运能污染和损坏车辆的非易腐货物。冷藏车回空利用及装运需用冷藏车冷藏、保温或加温的非易腐货物时，车站应逐级上报中国铁路总公司，经调度命令承认后，方可使用。

(2)机械冷藏车组可组织同一到站卸车的两站分装，B_{18}、B_{20}型机械冷藏车可组织同一发站装车的两站分卸。但两分装或分卸站应为同一径路，距离不超过200km。第一装车站的装车数或第二卸车站的卸车数不得少于全列车的一半(枢纽地区除外)。

机械冷藏车组工作车前部或后部各车，应装同一热状态、要求温度相同的货物，但前部、后部的温度可不相同。机械冷藏车每个车的装货质量，不准超过车辆的标记载质量。

(3)发站应与托运人商定易腐货物进货、装车和车辆取送时间等事项。使用机械冷藏车运输时，发站在机械冷藏车到达后，应将装车时间、地点、货物品名、吨数、到站等事项填记在“机械冷藏车通知单”内。机械冷藏车通知单，应在装车前12h交给乘务组。乘务组应在装车前做好上水、补足油料、预冷车辆等工作。各上水站应免费为机械冷藏车供水。

(4)承运人应为装车单位调配技术状态良好、设备齐全的车辆。装车单位应在易腐货物装车前(加冰运输在加冰前)检查冰箱、排水装置、通风口、车门及车内设备是否齐全良好，车内是否清洁卫生。不能保证货物质量的车辆严禁使用。装车时，应严格按章操作，防止货物在装车时损坏或碰伤。

(5)用冷藏车冷藏运输易腐货物时，在装车前必须预冷车辆，待车内温度降低后，才能装车。加冰冷藏车装运冻结货物，车内应预冷到6℃以下，达不到时，可预冷6h；装运冷却或未冷却货物，车内应预冷到12℃以下，达不到时，可预冷3h；机械冷藏车车内预冷温度：冻结货物为 -3 ~0℃，香蕉为12 ~15℃，菠萝、柑橘为9 ~12℃，其他易腐货物为0 ~3℃。

(6)易腐货物应按“易腐货物运输条件表”规定的方法装载。经过预冷的冷藏车装车时，应采取措施，保持车内温度。在装(卸)车作业中应使用不致损坏车内设备的工具。并不得挤、碰循环挡板，上层货物距离循环挡板最少应留出50mm的空隙。开关车门时，严禁乱砸硬撬。采取保温、防寒、防湿等措施时，严禁以钉钉等方式损坏冷藏车车体。

(7)车站货运员应会同机械冷藏车乘务组,对装卸车作业进行指导,发现问题应联系托运人、收货人共同解决。货物装车完毕,机械冷藏车乘务员应检查车门关闭是否严密,及时记录车内温度,并开机调温。

(8)车站和托运人应加强装(卸)车的组织工作,缩短装(卸)时间。加冰冷藏车每辆装(卸)车作业时间(不包括洗车和预冷时间)不得超过3h。机械冷藏车:装货车为8辆以上的,每组装(卸)车时间不得超过12h;装货车为4辆型的,每组不得超过6h。其中每一车的装(卸)车时间不得超过3h,由于托运人(收货人)的责任超过规定的装(卸)车时间,应该收货车使用费。

(9)使用加冰冷藏车冷藏运输易腐货物,装车单位必须填写"加冰冷藏车作业单",使用机械冷藏车时,填写"机械冷藏车作业单"。装卸车单位、发站、到站及机械冷藏车乘务组都要认真填写冷藏车作业单,并做好作业单的传递工作。用机械冷藏车运输时,对同一到站、同一收货人和同一热状态、要求同一温度的货物,可不限车数合填冷藏车作业单。

(10)用加冰冷藏车装运需要通风运输的易腐货物时,可以将左侧车门开启并固定。开启的车门最外突出部位从车辆纵中心线起不得超过1 750mm。用棚、敞车通风运输的易腐货物,可将门窗开启并固定,或将敞车侧板吊起,翻转到最大限度用铁线捆绑牢固,并用栅栏将货物挡住。开启的门窗和吊起的侧板最外突出部位不得超过机车车辆限界。

(11)到站对易腐货物应及时组织卸车和交付。卸车时,货运员应对车辆和货物状态进行检查,发现问题及时编制记录,会同有关人员处理。到站卸车要严防污染变质,车站应联系收货人采取措施,随卸、随搬。冻结货物、冷却货物和寒季运送的保温、加温货物,收货人应准备防护用品及搬运工具,直接卸车,防止货物温升过快或发生冻损。

(12)卸车单位应负责将车辆清扫干净。装过鱼、贝、肉类及被其他易腐货物污染的车辆,卸车单位必须按规定彻底洗刷除污,必要时进行消毒,使车内没有残留的污水、秽物。洗刷除污、消毒后适当通风、晾干再关车门。卸车单位及车站没有洗刷条件时,车站应根据调度命令填写"特殊货车及运送清单"(以下简称回送清单),向本局内指定的洗刷站回送。机械冷藏车洗后须经车站和乘务员检查验收。加冰冷藏车及棚、敞车洗后须经车站检查验收。洗刷除污、消毒费用均由收货人负担。

清扫洗刷干净的加冰冷藏车,向局指定的冷藏车保管站回送或从保管站往装车站调送时应填写"回送清单"。

3. 挂运

鲜活货物装车后,货运员应及时通知车站值班员及时挂运,不得超过12h,超过时,车站应将车次、车号、品名、到站上报分局调度所。挂有易腐货物的车辆因故在中间站保留时,车站值班员应通知货运室并上报分局调度所,确保不致在站停留时间过长货物发生损失。托运鲜活植物、活动物沿途需要上水时,托运人需派人押运并在货物运单上注明上水站站名,承运人免费供水,上水用具由托运人或押运人自备。蜜蜂在运输途中不办理放蜂,不办理变更到站。

四、运输车辆的运行组织与调度

(1)发站承运易腐货物后应在货物运单、货票、封套上分别填记红色ΔK标记(ΔK表示须快速挂运的货车)。发站、编组站、区段站要将ΔK符号转记在“列车编组顺序表”内。对装有易腐货物的车辆应快速编解、取送,及时中转挂运,除中间站装(卸)车可编入摘挂列车外,均应根据作业计划编入快运列车或直达、直通、区段列车。机械冷藏车组尽量编在列车中部。对需要中途加冰的冷藏车辆,各站必须按指定的径路挂运,编入到达前方加冰站解体或终止的列车内。易腐货物车辆中转停留时间,原则上不得超过车站有关去向有调中转停留时间。需加冰、补冰的冷藏车,在站停留时间原则上不得超过12h。

(2)机械冷藏车乘务组应按“易腐货物运输条件表”的规定保持车内温度。对未冷却的易腐货物应在最短时间内把车内温度降到规定的度数。在运输途中,每隔2h应记录一次各车内的温度。每6h填写一次“机械冷藏车作业单”。

(3)装有易腐货物的车辆,在运行途中不得保留积压。遇有特殊情况需要保留时,保留站应立即向调度所报告,及时采取措施转送就近加冰站或采取其他妥善处理办法。因未及时处理造成事故,要追究责任。

(4)装有易腐货物的车辆,因车辆技术状态不良发生滞留不能继续运输时,发现站应及时向主管分局报告,尽量组织按原运输条件倒装。由于气温、技术条件等限制不能倒装又不宜在当地处理的货物,发现站应及时联系托运人、收货人提出处理办法。超过要求时间未接到答复或因等候答复将使货物造成损失时,由主管分局报告铁路局提出处理意见。

机械冷藏车组中的部分车辆发生故障不能继运时,乘务组应立即电告发生分局、铁路局并抄报中国铁路总公司。发生地应尽快抢修、继运。机械冷藏车临时备用时,为便于检修和管理,尽量停留在有上水条件的枢纽地区或车站。

第六节 公路鲜活货物运输组织与管理

一、鲜活货物公路运输的相关要求

公路运输要适应鲜活货物对运输的特殊要求。参考其他行业的鲜活货物存储运输的要求,制定符合公路运输特点的规范,安全、迅速、经济、便利地运输鲜活货物。

二、我国公路鲜活货运的现状分析

公路易腐货物运输按照货物温度分类分别采用冷藏车和非冷藏车进行运输。方便灵活的冷藏汽车在我国冷藏运输中扮演了越来越重要的角色。据统计,2015年果蔬、肉类、水产品的冷链流通率分别为22%、34%、41%,冷藏运输率分别为35%、57%、69%。随着冷链需求的增长,我国冷藏汽车的需求量也在大幅增长,2015年中国冷藏车保有量达到76 527辆。中型车将有很大部分被轻、微型和重型车所取代,液氮、二氧化碳、蓄冷板等新型制冷方式的新能源冷藏车会越来越受欢迎。目前我国公路的冷藏运输超过了铁路,占据了易腐货物运量的很大份额。由于运输市场现状,果蔬公路运输超载严重,在公路开展计重收费以后运输成本将提高。

公路鲜活运输的适运对象不断增多。如云南的鲜花运输一直以来以空运为主,虽然速度快,但运输中由于缺乏冷链等原因,鲜花的品质也会受到一定影响。汽车运输虽然到达的时间较长,但有了冷藏设备,鲜花的保鲜不一定比空运差,而运费则可较空运大为降低。目前新的保鲜技术不断出现,随着国道的不断扩建、新建以及"绿色通道"的确立,运输质量还会提高,公路中短途及长途鲜活运输日趋发展。

三、公路鲜活货物运输组织

(1)承运人应当根据规定事先到有关部门取得鲜活货物运输资格。

(2)货物应提前办理好相关的文件,比如发票、箱单、植检证书、濒危植物进出口许可证等。在填写运单时应加入运输的特殊要求,如温度,并向承运人或货运代理询问要求是否可以满足。

(3)公路鲜活货物运输时,不同热状态的鲜活易腐货物分批运输。但如要求的温度差别不大时,在货物之间不互相影响的前提下,允许拼装在同一冷藏车内按一批托运。托运人托运易腐货物,应在货物运单注明品类及热状态,同时要注明易腐货物容许运输期限(日数)。运输前要检查货物状态,同时将腐败、死亡货物剔除,避免感染其他货物。

四、运输车辆的运行组织与调度

(1)承运鲜活货物后承运人应在货物运单上注明。应根据作业计划尽快安排车辆和作业。

(2)最好采用直达运输,避免多次中转影响货物品质。

(3)食品运输要保证从业人员的身体健康,在每次运输后应该及时清洗、消毒运输车辆和包装容器。

(4)对于冷藏运输的货物,要及时监测记录货物温度,防止冻伤或货物的二次冻结。

第七节　鲜活货物水路运输

一、鲜活货物水路运输特别规定

(1)经由港口吞吐的国外进出口货物,按"国外进出口货物港务费率表"的规定,货物进口或出口分别征收一次货物港务费。但本船装货垫缚材料,随包装货物同行的包装备品,随鱼鲜同行的防腐用的冰和盐,随活畜、活禽同行的必要饲料,均免征货物港务费。

(2)国际过境货物中的鲜活冷冻货物及牲畜、动物,不办理转口业务。

(3)交通部门为台湾鲜活农产品运输提供的优惠措施中,水运方面优惠措施有三项,即确保航运安全,加强监管;船舶优先进港、优先靠泊、优先装卸;海事部门实行24h不间断服务。

(4)欧盟修订动物运输条款中关于提高动物运输条件,规定了新的最长运输时间和最大空间,规定了家畜运输船的检验和认证。

二、收运

收运货物应当符合相关要求,货物装运前要提供相应的检验和证明文件,如野生动物或其产品准予运输(携带)证明;按有关规定需要检疫的,还须同时持有检疫证明;托运属于国家保护的动植物,还需出具有关部门准运证明;托运属于市场管理范围的动植物要有市场管理部门的证明。进口野生动物或其产品,须凭省级以上林业行政主管部门核发的进口批件和国家濒危物种进出口管理机构核发的“允许进出口证明书”。

根据海运的运费条款,如装运易腐货物、动植物等,其运费和其他费用必须在起运时全部付清。根据海牙规则,这些货物不包括在“货物”的范围之内,因此承运人对这些货物的灭失或损坏不负赔偿责任。

第八节 常见鲜活货物运输组织

一、苗木运输

1. 苗木运输实行“三证”齐全制度

为加强行业管理,根据国家林业局的公告及相关文件,我国从 2003 年 8 月开始对胸径 5cm 以上的苗木运输实行“三证”齐全制度,即苗木检疫证、运输证、苗木经营许可证。其手续是:先凭苗木经营许可证到林业技术推广中心办理产地证明,再凭产地证明到“行政审批中心”办理运输证。因此,苗木经销户在运输苗木时要带全“三证”,接受各木检站与巡查大队的检查。

2. 苗木的包装

(1)卷包。本法多用于小苗。包装时先把包装物铺于地上,上面放些湿润物,如湿锯末、湿稻草等,然后把苗根蘸上泥浆或用吸水剂加水配成水凝胶蘸根,把苗木根对根放在上面,如此放苗到适宜的质量后,将苗木卷成筒状,用绳子捆紧。包装以后,每包附上标签,注明树种、苗龄、数量、等级和苗圃名称等。

(2)束包。较大的落叶树苗可用此法。将苗木以 50 ~ 100 株为一束捆好,根部蘸上泥浆,再用包装材料包裹根部,最好用草绳捆紧。

(3)带土球单株包装。城乡绿化用的大苗应该采用此法。包装时可用蒲包、草绳等材料,将苗木根部土块捆紧,以防土块散落和苗根失水。

3. 苗木运输

运输苗木时,为防止苗木失水干燥,宜用苫布、席子、塑料薄膜等加以覆盖。运输期间,应检查包内温度和湿度,如果包内温度高,应将包打开适当通风,如果湿度不够,应及时加水。苗木运输到目的地后,应立即打包假植或定植。

对于小苗采用传统运输方式,将根用泥土包裹。对于大型苗木,为了降低运输成本,可以采用无土介质栽培,由于运输的苗木多数是裸根苗,这样不仅解决了超重问题,降低了运输成本,也提高了花木栽培品质。由于运输的苗木多数是裸根苗,因此超载问题并不严重,但超长、超宽现象比较普遍,为了运输安全,要求花卉企业在苗木运输中尽量进行短截修剪,如果按照施工要求不能进行短截的要进行树冠捆扎,尽量避免超长、超宽运输。

二、鲜切花运输

1. 包装

切花运输一般都是用保鲜纸箱来运输的,分横箱和竖箱两种。横箱一般多用于菊花、百合、康乃馨、非洲菊、向日葵等，还有切叶和枝条。如果这个花需要水分的话，会给切花的根部包一个保水袋。还有一种立箱，这种箱子的好处是：下面可装水和保鲜剂，保持运输途中切花的鲜度，减少切花之间相互积压，从而避免花瓣叶片的损失，延长观赏时间，提高切花的卖价。这两种箱子除了配合使用保鲜剂外，纸箱本身具有很好的保冷防水效果，对鲜花能起到双重保鲜的效果。各层切花反向叠放箱中，花朵朝外，离箱边5cm；小箱为10把，大箱为15把；装箱时，中间需捆绑固定；纸箱两侧需打孔，孔口距离箱口8cm；纸箱宽度为30cm或40cm。包装外必须注明切花种类、品种名、花色、级别、花梗长度、装箱容量、生产单位、采切时间。

2. 储藏

最好采用干藏方式。温度保持在7～10℃，相对湿度要求90%～95%。结束后，要求采用花期控制处理。无论是储藏或是运输中，花茎必须直立放置，避免花穗向上弯曲。

3. 运输

对于多数品种，温度要求在8～10℃，空气相对湿度保持在85%～95%。一般采用干运（即切花的茎基不给予任何给水措施），对于有特殊要求的花采用保水运输。运输方式选择空运或直达快速的公路运输。鲜花空运时可采用集装箱运输，托运人在飞机起飞前的最后期限内到机场交货，注意天气的变化。

三、果蔬运输

1. 运输方式的选择

果蔬运输方式需根据果蔬种类品种的特性而定，一般选择有利于保护商品、运输效率高且成本低廉，而又受季节、环境变化影响小的运输方式。如在江河、湖泊沿岸或沿海地区，可采用水路运输。短途调运销售一般选择木船、小艇、拖驳船等。鉴于在自然环境的常温条件下运输，产品质量下降快，要求快运快销。长途运输需采用大型船舶或远洋货轮等，但装货船舱应有保温或控温设施，以保持在适宜的温湿度条件下运输。我国目前主要以公路、铁路运输为主，此外水路、空运等运输方式也已广泛采用，它们优势互补，已逐渐形成较完整的全国性果蔬运输网络。

2. 果蔬的储藏

新鲜果蔬仍然是活的机体，要采取适当的措施，创造良好的储藏环境，控制新鲜果蔬的生命活动，使新鲜果蔬充分发挥它们的食用价值，提高果蔬的储藏性。

通常将果蔬分为三类。①根（地下茎）菜类。地下茎类：有休眠期，要在高温低湿条件下储藏；根菜类：无休眠期，要在低温高湿条件下储藏。②叶菜类。娇嫩不耐储藏，宜低温高湿条件下储藏。③瓜果类。代谢旺盛，喜温怕冻，适宜贮温较高，不能长期储藏。

果蔬储藏温度控制包括常温和低温两个方面。果蔬采后常温储藏常与薄膜包装相结合，并配以乙烯吸收剂以增加保鲜时间。低温储藏不仅抑制了果蔬的呼吸作用和乙烯的产生，而且也抑制了病原菌的繁殖。因此，低温技术成为果蔬采后保鲜的主要措施。但一些果蔬对低温敏感，易遭受冷害；而且不同品种发生冷害的临界温度差异较大，因此选择低温储藏的适宜温度应根据品种不同而有所变化。此外，一些果蔬如芒果储藏时应进行预冷。预冷处理可降低果蔬表面温度和代谢速率以及乙烯的生物合成，防止果实冷害发生，达到延长低温储藏寿命，并保持果实良好品质。

自发气调储藏（简称MAP，下同）是在气调基础上发展起来的另一种方法，它依赖于果实本身的呼吸作用，降低密封袋中的氧气和增加二氧化碳的浓度，形成一个自发的气调小环境，用MAP法储藏芒果能延缓果实的后熟，减少失重并且保持果实原有风味。用热皱缩薄膜单果包装果蔬如芒果，经12℃储存2周后在21℃下后熟，可明显降低果实失重，但对延缓果实硬度和果皮色泽的变化及控制腐烂没有明显的影响，也有人认为，芒果采用薄膜袋包装虽然能延长果实储藏寿命，但果实在软熟前腐烂已比较严重，而采用打孔薄膜包装可延迟果实的腐烂发生。

3. 果蔬运输前的预处理

果蔬运输前预处理的目的是为了防腐保鲜，提高运输品质，延长储藏时间。主要方法有：杀菌剂处理、预储、愈伤、化学处理、催熟处理、热处理和预冷处理。其中，热处理具有防腐作用，预冷的目的是降低果蔬的呼吸强度，散发田间热，降低果蔬温度，使其接近冷库温度，利于储藏。

果蔬装运时，为避免影响货物品质，最好同其他货物分开放置。

4. 果蔬的铁路运输

适用于大宗果蔬的中、长距离运输。车辆选择有普通棚车、加冰冷藏车、机械冷藏车及隔热通风车。不同果蔬运输时采用的条件不同。铁路运输的特点之一就是运输量大，车辆安全，不能在短时间内运输单一种类货物，通常是将不同种类的产品混装，但新鲜果蔬采后其生理特性不同，要求环境条件也有差异，加之有的种类产品会放出乙烯，促进其他果蔬成熟，缩短采后寿命，故混装时需考虑这些因素。有些产品混装对品质影响不大，可以混装。铁路运输的费用主要有：运费、装卸费、车站短储费。

铁路运输时需提前向有关部门申请所需车辆型号，对一些储藏寿命短的货物在装车前需预冷，考虑是否派人押车。车辆到站后，检查车门的封签是否完好，检查记录，及时验货。

5. 果蔬的公路运输

运输车辆选用冷藏车或货车。目前公路运输费用较低，但随着高速公路的发展，过路过桥费增多，成本会增加。公路运输时要注意：不要超载；防止冻害、高温、雨淋；选择安全的道路。长途运输不仅需要包装，还要合理装码。如用普通载货汽车则要有防冷防热的措施，最理想的是选用冷藏汽车。冷藏前应先预冷，散去田间热和部分呼吸热；装车后要调控到适宜的温度并保持其稳定。

6. 果蔬的其他运输方式

除铁路、公路外，果蔬运输还可以采用水运、空运，或选择冷藏集装箱和气调集装箱运输等运载工具。水路（包括内陆和海上）运输成本低、较平稳、运载量大，但连续性差、速度慢，联运中要中转、装卸，也会增加货损，故它只适用于近距离运输以及耐储运果蔬或果蔬加工制品的远距离运输。航空运输速度快、保质好、受损小，但运输高、运量少，特别适于新鲜柔嫩、易受机械伤害而变质的高档次蔬菜，如石刁柏、鲜食用菌和结球生菜等，有时也为特需供应作特运。冷藏集装箱是在集装箱的基础上增加隔热层以及制冷和加温设备，可随时调控箱内适宜的温、湿度条件，借以保持果蔬的鲜嫩品质。集装箱运输可实现整件吊装，不仅会极大地提高装卸效率，更重要的是便于不同运输方式之间的联运，大有潜在的发展前景。

四、水产品运输

(1)活鱼运输。一般鲜活鱼可用塑料彩条布铺在车箱内,用水养运,水量不宜过多。为了减少死亡,上车时不可摔伤,发现不够灵活、有机械损伤的鱼,应及时剔除。同时,鱼车上应加盖尼龙网罩,以防活鱼跳出水面死亡或摔出车外造成损失。长途运输时,可在鱼箱上铺少量水草,夏季每隔2~4h换水一次,或采用安眠运输,把鱼放入注有二氧化碳和氧气各50%混合气体的水中,活鱼将会处于昏迷状态。然后,将“醉鱼”从水中捞出并装入塑料袋或箱、盒中进行运输,可使鱼安眠近40h。待到达目的后,再放入清水中,只需几分钟便地清醒。

(2)鳝鱼运输。短途运输活鳝可采用干运法,即先用水充分淋湿鱼体,鱼篓内用温草或蒲包垫底,再把鳝鱼装进去,每篓10~20kg,加盖防逃。运输时间超过8h需用水运法,即用木桶或篓中衬垫薄膜带水装运,水量不超过鱼头10cm,上面加网盖,有利于通气防逃,保持阴凉。黄鳝运输时注意量不能大,特别是一个容器内不能装太多,还可在篓中放些泥鳅和几片生姜,有利于增氧杀菌。途中每天定时换水1~2次,保持容器内溶氧充足,换水时温差不要过大。经常用木棍等工具搅动几下,防止黄鳝相互缠绕,操作要小心仔细,不要碰伤鳝体,发现有病、死鳝鱼立即剔除。这样处理鳝鱼,一周仍然保持鲜活。

(3)泥鳅运输。数小时的短途运输,可用尼龙编织袋等较严实的袋子装运,但要湿透水,泥鳅叠放厚度不要超过30cm。长途运输,如用桶加盖装运,须注入高出鱼体的水,再放入少量姜片和打散的鸡蛋,并适时换水,可保证多天运输。如将其置于5℃的环境中,则更利于远途运输。

(4)甲鱼运输。甲鱼在装运前必须严格检查,对外部受伤、畸形、反应迟钝、腹部发炎充血的甲鱼,均不宜装运。甲鱼体扁怕压,有相互咬头的习性,因而不能将甲鱼较长时间地密集在一起,可在浅竹筐、木箱内用木板隔成小区来控制甲鱼活动。短途运输:可采用蒲包篓装法,用线将0.5m高的篓隔成两层,并分层用湿蒲包加盖装运,每层可盛活甲鱼5~7.5kg。长途运输:可选用无污染、无气味的洁净木箱加盖装运,其箱底应铺垫1层含水分的黄沙(忌用水浸泡),加盖捆紧后运输。在箱的四周及上盖下底都要穿数个小孔,以利于通风换气,以防甲鱼闷死。在运输途中要经常浇水,保持甲鱼外壳湿润。夏季气温较高,在运输前必须停食两三天,以使其在装运前排粪,保持清洁卫生,避免感染病菌而致病,还要加网罩防蚊虫叮咬;冬季要加稻草防风保暖。可以将箱子叠放,增加装载量。

(5)螃蟹运输。装筐时应使蟹背朝上、腹部朝下,一个个摆平叠放,上面加盖扎牢。螃蟹既怕热又怕风吹,夏天要防止日晒,冬天应用蒲包、麻袋挡风。短途运输:可用湿透水的蒲包装运,在运输途中,要避免受压和曝晒。荆条筐也是常用容器,既防压,又能透气,每筐装量以25kg为度。长途运输:宜用严实的篓子存装,先在篓底铺一层泥,并放些芝麻和打散的鸡蛋,而后将活蟹一只只摆平叠放,再加盖保荫。若在蟹群中放些吸水的海绵或泡沫塑料,效果更好,一般可使螃蟹存活4~5d。为保证螃蟹运输的质量,可以将大螃蟹捆绑运输,减少掉爪。

(6)对虾运输。将池养对虾放入冷却池中,使池水温度缓慢降至12~14℃,使之只能勉强活动。待体色微红,再把活对虾捞出装箱运输。采用此法,对虾一般可存活3~5d。

五、畜禽及其产品运输

1. 运输对象和主要运输方式

这里的畜、禽及其产品指：牛、马、驴、骡、骆驼、羊、猪、犬、兔、禽类及种蛋、蜜蜂、野生动物、演艺动物、试验动物及鱼苗（种）等。畜禽运输的主要方式为公路和铁路运输。为保证动物福利，畜禽应就近屠宰，避免长距离运输。

2. 家禽运输

家禽运输的装运工具一般用铁笼或竹笼，尺寸符合家禽体形大小，每笼不应装太多。装笼的高度一般不要超过5层，并注意层与层、笼与笼之间要留有一定距离，以保证空气流通，有利于散热。一般在24h到达的，途中不必喂料；如超过24h，途中应喂料并供应饮水。笼上应盖树叶遮阳，并适当在上面洒点水。

为避免禽流感的传染，活禽运输的管理将会加强。如香港规定，运输活家禽的车辆必须安装隔离网，防止羽毛飞出车外。而在污水及废物处理上，需遵照环保署及渠务署规定，否则吊销运输牌照。

3. 家畜运输

（1）收运。家畜运输前必须了解动物防疫部门有关规定，如在运输之前必须办理检疫证明、车辆消毒证明；跨省市调运的，必须经调入地县级动物防疫部门许可，取得准调证；调到上海的，必须有专用标志等。调运手续必须随车同行，以免在途中检查时被查扣而停留时间过长，造成损失和麻烦。所运输的家畜应当健康。托运人应当提前与承运人协商运输条件，并提前结清运费及其相关费用。

（2）装载。运输部门对运输的家畜及其产品，应按相关规定，拨配适当车辆以保安全运输，最好选择车况好的专用车辆。现在有生猪专门运输车，有双层和三层，每一层都有隔栏，隔成几小块，每小块能装4～6头猪，这样既能避免拥挤又便于计数，还利于养殖户合租一辆车运输。运输的时间长度要符合动物的生理要求，包装容器结实，尺寸符合动物要求，体形小的家畜可以分层装运，但是要注意安全和卫生。待运家畜应空腹，避免运输途中由于颠簸而相互挤压，导致胃、肠等内脏器官损伤出血而造成死亡。装车时不要装载过多，以免家畜因相互挤压、践踏而造成受伤或死亡。装车时，将待运畜群先集中到待运圈内，打开栏门，在坡道上散料诱导，并从圈内加以驱赶，这样可以安全顺利地装车。

（3）运输。选择最优线路，缩短运输时间，减少长途疲劳和应急反应而造成损耗。运输家畜时，发货人必须配备押运人员或随行兽医，沿途不得随意抛弃粪便、污物，发现病、死家畜时，不得抛弃、宰杀、出卖。应立即报告，在指定地点卸下，通知有关机构诊断处理，并转告收货人。为避免因恶劣气温而发生的家畜生病甚至死亡从而造成不应有的损失，家畜运输必须注意：①夏季尽量避开高温时间运输，途中应注意防暑降温。因此，最好选在傍晚装车，夜间行车，装车后立即向家畜身上洒水，马上上路，途中要勤停车洒水，防止中暑。②冬季要注意防寒保暖，可以早上装车，白天行车。装车前，车箱或笼子里垫上稻草，装完后，可在车厢前罩上棚布，这样可以减少在行驶途中拉风，造成寒冷。③在运输中，押运员要勤下车检查，随时注意畜群状况，发现异常及时进行处理。千万不能让家畜把头压在其他牲口身下，否则会窒息而死。尤其在运输途中前2h要勤查看。到达后，必须及时卸车疏散，但不能立即供给大量饮水，环境要求通风、凉爽。④保证运输车辆车况良好，防止在运输途中抛锚滞留，造成畜群挤压时间过长，发生疾病而死亡。运输时间较长的，还应备好途中饲料和水源。

4. 装卸处理

车辆在装前、卸后必须严格消毒。装栏畜禽装卸可以采用机械化进行，装卸作业应当小心进行，避免伤害或惊吓畜禽。防止因振动、碰撞、受压造成货物损失。凡装运畜禽及其产品的车辆卸车后，要对车辆进行清扫、消毒。清扫下来的粪便、污物等，应由收货人在指定地点进行无害处理。但在发现病、死畜禽时，应进行严格消毒处理，如生猪死亡后应立即拖出来，放血，开膛，取出内脏弃去，用树枝将肚皮撑开，放于通风处，防止猪肉变质，到达目的地后可做无害化处理。由收(发)货人支付费用。

案例 12-1：正大冷风库诉重庆铁路东站易腐货物逾期运到变质损失赔偿案分析

原告：河北省藁城市小常安正大冷风库(以下简称冷风库)。

被告：重庆铁路分局重庆东站(以下简称重庆东站)。

1997 年 4 月 25 日，冷风库委托藁城市果品供销社综合服务社与藁城站签订了第 81715 号铁路货物运输合同(即货物运单)。约定由藁城站承运雪梨一整车 2 400 件(重 40t，价值 96 200 元)，发往重庆东站，收货人第三军医大学；在货物运单托运人记事栏中言明"运输十五天不烂"，付运费 6 816.14 元，并向保险公司不足额投保货物运输险 3 万元。藁城站在货物运单上注明"易腐货物"，当日将雪梨装入 P3100916 号棚车承运，货物运到期限九天。5 月 14 日，该车雪梨到达重庆东站。5 月 15 日卸车时，发现腐烂变质 2 293 件，完好货物 107 件，重庆东站即编制了货物记录载明："藁城发重庆东整车雪梨，卸检后未施封，二侧车门螺栓拧紧，开门车内有腐臭味，全批纸箱外有不同程度湿迹，开检见内货腐烂变质严重，卸后清点整理，完好货物 107 件，其余全部腐烂变质，车底有 9 米长、2.1 米宽的湿迹。"重庆东站并附货运事故查复书载明："货物腐烂变质属铁路责任，请中保公司核赔，联系收货人与保险公司接洽处理。"收货人将雪梨损失的情况告知冷风库，向保险公司索赔。保险公司查勘后以铁路责任为理由，拒不赔偿。重庆东站以保险公司已接洽处理，冷风库又不是货物运单上的合同单位为理由，未予赔偿。藁城市供销社果品生产综合服务社出具证明，其是受冷风库委托托运雪梨，一切事宜由冷风库全权处理。冷风库遂起诉至石家庄铁路运输法院。

原告冷风库诉称：因承运人在运输中违反了《铁路鲜活货物运输规则》的有关规定，造成货物腐烂变质，货物损失达 96 200 元，运杂费、差旅费损失 29 400 元，利息损失 10 248.30元，总计 135 994.30 元，请求法院判令被告重庆东站予以赔偿上述损失并支付违约金。

被告重庆东站答辩称：1997 年 4 月 25 日，托运人藁城市果品供销社综合服务社由藁城站发往我站雪梨 2 400 件，5 月 14 日车到卸货发现腐烂变质 2 293 件，托运人投保运输险 3 万元。我站编制货物记录、货运事故查复书，联系保险公司与收货人接洽处理。原告称货物价值96 200 元，但该货保额不足，应由托运人负责。原告冷风库既不是货物运单上的托运人，也不是收货人，不符合本案主体资格。故我站不负赔偿责任。

审判石家庄铁路运输法院经审理认为:冷风库委托藁城市果品供销社综合服务社与藁城站签订的铁路货物运输合同合法有效,冷风库可作为当事人参与本案诉讼。铁路运输企业(包括发站、到站及中途各站)应对所承运的货物负有安全、完整、及时运输的义务。货物逾期运到或发生灭失、变质、损坏等,除不可抗力、货物本身的自然属性及托运人、收货人的过错可以免责外,铁路运输企业应承担逾期违约的赔偿责任。雪梨腐烂变质2 293件的原因,是在运输途中对易腐的雪梨逾期十天运到造成的,重庆东站的货运记录、货运事故查复书能予认定。保险公司对货物运输现场做出查勘报告,以属铁路责任不予赔偿,原告冷风库要求货物的到达站重庆东站赔偿货物损失、支付违约金的诉讼请求符合法律规定,应予以支持。但根据《铁路货物运输规程》的有关规定,该车货物未办保价运输,且按件数和质量承运,每吨货物实际损失最高赔偿2千元,对完好107件雪梨及运费不应赔偿。购梨贷款利息、差旅费因证据不足,不予支持。依照《中华人民共和国经济合同法》第三十六条第一项二、三目,《中华人民共和国铁路法》第十七条第一款第二项及最高人民法院《关于审理铁路运输损害赔偿案件若干问题的解释》第四条的规定,该院于1997年12月24日判决:

1. 被告重庆东站赔偿原告正大冷风库货物损失76 433.33元,并支付逾期违约金614.40元。

2. 驳回原告正大冷风库的其他诉讼请求。

判决生效后已履行。

分析:

1. 代办运输的代运人,以自己的名义与承运人签订铁路货物运输合同,代运人为运输合同中的托运人,因此代运人可基于运输合同向承运人主张权利。如果代运人将债权转让与货主(原委托人),则货主可直接依运输合同向承运人主张债权,代运人不再作为债权人参加诉讼。所以,本案冷风库身为货主,代运人已将债权转让货主,冷风库提起本案诉讼,主张债权是正确的。

2. 法院认为雪梨腐烂变质的原因,是在运输途中,超过规定运输期限逾期十天造成的,是正确的。因《铁路鲜活货物运输规则》第二十九条明确规定,易腐货物在运输途中不得保留积压。雪梨用棚车运输,一般平均气温要在1~6℃。藁城市四月下旬平均气温在16℃左右,重庆市五月上旬平均气温在20℃左右,运输本身就有风险。《铁路鲜活货物运输规则》中虽规定,易腐货物容许运输规定期限内大于三日,但过高的温度,逾期的运输条件,必然使易腐的雪梨腐烂变质。

3. 铁路运输企业(包括发站、到站及中途各站)应对所承运的货物负有安全、完整、及时运输的义务。对铁路逾期运到或发生灭失、变质、损坏等,除不可抗力、货物本身的自然属性及托运人、收货人的过错可以免责外,铁路运输企业应承担逾期违约的赔偿责任。该车雪梨腐烂变质不是铁路运输企业故意或重大过失造成,也不是货物本身自然属性等因素所致,而是逾期十天运到造成雪梨腐烂变质。根据最高人民法院《关于审理铁路运输损害赔偿案件若干问题的解释》第四条第一款“投保货物运输险的货物,在运输中发生损失,对不属于铁路运输企业免责范围的,适用《铁路法》第十七条第一款二项的规定，由铁路运输企业承担责任”的规定，本案托运人虽不足额投保货物运输险，可向保险公司索赔，但雪梨腐烂责任明确，将铁路运输企业作为被告，要求货物到达站重庆东站赔偿货物损失等，并无不当。

4.《铁路法》第十七条第一款(二)项规定：“未按保价运输承运的，按照实际损失赔偿，但最高不超过国务院铁路主管部门规定的赔偿限额。”据《铁路货物运输规程》有关规定，因该车货物未办理保价运输，且按件数和质量承运，每吨货物实际损失最高赔偿额为二千元。所以，腐烂变质的2 293件雪梨，只能赔偿76 433.33元。按运输合同的约定，因承运的2 400件雪梨均逾期到达，其违约责任应由铁路运输企业重庆东站承担，支付违约金614.40元。对完好货物及运杂费等不予赔偿。

5. 保险公司是否应承担赔偿责任，应当依据保险合同保险范围来确定，而不是依据铁路方面是否有责任。如果货物损失属于保险范围，保险公司就应予赔偿，然后再依取得的代位求偿权，根据铁路运输合同向负有责任的铁路承运人追偿。

(来源：祝铭山《运输合同纠纷(典型案例与法律适用41)》)

复习思考题

1. 鲜活易腐货物的储运新技术有哪些?
2. 简述鲜活易腐货物的运输组织。
3. 比较不同运输方式鲜活易腐货物运输组织的优缺点。

第十三章　贵重货物运输组织与管理

【本章教学要点】

知识要点	掌握程度	相关知识	应用方向
贵重货物的含义	重点掌握	贵重货物的含义、内容；贵重货物运输类型、方式	贵重货物运输方案设计；运输服务质量控制
贵重货物运输基本要求	理解	贵重货物运输操作人员要求、运输包装要求、运输单证、运输保管和装卸、保价运输；不同运输方式对贵重货物的要求	贵重货物物流运输组织流程设计；合理设计和组织贵重货物运输流程，形成一体化物流流程
贵重货物运输组织	重点掌握	贵重货物运输组织的现状与特点；不同运输方式运输贵重货物的现状；贵重货物运输车辆的运输组织	构思、设计和实施贵重货物运输组织活动；运输活动的协调与控制；物流运输信息化组织

【引导案例】

济南的张大姐经营着一家古玩店，2014 年 11 月，自己从新加坡拍卖了一批家具和瓷器，通过速尔快递寄到济南，可张大姐在收货时发现这些货物都已经严重破损。张大姐说，当自己看见家具和瓷器都已经破损，十分痛心。“这些都是古董，家具是清代的，4 件瓷器都是民国名家绘制的，这批货价值 100 多万。”据了解，国外拍卖行发货的时候是有木箱子包裹着的，可当这批货物运到店里的时候，外包装只剩下薄薄的一层纸箱子了。张大姐称，这批货到达广东后，就通过速尔物流运到了济南，中间没有其他环节，因为担心物流公司推卸责任，当时就拒签了。随后，记者跟着张大姐来到了速尔物流济南分公司，在仓库中记者见到了这批货，外包装都已经严重变形，里面的物品自然都难以幸免，不仅家具腿断了，瓷器也已破碎。张大姐告诉记者，如此破损程度，修复的价值已经不大了。尽管速尔物流的工作人员有说：“涉及哪个节点出现问题，我们内部系统会跟进。”但是到底由谁来承担责任，却不是这么明确。

（来源：齐鲁网）

由引导案例可以看出，贵重物品在物流运输过程中，存在着诸多的问题，对于贵重物品在物流过程中的包装仍存在着很严重的问题，对于在集散地点的保管与装卸活动尚未达到安全操作规程。由此可以看出，在贵重物品运输组织活动中，首先要明确贵重物品的含义，包括哪些种类,以及在运输过程中对贵重货物运输操作人员的要求,物品包装、保管、装卸都要有严格的要求,以确保贵重货物运输的安全性。

贵重货物运输及其商务活动有其特点,涉及多种运输方式,必须按有关规定办理保险业务、保价运输等手续,运输过程需要保安监管系统,必须做好安全防范工作。本章主要介绍贵重货物及其运输组织与管理工作。

第一节　贵重货物运输的要求

一、贵重货物含义及内容

贵重货物包括各类黄金首饰、珠宝玉石及其制品、稀贵金属及其制品、珍贵文物、现钞、有价证券。国内运输中,声明价值为毛重每千克超过(或者等于)人民币 2 000 元的物品,国际运输中,声明价值为毛重每公斤超过(或者等于)1 000 美元的物品,属于贵重物品。

黄金首饰、珠宝玉石的范围包括各种金银珠宝首饰和经采掘、打磨、加工的各种珠宝玉石。珠宝首饰包括以宝石、珍珠、钻石、翡翠、珊瑚、玛瑙等贵重物质及其制作的各种纯金银首饰及镶嵌首饰。珠宝玉石包括钻石、珍珠、松石、青金石、欧泊石、橄榄石、长石、玉、石英、玉髓、石榴石、锆石、尖晶石、黄玉、碧玺、金绿玉、绿柱石、刚玉、琥珀、珊瑚、煤玉、龟甲等。这里所述的黄金首饰、珠宝玉石不包括各种人造宝石及其制品。

稀贵金属包括:黄金、白金、铱、铑、钯等;黄金(包括提炼或未提炼的金锭)、混合金、金币以及各种形状的黄金制品(如金粒、片、粉、绵、线、条、管、环)和黄金铸造物;白金,即铂;白金类金属及各种形状的白金类金属合金,以及以上金属及其合金的放射性同位素。属于危险品的,应按危险品运输的有关规定办理。

珍贵文物包括书、画、古玩等。

二、贵重货物运输

贵重货物的运输可以由货主自行完成,或者由专业运输公司例如押运公司来实施。在贵重货物运输的过程中,要切实加强货主、运输企业、安全等部门之间的联系,相互配合、密切协作,充分调动各方面的资源和信息,形成全局系统观念,共同完成贵重货物运输任务。对于贵重货物的运输,一旦在运输中发生事故,就会造成重大的财产损失,所以贵重货物运输要把安全放在首位。对于特别贵重的货物,必须提前做好计划,选择高素质的专业公司,配备专人和增援车辆实行武装押运,例如大陆的佛指舍利赴台湾的运输就是由我国四大押运公司之一的陕西龙护卫公司执行的,全程涉及两种以上运输方式,还要在公众场合公开展览,这无疑是对运输和衔接的安全性提出了巨大考验。

目前出现了贵重物品手提式运送,即由承运人提供押运服务,当面交接,提高了运输的可靠程度。贵重物品运输时,应尽可能地选用直达快速的运输方式,减少风险。同时严格做好保密工作,防止包装、人员、运输线路和运输计划的泄密,如装有 GPS 的车辆,其运行轨迹只能被授权人员所掌握。对于银行现金的运输服务,目前由押运公司承担,国内目前已经形成了四大专业押运公司。

三、贵重货物运输基本要求

1. 贵重货物运输操作人员要求

根据货物的性质，在运输过程中需要专人照料、监护的货物，托运人应当派人押运，否则，承运人有权不予承运。押运员应当履行承运人对押运货物的要求并对货物的安全运输负责。贵重货物运输的操作人员应有严格的准入标准，主要包括：

(1)品行端正、遵纪守法，无劣迹、无不良行为。

(2)身体健康，机智敏捷，文化程度较高。

(3)要经过严格的培训才能上岗。

(4)工作时养成良好的作风，严格按照操作规程工作，强化组织纪律观念。

(5)负责人要经常对员工进行思想教育，奖惩分明。

2. 贵重货物的运输包装要求

承运贵重货物时，要认真检查包装、封志是否完好，如有缺陷，应请托运人改善后方可承运。货运单的“储运注意事项”栏应加盖或者注明“贵重物品”的戳记或者字样。

贵重货物应当使用坚固、严密的包装箱包装，原包装上不得有其他粘贴物，外面加“井”字形包装带加固。包装箱接缝处必须有铅封或者火漆封志，封志要完好，封志上要有托运人的特别印记。包装箱的长、宽、高之和不得小于40cm。外包装上不得使用粘贴标签或者其他粘贴物，每件货物上应使用两个挂牌，拴挂在货物的两侧。托运人应当在外包装上清楚地写明货运单号码、件数、质量，收货人、托运人的姓名、地址、电话。货物的外包装上不得有任何显示货物性质的标志。包装箱内必须放置足够的衬垫物，保证箱内物品不致移动和互相碰撞。

3. 贵重货物运输单证

(1)在货运单“货物品名”栏内应当详细填写贵重货物的具体名称、净重或者内装数量以及包装件的尺寸。贵重货物与其他货物使用同一份货运单托运时，整票货物按贵重货物处理。

(2)贵重货物的毛重按实际质量计算，精确到0.1kg。计费质量以0.5kg为单位，0.5kg按0.5kg计算，0.5kg以上进升为整数。

(3)在收运货物时应当请托运人出具货物装箱单，货物装箱单随附在货运单后，并在货运单上注明随附货运装箱单。

4. 贵重货物运输保管和装卸

在车站、厂矿、港口、仓库、商品交易市场等货物集散地点，贵重货物必须存放在贵重物品仓库内。贵重物品仓库应当设有专人负责，货物进出仓库应当有严格的登记制度。在装卸作业现场进行贵重货物搬运装卸的经营者，应当按照有关规定在核准的范围内作业。搬运装卸前，经营者应与托运人要签订搬运装卸合同。搬运装卸经营者必须按照该贵重货物规定的安全操作规程组织作业。对装卸搬运有特殊要求的贵重货物，应具备相应的专用工具和维护设备，配备专业技术人员。因搬运装卸作业不当造成的货损、货差，搬运装卸经营者应当依法承担赔偿责任。

5. 贵重货物的保价运输

贵重货物运输一般需要进行保价,保价运输是指运输企业与托运人共同确定的以托运人申明货物价值为基础的一种特殊运输方式,保价就是托运人向承运人声明其托运货物的实际价值。凡按保价运输的货物,托运人除缴纳运输费用外,还要按照规定缴纳一定的保价费。保价运输是保证托运人、收货人能得到及时合理的赔偿的一种赔偿形式。在发生承运人的责任赔偿时,承运人要按照货物保价运输办法的规定给予赔偿。

开办保价运输是保证托运人(收货人)特别是贵重货物运输托运人(收货人)权益的一种重要手段,是针对限额赔偿做出的规定,在运输中实行限额赔偿是国际上通行的做法。这是因为各种运输方式的货物,基本上是按质量计算运费的,有些物品自身价值很高,但收取运费很低,一旦发生货损,如果按照实际损失赔偿,承运人的负担和承担的风险过大,不利于运输企业的发展,因而,限额赔偿是保护运输企业合法权益的一种法律规定。但是限额赔偿不能满足托运人对货物损失的赔偿要求,为维护托运人的合法权益,从法律上给托运人一条出路——这就是开办保价运输。这样托运人只要支付少量的保价费,在货物发生损失时,可以得到全额赔偿。这对双方来说都是比较合理的。

采取保价运输的货物,在运输过程中将采取安全防范措施,特别是对重点保价货物,将实行运输企业全过程监管,这将进一步保障其运输安全。

四、道路运输贵重货物的要求

为加强道路特种货物运输安全管理,规范其经营行为,维护好特种货物运输市场秩序,切实保障用户的合法权益,根据原交通部〔2001〕154 号《道路货物运输企业经营资质管理办法》,一级企业在符合有关行业管理法规和标准规范的条件下可从事贵重货物运输;二、三、四级企业在符合有关行业管理法规和标准规范的条件下,经审批可从事贵重货物运输;五级货运企业和个体运输业户不得从事道路贵重货物运输。

根据以上规范,从事贵重货物运输必须提前审查承运人经营资质是否具备:安全管理制度和安全操作规程是否健全;车辆、设施、设备是否符合要求;从业人员是否具备从业资格。

鉴于贵重货物道路运输过程的易失性,运输车辆应当以箱式车为主,押运人员要配备相应的安全装备,如押钞公司可以通过向省级政法部门申请,在押运途中持有枪支,并允许在危急情况下开枪。押运人免费乘车,负责运输途中货物的保管、照料。押运人每车以一人为限,因货物性质需要增派押运人员时,在符合安全的前提下,经车站负责人签证,可适当增加押运人数。托运人应在运单内注明押运人员姓名及必要的情况,承运人对押运人员应宣传安全注意事项,并提供工作和生活上的便利条件。高价值贵重物品的运输服务一般以货物专线运输和快速运输的形式开展物流服务。

五、航空运输贵重货物的要求

中国民航各空运企业承运货物系按照 1929 年 10 月 12 日在华沙签订的《统一国际航空运输某些规则的公约》和 1955 年 9 月 28 日在海牙签订的“修改 1929 年 10 月 12 日在华沙签订的《统一国际航空运输某些规则的公约》的议定书”,以及中国民航各空运企业与外国空运企业间签订的运输规定办理。

贵重物品托运人应事先向承运人订妥航班、日期、吨位,并按约定的时间办理托运手续。提前向收运人员领取运单号,并向吨位控制室提前订好全程舱位。贵重物品的包装应符合民航总局和承运人对该种货物的特定要求。根据货物的性质,在运输过程中需要专人照料、监护的货物,托运人应当派人押运,否则,承运人有权不予承运。通过航空运输贵重货物的押运员需预先订妥舱位。押运员应当履行承运人对押运货物的要求并对货物的安全运输负责。押运员应当购买客票和办理乘机手续。托运人派人押运的货物损失,除证明是承运人的过失造成的以外,承运人不承担责任。经证明是由于承运人的过失造成的,按有关规定赔偿。承运人应当协助押运员完成押运任务,并在押运货物包装上加贴"押运"标贴。在货运单储运注意事项栏内注明"押运"字样并写明押运的日期和航班号。每份货运单货物的声明价值不得超过 100 000 美元,中国金币公司经民航总局批准限额 200 000 美元,但只能由中国民航所属航空企业承运。货物收到后,应立即与国际仓库保管室联系,安排货物入贵重物品仓库,并做好记录和交接工作。

六、铁路运输贵重货物的要求

贵重货物应当用坚固、严密的包装箱包装,外加"井"字形铁箍,接缝处必须有封志。根据货物的性质,在运输过程中需要专人照料、监护的贵重货物,托运人应当派人押运,否则,承运人有权不予承运。押运员应当履行承运人对押运货物的要求并对货物的安全运输负责。押运员应当购买客票和办理乘车手续。托运人派人押运的货物损失,除证明是承运人的过失造成的以外,承运人不承担责任。经证明是由于承运人的过失造成的,按有关条款赔偿。承运人应当协助押运员完成押运任务,并在押运货物包装上加贴"押运"标贴。在货运单储运注意事项栏内注明"押运"字样并写明押运的日期和车次。对保价贵重货物运输,铁路应加强运输管理人手,采取以下安全防护措施:

(1)保价运输的货物除按现行的货物运输有关规章办理外,原铁道部还对保价货物运输制定了特殊的管理办法,能够有效地防范事故的发生和提高货物运输安全质量。

(2)对保价运输的货物,铁路各级运输企业都设有专门的管理机构,专门管理保价货物的运输、安全防范和赔偿等各项工作。

(3)对保价运输的货物,要求车站在受理时要严格按照规章办事,认真检查货物包装和质量;车站应及时组织装车和挂运;运送途中严格交接检查;对装有易盗的整车贵重货物,根据需要组织武装押运;要求装有保价货物的货车在站中转停留时间一般不超过 24h,零担、集装箱货物中转时间一般不超过 36h;保价货物运到站后要采取有效的防范措施,及时通知收货人领取。

七、水路运输贵重货物的要求

水运适宜承担大宗的贵重货物,例如特殊的矿产和专业设备等。二者对于运输的要求不同:前者因为货物容易丢失,因此要求做好两端的安全装卸和保管工作;而后者因为体积巨大,可能更在乎运输、装卸等各环节的质量,因此,应对此分别加以管理。在水路贵重货物运输过程中为确保安全和防止货损应做好以下一些工作:

(1)贵重货物采取现装或直接装船的方式,到达时,通常采取由收货人办妥进口手续后来船边接受货物,并办理交接手续的现提形式。

(2)针对货物属性采取防范措施,例如货物含水量过高,船体受震动会出现快速的水分迁移,而且这种水分迁移是自下往上,从而使上层货物流态化,当船舶横摇时,泥浆似的流态化货物向一侧移动,船往另一侧横摇时又不能完全流回中间,使得船舶横倾越来越大而倾覆。

(3)水路运输中的贵重货物如铜、镍等,一个很大的承运风险是其货价太高,单位货价往往是煤、大麦等廉价散货的几十、上百甚至几百倍,一旦发生货损,索赔数额可能是天文数字,这就对船方的货物保管工作提出了更高要求。

(4)对于水路贵重货物运输还要注意平舱,例如精矿多为重货,圆锥形积载对于舱底局部强度极为不利,而且,精矿发生水分迁移的原因之一就是受压,压力越大,水分迁移的可能性就越大,圆锥形积载增加了货堆底部中间货物的压力,无疑将增大货物流态化的风险。

(5)同时,还要注意密封防水,因为许多贵重货物遇水遇潮会起化学变化。

(6)航线和航行时间的选择也是非常重要的。如果在恶劣的天气和航线条件下会加重货物的危险。

第二节　贵重货物运输组织

一、贵重货物运输组织的现状与特点

1.道路贵重货物运输的现状

托运贵重货物,托运人应按照承运人的要求,在运单中注明运输条件和特约事项:需特殊护理的贵重货物,应提供最长运输期限及途中管理、照料事宜的说明书。货物允许的最长运输期限应大于汽车运输能够达到的期限;托运贵重货物原则上托运人必须派人押运。派人押运的货物,托运人在办理货物托运手续时,应在运单上注明押运人员姓名及必要的情况。押运人员每车一人,托运人需增派押运人员,在符合安全规定的前提下,征得承运人的同意,可适当增加。押运人员须遵守运输和安全规定。押运人员在运输过程中负责货物的照料、保管和交接;如发现货物出现异常情况,应及时作出处理并告知车辆驾驶人员。

道路贵重货物运输有货物保险和货物保价运输两种投保方式,采取自愿投保的原则,由托运人自行确定。货物保险由托运人向保险公司投保,也可以委托承运人代办。货物保价运输是按保价货物办理承托运手续,在发生货物赔偿时,按托运人声明价格及货物损坏程度予以赔偿的货物运输。托运人一张运单托运的货物只能选择保价或不保价。分程运输或多个承运人承担运输,保价费由第一程承运人(货运代办人)与后程承运人协商,并在运输合同中注明。承运人之间没有协议的按无保价运输办理,各自承担责任。办理保价运输的货物,应在运输合同上加盖“保价运输”戳记,保价费按不超过货物保价金额的7‰收取。

2.航空运输贵重货物的现状

航空运输的过程与其他运输方式相比比较规范,在收运条件方面,根据中国民航各有关航空公司的规定,托运人所交运的贵重货物必须符合有关始发、中转和到达地的法令和规定

以及中国民航各有关航空公司的一切运输规章。凡中国及有关国际政府和空运企业规定禁运和不承运的贵重货物，不得接受。贵重货物托运人必须自行办妥始发海关、检疫等出境手续。中国民航各空运企业暂不办理"货款到付"(COD)业务。贵重货物的包装、质量和体积必须符合空运条件。

航空运输每批货物(即每份货运单)的声明价值不得超过10万美元或其等值货币(未声明价值的，按毛重每公斤20美元计算)。超过时，应分批交运(即分两份或多份货运单)；如货物不宜分开，必须经有关航空公司批准后方可收运。托运人在交运贵重货物时，应填写相应的货物托运书和提供与运输有关的文件，托运人应对托运书上所填内容及所提供与运输有关运输文件的正确性和完备性负责。

代理人在收运国际货物时，应认真检查各项注意事项，了解托运人所交运的货物是否属于特定条件下运输的货物，特别应注意交运的货物属性，若有特殊要求，应按承运人与代理人的有关协议及国际通用贵重物品航运规定中的有关规定办理。

代理人应了解托运人所交货物是否系通航地点，如目的地无航站时，可建议托运人将货物到达站改为离目的地最近的一个通航地点，但收货人栏内仍须填货物的目的地。

代理人在收运货物时，应检查货物的包装情况和货物的尺寸。对于包装不牢，过于简陋以及带有旧标志的包装，应要求托运人重新包装。另外，应检查货物的体积是否符合所装载机型的要求，对于联程货物，则应考虑其中转航站所使用的机型。

国际货物运输航空货物运输方式大致分为班机运输和包机运输，班机是指定期开航的，定航线、定始发站、定目的港、定途经站的飞机。包机运输又可分为整包机和部分包机两类。采用包机的优点有：①解决班机仓位不足的矛盾。②货物全部由包机运出，节省时间和多次发货的手续。③减少货损、货差或丢失的现象。④解决对时间要求严格的贵重货物运输问题。

3.旅客随身携带贵重物品及贵重包裹

旅客乘坐交通工具时携带的物品，包括行李和随身物品。行李是指旅客自用的被褥、衣服、个人阅读的书籍、残疾人车和其他旅行必需品。行李中不得夹带货币、证券、珍贵文物、金银珠宝、档案材料等贵重物品。即旅客的贵重物品应随身携带。

托运含有金银珠宝、货币证券、文物等贵重物品的包裹必须派人押运。押运人应购买车票并对所押物品的安全负责。承运人应为押运人购票提供方便。车站行李员对已经办理承运的包裹应通知押运人装车日期和车次。列车行李员应对押运人进行登记并告之安全等注意事项。带运包裹是指旅客将按包裹办理的贵重品、重要文件、尖端保密产品带入包房自行看管和装卸的物品。带运包裹的质量每个包房不得超过100kg并应保证车内秩序和安全。对占用的包房铺位应按占用数量购买车票。所带物品影响其他旅客时，应单独占用包房并按包房的铺位数购买车票。

二、贵重货物运输车辆的运输组织

1.贵重货物运输组织的要求

贵重货物运输不但要像普通货物运输那样考虑选择最佳的运输路线和最优的运输方案，更重要的是保证整个运输过程的安全性，保证货物的完好，不出现货损、货差和失窃现象。所以要正确选择运输路线和装卸、中转地点。一般来说,应尽量安排直达运输,以减少运输装卸、转运环节,缩短运输时间。必须中转的贵重货物,也应选择适当的中转港、中转站。

许多专业运输公司都有在贵重货物运输途中不得随意搭车和不得无故停车等安全规定,即使发生车交通意外,也不允许旁人接近运输车辆。

2. 智能运输技术在贵重货物运输中的应用

基于安全的考虑,从事贵重货物运输的车辆应该在一个统一的监控中心监控下进行运行。因此,智能运输技术在贵重货物运输中具有广泛的应用前景。

(1)GIS 和 GPS 技术交通地理信息系统。GPS 导航系统与 GIS 技术、无线电通信网络和计算机车辆监控管理信息系统结合起来,可以实现车辆跟踪和交通管理等多功能,其中许多功能可直接应用到贵重货物运输中,如借助 GIS-T 的运行路径选择功能,运输企业可以对公司的运营线路进行优化,并根据专题地图的统计分析功能,分析客货流量的变化情况,制订行车计划,此外,还可以帮助运输管理部门对特种货物运输进行线路选择和监控。

(2)车辆和货物跟踪。利用 GPS 和电子地图可以实时显示出车辆或货物的实际位置,并任意放大、缩小、还原和换图;可以随着目标移动,使目标始终保持在屏幕上;可以实现多窗口、多车辆、多屏幕同时跟踪。利用该功能可以对贵重货物进行跟踪运输。

(3)提供出行线路规划和导航。提供出行线路规划和导航是汽车导航系统的一项重要辅助功能,它包括自动线路规划和人工线路设计。线路规划完毕后,显示器能够在电子地图上显示设计路线,并同时显示汽车运行路径和运输方法。

(4)信息查询。用户能够在电子地图上根据需要进行查询。查询资料可以以语言、文字及图像的形式显示,并在电子地图上显示其位置。同时检测中心可以利用监测控制台对地区内的任意目标所在的位置进行查询,车辆信息将以数字的形式在控制中心的电子地图上显示出来。

(5)话务指挥。指挥中心可以监测区域内的车辆运行状况,对被监控车辆进行合理调度。指挥中心也可以随时与被跟踪目标通话,实行管理。

(6)紧急援助。通过 GPS 定位和监控管理系统可以对遇有险情或发生事故的车辆进行紧急援助。监控台的电子地图显示求助信息和报警目标,规划最优援助方案,并以报警声光提醒值班人员进行应急处理。

3. 现代通信和网络技术

现代通信和网络技术为货物运输应用高新技术提供了强大的平台。全球移动通信系统可以在任何时间和地点实现车辆与车辆、车辆与驻地(货运站)、货运站与货运站、货运站与货主之间的生产调度通信联系和营销业务通信联系等。全球信息互联网能够高效地实现货运企业之间的数据交换,实现货物的预约和车辆的配载,以及实现企业的内部管理等,另外,公路货运的预约系统、车辆和货物的跟踪系统、场站赢利分析系统、ITS 以及上述技术和系统都要以现代通信和网络技术为依托。

随着上述技术或系统的进一步发展和完善,以此为基础建立的汽车运输生产、经营、管理信息系统将有机地结合起来,形成功能更强的联网综合作业系统。这种系统可以满足贵重货物运输所需要的各种功能,包括移动通信、车辆跟踪、数据交换、货物查询、联网受理、数据统计、经营分析用户查询等,从而根本改变道路贵重货物运输的传统经营观念、方式和组织结构,大大提高运输的安全性和效益。

案例 13-1:南航托运行李贵重物品不翼而飞　价值 2 万多港币

2015 年 3 月 3 日,尚女士乘坐南方航空 CZ3581 航班从广州白云机场飞往上海虹桥机场,抵达上海后发现托运行李并没有随机达到,后经交涉确认,行李将于 3 月 4 日早上 7 点送到尚女士在上海的住所。但让尚女士意想不到的是,当她打开行李时,发现里面有张"托运行李开包检查单",上面注明因行李中有锂电池,所以开箱检查。尚女士表示,自己的行李中并没有所谓的锂电池。经查点箱中物品,她发现自己的一只香奈儿手提包不见了。尚女士介绍,这只手提包是 2013 年冬季款,购买时价格是 22 000 元港币。

随后,尚女士向虹桥机场反映了这一情况。3 月 5 日下午,虹桥机场工作人员电话联系了尚女士,建议尚女士报案。虹桥机场介绍,春节前后,从广州飞上海虹桥机场的航班,出现多起类似事件。乘客本该随机托运的行李延误后,均发现贵重物品丢失,被偷的物品有现金、电脑和手机等。虹桥机场工作人员凭经验判断,可能是安检人员和搬运工勾结团伙作案。

航空公司和机场相互扯皮

之后,尚女士返回广州,在广州白云机场报了案。白云机场表示,将调取监控录像,调查事件真相。白云机场客服人员向《经济参考报》记者表示,此前确实收到有旅客反映托运行李丢失问题,白云机场方面正在对此进行调查,但目前并不能认定责任出在白云机场方面,因为托运过程中还涉及航空公司等多个环节。

记者随后致电南航人士,南航方面表示,根据尚女士的描述,在尚女士行李托运过程中,机场工作人员可能存在违规操作,南航方面将积极配合调查,尽快给尚女士一个答复。

有北京首都机场工作人员告诉《经济参考报》记者,根据工作经验,虹桥机场做出的"团伙作案"的判断很有可能发生。该人士介绍,按照一般乘坐飞机的流程,如果乘客携带违禁物品,会在行李托运时就被发现,并要求乘客取出。而尚女士的行李是在行李托运后被以"发现锂电池"为名打开的,在程序上存在疑问。此外,如果不是特殊物品,或者中途转机,行李均会随机达到,尚女士行李没有随机达到同样存在问题。

但该人员表示,在没有确凿证据的前提下很难判断到底是谁对尚女士的行李动了手脚,南航在这其中是否存在责任同样不好认定。

尚女士介绍,当天托运行李时,安检人员并未提出自己行李存在问题,其后航空公司和机场方面也没有通知她要对行李进行任何检查,因此她认为自己的行李并不存在问题。尚女士怀疑,可能是在行李过安检到送上飞机的这一过程中,行李被打开了。

上述人士坦言,这一问题事实上已经是航空服务业存在的一个突出问题。由于缺少必要的法规对相关责任做出认定,因此一旦出现类似事件,就会出现机场、航空公司,以及不同责任主体之间互相推诿。另外,由于目前国内航班行李丢失后,航空公司赔偿极低,因此行李丢失现象尚不能引起航空公司和各方重视。

赔偿标准过低亟待出新规

记者在业内人士指引下发现，根据《国内航空运输承运及赔偿责任限额规定》，旅客行李丢失赔偿标准为每公斤100元，无法确认质量时，按照旅客舱位等级所享受的免费行李质量赔偿。但这一规定还明确指出，贵重物品丢失不赔偿。这意味着，按照这样的赔偿标准，尚女士丢失的价值22 000元港币的手提包，最终的赔偿金额可能只有几百元，甚至得不到赔偿。

尚女士告诉记者，已经将自己的经历告知南航，并提出如果手提包找不到，将会向南航提出索赔。但她也表示，自己的请求可能难以实现。“一方面我没有证据证明在自己的托运行李中放了手提包，另一方面即便能得到赔偿，根据现行规定，可能只有几百元的赔偿，根本无法弥补巨大的损失。”尚女士无奈地说。

但尚女士认为，在整个过程中，南航负有不可推卸的责任。

“乘客既然购买了机票，按照合同法，双方就构成了承运关系，在承运期间航空公司应该对乘客及其托运行李的安全性负责。”上海法律咨询中心在对国内多起因托运行李丢失或被盗引起的诉讼案进行点评时，做出了上述法律解读。

在调查中，多位曾长期代理航空服务赔偿案件的律师向《经济参考报》表示，希望有关部门尽快出台新的赔偿标准，这样不但有利于消费者维权，还将有效杜绝乘客行李丢失事件的发生。

（来源：《经济参考报》）

复习思考题

1. 简述贵重货物运输的基本要求。
2. 不同运输方式下贵重货物运输的要求有什么区别？
3. 贵重货物运输组织的要点有哪些？

参 考 文 献

[1] 董千里.特种货物运输[M].北京:中国铁道出版社,2007.
[2] 董千里.供应链突发事件集成管理研究[J].物流技术,2009(7):180-184.
[3] 董千里.集成场理论:两业联动发展模式及机制[M].北京:中国社科出版社,2017.
[4] 董千里,等.物流运作管理[M].2版.北京:北京大学出版社,2015.
[5] 中华人民共和国国家标准.GB 6944—2012 危险货物分类和品名编号.北京:中国标准出版社,2012.
[6] 中华人民共和国国家标准.GB 12463—2009 危险货物运输包装通用技术条件.北京:中国标准出版社,2009.
[7] 中华人民共和国国家标准.GB/T 191—2008 包装储运图示标志.北京:中国标准出版社,2008.
[8] 中华人民共和国国家标准.GB 190—2009 危险货物包装标志.北京:中国标准出版社,2008.
[9] 中华人民共和国国家标准.GB 12268—2012 危险货物品名表.北京:中国标准出版社,2008.
[10] 中华人民共和国国家标准.GB 15603—1995 常用化学危险品贮存通则(新增).北京:中国标准出版社,2008.
[11] 中华人民共和国国家标准.GB 50016—2014 建筑设计防火规范.北京:中国计划出版社,2014.
[12] 中华人民共和国国家标准.GB 15258—2009 化学品安全标签编写规定.北京:中国标准出版社,2010.
[13] 中华人民共和国国家标准.GB 13392—2012 道路运输危险货物车辆标志.北京:中国标准出版社,2010.
[14] 中华人民共和国国家标准.GB 11806—2004 放射性物质安全运输规定.北京:中国标准出版社,2010.
[15] 中华人民共和国国家标准.GB 7144—2016 气瓶颜色标志.北京:中国标准出版社,2010.
[16] 中华人民共和国国家标准.GB 7694—2008 危险货物命名原则.北京:中国标准出版社,2010.
[17] 中华人民共和国行业标准.JT/T 198—2016 道路运输车辆技术等级划分和评定要求[S].北京:人民交通出版社股份有限公司,2016.
[18] 刘俊,董千里.供应链突发事件危机管理指标体系研究[J].应急汇刊,2009(4):139-143.
[19] 尚鸿雁,董千里,王旭坪,等.基于Fuzzy AHP的危险货物运输风险评估与预警[R]//中国物流学术前沿报告(2009—2010).北京:中国物资出版社,2009:196-205.

[20] 董千里.基于物流运作流程的供应链突发事件常规管理研究[J].应急汇刊,2009(4):120-125.

[21] 董千里.交通运输组织学[M].北京:人民交通出版社,2008.

[22] Liu Jun, Dong Qianli. Characteristics System of Supply Chain Emergencies Based on Case Statistical Analysis[R]. 2011 International conference on Industry, information System and Material Engineering (IISME2011),2011.

[23] 董千里,马靖莲.基于集成场的冷链突发事件防范与应对策略研究[J].公路交通科技,2015,31(3):129-134.

[24] 董千里.挂靠经营风险控制的思路[J].运输经理世界,2008(04):52-54.

[25] 马靖莲,董千里.基于复杂网络理论的供应链风险管理研究综述[J].公路交通科技,2016,33(3):154-158.

[26] 董千里.高级物流学[M].3版.北京:人民交通出版社股份有限公司,2015.

[27] 董千里.物流工程[M].北京:中国人民大学出版社,2012.